# Comptabilité et gestion des organisations

Patricia CHARPENTIER

Michel COUCOUREUX

Daniel SOPEL

HACHETTE Éducation

Couverture : GRAPHIR
Maquette intérieure : PAON
Mise en page et schémas : PAON



www.hachette-education.com

I.S.B.N. 2.01.16.8630.X

# Aux étudiants

**Pour vous**, **étudiant en 2^e^ année de BTS Comptabilité et Gestion des Organisations**, dont l'objectif est l'obtention du diplôme, nous avons conçu cet ouvrage qui, en respectant scrupuleusement le programme officiel, explicite et synthétise toutes les connaissances essentielles.

Dans chacun des chapitres, qui correspondent à chaque thèmes du programme, vous trouverez, formulés **de manière claire et précise** :
– d'une part, les notions théoriques fondamentales ;
– d'autre part, des exercices d'application accompagnés de leur corrigé.

**C'est donc l'outil de travail indispensable** pour l'entraînement d'abord, et le succès à l'examen ensuite.

Bon courage.

Les auteurs.

# Sommaire

# 1 La gestion du personnel

Par opposition à la gestion des ressources humaines (management), la gestion du personnel est une activité très réglementée, directement liée au droit du travail et au droit de la protection sociale. Toute personne, qui fournit un travail pour le compte d'une autre personne, doit recevoir un salaire (ou des honoraires dans certains cas), et disposer de certaines garanties.

L'étude sera limitée aux personnes ayant signé un contrat de travail, soit :

– directement avec une entreprise ;

– avec une société d'intérim.

## 1. Les différents types de contrats de travail

Le contrat de travail est un document signé par les deux parties (employeur et salarié) qui précise, notamment, la durée du travail, le salaire brut pour la durée du travail, les éventuelles conventions collectives qui s'appliquent aux salariés de l'entreprise.

Les types de contrat de travail sont très nombreux, comme le montre l'écran ci-après extrait d'un logiciel de paie, non exhaustif, mais les C.D.D. (contrats à durée déterminée) et les C.D.I. (contrats à durée indéterminée) sont les contrats les plus fréquents.

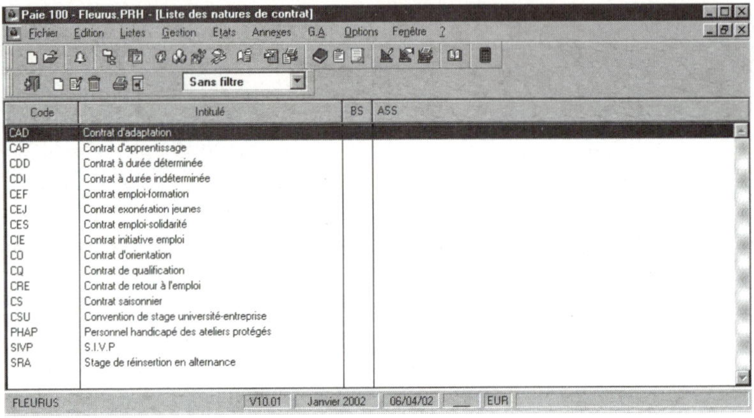


## 2. Les absences

Il est nécessaire de suivre les temps de présence des salariés dans l'entreprise, pour déterminer si l'horaire fixé dans le contrat de travail a été effectué.

Les lois Aubry et Aubry-2 ont proposé une réduction de la durée hebdomadaire de travail qui se traduit le plus souvent non par la réduction effective de la durée hebdomadaire, mais par l'attribution de journées complémentaires de congés, dites R.T.T. (réduction du temps de travail). Le suivi des heures est de ce fait plus compliqué qu'auparavant et des pointeuses sont souvent réintroduites dans les entreprises pour comptabiliser les heures effectives de présence.

Certains logiciels de paye prévoient cette gestion des heures.

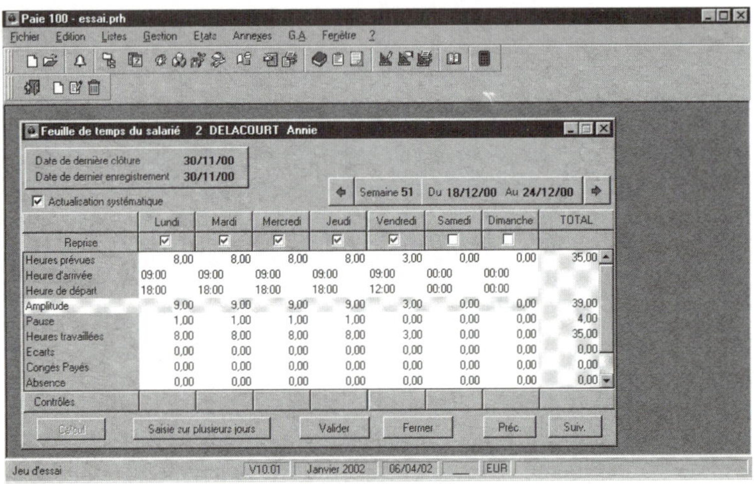

La loi du 13 juin 1998 d'orientation et d'incitation, relative à la réduction du temps de travail, a défini la durée du travail effectif comme « *le temps pendant lequel le salarié est à la disposition de l'employeur et doit se conformer à ses directives sans pouvoir vaquer librement à des occupations personnelles* ».

L'article 2 de la loi du 19 janvier 2000, relatif à la réduction négociée du temps de travail, conforte cette évolution législative récente en apportant des précisions sur la qualification juridique de certaines périodes, notamment les temps de pause, qui feraient partie du temps de travail effectif, contrairement à ce que laisse supposer l'écran précédent.

En fait, les pauses sont les moments où le salarié reste à la disposition de l'entreprise (alors que la notion de pause dans le logiciel semble être l'heure de repas). Ainsi, dès lors que le salarié est à la disposition de l'entreprise sans pouvoir vaquer à ses occupations personnelles durant sa pause déjeuner, celle-ci sera considérée comme temps de travail effectif.

## A. Absences pour maladie

L'absence pour maladie est justifiée par un certificat médical.

Elle peut être :

– intégralement non rémunérée (absence inférieure à 4 jours dans le plus grand nombre de cas) ;

– partiellement rémunérée (au-delà des 3 jours de carence) ;

– intégralement rémunérée (si la convention collective est particulièrement favorable, ou en cas d'accident du travail).

Au-delà des 3 jours de carence, la Sécurité sociale verse au salarié (sous certaines conditions) des indemnités journalières de Sécurité sociale égales à 50 % du salaire de base (pour une absence inférieure à 6 mois). L'employeur peut compléter cette indemnisation en proposant, comme le prévoit la loi sur la mensualisation, le maintien de 90 % du salaire brut.

## B. Absences pour convenances personnelles

Ces absences peuvent être accordées par l'employeur, mais ne donnent pas lieu à rémunération.

Si elles ne correspondent pas à des jours de réduction du temps de travail, ou de congés payés, les absences donnent lieu à un abattement sur salaire.

Cet abattement sera égal à :

$$\frac{\textbf{Nombre d'heures d'absence}}{\textbf{Horaire mensuel de travail}} \times \textbf{Salaire mensuel}$$

L'horaire mensuel de travail pour un salarié à plein temps est de :

$$\frac{\textbf{35 heures} \times \textbf{52 (semaines)}}{\textbf{12 (mois)}} = \textbf{151,67 heures}$$

## 3. Les congés payés

Tout salarié travaillant au moins un mois dans une entreprise acquiert des droits à congés payés à raison de 2,5 jours par mois de travail. Les droits sont acquis entre le 01/06/N et le 31/05/N + 1. Les jours de congés doivent être pris entre le 01/05/N + 1 et le 30/04/N + 2. Le fractionnement dans la prise de congés permet d'obtenir un ou des jours supplémentaires de congés payés.
Les droits acquis figurent sur les bulletins de paye.

## 4. Le travail temporaire

Une entreprise peut choisir de ne pas employer directement de nouveaux salariés, mais de faire appel à une société d'intérim, qui recrutera pour elle les salariés « intérimaires » dont elle a besoin. Le contrat de travail est signé entre la société d'intérim et le salarié pour une mission bien définie dans une entreprise.

# Énoncés des exercices

**1.1** Monsieur Legrand, boulanger-patissier emploie Michel à temps plein. Les horaires de Michel étant très variables, il a conçu sur tableur une feuille de gestion des heures.

**1 ►** Quel est l'objectif principal de ce document ?

**2 ►** Quelles sont les particularités de cette feuille de calcul ?

**3 ►** Les opérations sur les heures donnent-elles les résultats attendus lors des tests de cette feuille de calcul ?

**4 ►** Donner les formules et préciser les formats de cellule utilisés (penser à utiliser l'aide proposée par le logiciel).

| Semaine n° 13 | Feuille de temps de Michel | | | | | | | | | | | | | |
|---|---|---|---|---|---|---|---|---|---|---|---|---|---|---|
| | Prévu | | | | | | | Réalisé | | | | | | |
| | Matin | | | Après midi | | | Total | Matin | | | Après midi | | | Total |
| **Lundi** | 7:00 | 11:00 | 4:00 | | | | | 7:25 | 11:45 | 4:20 | | | | |
| **Mardi** | 7:00 | 12:00 | 5:00 | | | | | 7:45 | 12:00 | 4:45 | | | | |
| **Mercredi** | 9:00 | 13:00 | 4:00 | 16:00 | 18:00 | 2:00 | | 9:00 | 12:45 | 3:45 | 15:58 | 18:33 | 2:35 | |
| **Jeudi** | 8:00 | 12:00 | 4:00 | 17:00 | 19:00 | 2:00 | | 8:10 | 12:00 | 3:50 | 17:00 | 19:02 | 2:02 | |
| **Vendredi** | | | | 14:00 | 19:00 | 5:00 | | | | | 13:46 | 19:12 | 5:26 | |
| **Samedi** | 6:00 | 11:00 | 5:00 | | | | | 6:45 | 11:23 | 4:38 | | | | |
| **Dimanche** | 8:00 | 12:00 | 4:00 | | | | | 9:00 | 13:00 | 4:00 | | | | |
| | | | 26:00 | | | 9:00 | 35:00 | | | 25:18 | | | 10:03 | 35:21 |
| Signature de l'employeur | | | | | | | | Heures supplémentaires 0:21 | | | | | | |
| Signature du salarié | | | | | | | | | | | | | | |

| Semaine n° 14 | Feuille de temps de Michel | | | | | | | | | | | | | |
|---|---|---|---|---|---|---|---|---|---|---|---|---|---|---|
| | Prévu | | | | | | | Réalisé | | | | | | |
| | Matin | | | Après midi | | | Total | Matin | | | Après midi | | | Total |
| **Lundi** | 7:00 | 11:00 | 4:00 | | | | | 7:03 | 11:23 | 4:20 | | | | |
| **Mardi** | 7:00 | 12:00 | 5:00 | 15:00 | 17:00 | 2:00 | | 7:45 | 12:03 | 4:18 | 15:23 | 17:05 | 1:42 | |
| **Mercredi** | 9:00 | 13:00 | 4:00 | 15:00 | 18:00 | 3:00 | | 9:00 | 12:48 | 3:48 | 15:25 | 18:33 | 3:08 | |
| **Jeudi** | 8:00 | 12:00 | 4:00 | 16:00 | 19:00 | 2:00 | | 8:10 | 12:00 | 3:50 | 17:00 | 19:02 | 2:02 | |
| **Vendredi** | | | | | | | | | | | | | | |
| **Samedi** | 7:00 | 11:00 | 4:00 | 14:00 | 16:00 | 2:00 | | 6:45 | 11:23 | 4:38 | 14:30 | 16:10 | 1:40 | |
| **Dimanche** | 8:00 | 12:00 | 4:00 | | | | | 8:15 | 13:00 | 4:45 | | | | |
| | | | 25:00 | | | 10:00 | 35:00 | | | 25:39 | | | 8:32 | 34:11 |
| Signature de l'employeur | | | | | | | | Heures non effectuées 0:49 | | | | | | |
| Signature du salarié | | | | | | | | | | | | | | |

**1.2** Un salarié a été embauché le 01/05/N en C.D.I. (contrat à durée indéterminée) comme assistant. La durée hebdomadaire de travail dans l'entreprise est de 35 heures. La convention collective prévoit 1 jour de R.T.T. par mois de travail.

▶ Combien de jours de congés ce salarié pourra-t-il prendre avant le 31/12/N ? Peut-il en prendre davantage ? Dans quelles conditions ?

**1.3** Monsieur François travaille depuis 12 ans comme agent de maîtrise dans l'entreprise Lafleur. La convention collective prévoit le maintien du salaire brut en cas d'absence pour maladie, avec un délai de carence de 3 jours.
Au mois de juin N, Monsieur François est absent du mardi 15 au mercredi 30 juin. Son salaire brut est de 2 720 euros. M. François et M. Lafleur ont conjointement signé l'attestation de salaire envoyée à la Sécurité sociale autorisant l'employeur à percevoir les I.J.S.S.
Les heures d'absence, dans l'entreprise Lafleur, sont déduites du salaire, le mois même de l'absence.

**1 ▶** Quel sera le montant du salaire de M. François en juin N si on admet que l'ensemble des cotisations salariales représente 23 % du salaire brut ?

**2 ▶** Quel sera le montant du salaire de M. François en juillet N (les I.J.S.S. sont soumises à 6,70 % de C.S.G. + C.R.D.S.) ?

**3 ▶** Quel montant M. François a-t-il effectivement perdu du fait de cette absence ?

# Corrigés des exercices

**1.1** **1 ▶** Ce document sert à préparer le bulletin de paye de Michel et à déterminer le montant des éventuelles heures supplémentaires (ou à mettre en évidence les heures non effectuées une semaine donnée).

**2 ▶** Ne sont saisies que des heures en format heure.

**3 ▶** Les opérations sont faites sur des heures et en standard un format heure ne va que de 0:00 à 23:59. Vérifier les sommes obtenues : on trouve si on n'y prend garde 2:00 comme total prévu pour les matinées semaine 13 au lieu de 26:00.

Microsoft Excel

Rubriques d'aide | Précédent | Options

- Pour afficher les heures, les minutes et les secondes, insérez les codes de format suivants dans une section :

| Pour afficher | Utilisez ce code de format |
|---|---|
| Heures sous la forme 0 à 23 | h |
| Heures sous la forme 00 à 23 | hh |
| Minutes sous la forme 0 à 59 | m |
| Minutes sous la forme 00 à 59 | mm |
| Secondes sous la forme 0 à 59 | s |
| Secondes sous la forme 00 à 59 | ss |
| Heure sous la forme 4 AM | h AM/PM |
| Heure sous la forme 4:36 pm | h:mm am/pm |
| Heure sous la forme 4:36:03 p | h:mm:ss a/p |
| Temps écoulé en heures, par exemple, 25.02 | [h]:mm |
| Temps écoulé en minutes, par exemple, 63:46 | [mm]:ss |
| Temps écoulé en secondes | [ss] |
| Fractions d'une seconde | h:mm:ss.00 |

**Format à créer à l'aide de Format Nombre Personnalisé.**

Si le format contient une indication AM/PM, l'heure est indiquée sur un cycle de 12 heures, « AM », « am », « A », ou « a » représentant les heures entre minuit et midi et « PM », « pm », « P », ou « p », les heures entre midi et minuit. Dans le cas contraire, l'heure est indiquée sur un cycle de 24 heures. Les « m » ou « mm » doivent apparaître immédiatement après le code de format « h » ou « hh », ou immédiatement avant le code « ss », sinon Microsoft Excel affiche le mois au lieu d'afficher les minutes.

**4 ▶** Une fois résolu le problème du format, les sommes et les différences ne posent pas de problème.

Formule pour « heures supplémentaires » : =si(totalréalisé>totalprévu ; heures supplémentaires ; heures non effectuées).

Formule pour le nombre d'heures supplémentaires ou non effectuées : =si(totalréalisé>totalprévu ; totalréalisé-totalprévu ; totalprévu-totalréalisé).

**1.2** **▶** Le salarié a 2,5 jours de congés payés (période de référence de calcul du 01/05 date d'entrée au 31/05).

Il a de plus droit à un jour de R.T.T. par mois soit 8 jours jusqu'au 31/12.

Au total, il dispose donc de 10,5 jours de congés qu'il ne peut prendre avant de les avoir acquis : il est par exemple impossible de prendre 10 jours de vacances au mois d'août.

Souvent les jours de R.T.T. ne peuvent être pris à la suite des jours de congés payés (convention collective à vérifier).

Si le salarié veut davantage de jours de congés, il peut demander à son employeur des congés sans solde, que celui-ci n'est pas obligé de lui accorder.

En cas d'accord, le salaire sera diminué d'une fraction proportionnelle au nombre de jours d'absence.

**1.3** **1 ▶** Nombre de jours ouvrés en juin N : le 1er juin était un mardi (puisque le 15 est un mardi).

S1 : 4 jours ; S2 : 5 jours ; S3 : 5 jours ; S4 : 5 jours ; S5 : 3 jours ⇒ 22 jours ouvrés.

Au mois de juin abattement de 3/22 du salaire brut correspondant aux 3 jours de carence.

| | |
|---|---|
| Salaire base | 2 720,00 |
| Retenue pour absence | 370,91 |
| Salaire brut juin | 2 349,09 |
| Cotisations | 540,29 |
| Net à payer | 1 808,80 |

**2 ▶** Au mois de juillet, M. Lafleur a encaissé les I.J.S.S. de M. François.

| | |
|---|---|
| Salaire de base | 2 720,00 |
| I.J.S.S. brutes | 589,33 |

$$(\text{IJSS/jour : } 50\ \% \times \frac{2\ 720}{30} = 45{,}33) \times (16 - 3) \text{ jours}$$

| | |
|---|---|
| Brut soumis à cotisations | 2 130, 67 |
| Cotisations | 490,05 |
| I.J.S.S. nettes | 549,84 |
| Net à payer | 2 190,46 |

(au lieu de 2 094,40 un mois normal)

**3 ▶** La perte de salaire réelle liée à cette absence est :

$$2\ 094{,}40 \times 2 - 2\ 190{,}46 - 1\ 808{,}80 = 189{,}54\ €.$$

↑ 2 094,40 × 2 : **2 mois de salaire sans absence**

↑ 2 190,46 : **Salaire de juillet**

↑ 1 808,80 : **Salaire de juin**

# 2

# Les charges de personnel

Les charges de personnel ne se limitent pas aux chèques ou virements bancaires versés aux salariés à la fin de chaque mois.

Elles comprennent les net-à-payer revenant aux salariés, mais également des charges sociales et fiscales très importantes fondées sur les salaires.

Quelle est la base de calcul du net-à-payer et des différentes charges ? le **salaire brut**, c'est-à-dire le salaire de base auquel s'ajoutent, éventuellement, les heures supplémentaires, les primes (ancienneté, salissure, etc.) et les avantages en nature (véhicule de fonction, logement de fonction, etc.).

## 1. Le bulletin de paie

| BULLETIN DE PAIE | Période du : 01/01/02 au : 31/01/02 | | Date de paiement : 31/01/02 | |
|---|---|---|---|---|
| FLEURUS<br>Rue Marius<br>44000 Nantes | Matricule : 02<br>Niveau :<br>Indice sal.<br>Coefficient : 228 | M. Millon Pascal | | |
| N° Siret : 41992675000011<br>Code NAF : 741 C | Emploi occupé | N° Sécurité sociale | Ancienneté | Horaire |
| | Assistant | 1740793032059/84 | 0 an(s) et 1 mois | 151,667 |

Durée mensuelle « normale » → Horaire

Convention collective :
Qualification : Catégorie : Département : Siège

| N° | Désignation | Nombre | Base | Part salariale Taux | Part salariale Gain | Part salariale Retenue | Part patronale Taux | Part patronale Gain | Part patronale Retenue |
|---|---|---|---|---|---|---|---|---|---|
| 10 | Salaire mensuel | | | | 1 295,42 | | | | |
| | Total brut | | | | 1 295,42 | | | | |
| 2100 | URSSAF Maladie vieil. veuvage | | 1 295,42 | 0,850 | | 11,01 | 14,400 | | 186,54 |
| 2200 | URSSAF Vieillesse, F.N.A.L. plaf. | | 1 295,42 | 6,550 | | 84,85 | 8,300 | | 107,52 |
| 2300 | URSSAF Alloc. familiales 5,4 % | | 1 295,42 | 0,000 | | 0,00 | 5,400 | | 69,95 |
| 2600 | URSSAF F.N.A.L. (+9 salariés) | | 1 295,42 | 0,000 | | 0,00 | 0,400 | | 5,18 |
| 4000 | ASSEDIC Chômage | | 1 295,42 | 2,000 | | 25,91 | 3,600 | | 46,64 |
| 4200 | ASSEDIC F.N.G.S. | | 1 295,42 | 0,000 | | 0,00 | 0,200 | | 2,59 |
| 4500 | Retraite complémentaire T1 | | 1 295,42 | 3,000 | | 38,86 | 4,500 | | 58,29 |
| 4570 | AGFF T1 non-cadres | | 1 295,42 | 0,800 | | 10,36 | 1,200 | | 15,55 |
| 5000 | Prévoyances employés TA | | 1 295,42 | 0,270 | | 3,50 | 0,400 | | 5,18 |
| 5200 | Mutuelle employés | | 1 295,42 | 0,900 | | 11,66 | 1,310 | | 16,97 |
| 5500 | Participation construction | | 1 295,42 | 0,000 | | 0,00 | 0,450 | | 5,83 |
| 5600 | Taxe d'apprentissage | | 1 295,42 | 0,000 | | 0,00 | 0,500 | | 6,48 |
| 5700 | Formation professionnelle | | 1 295,42 | 0,000 | | 0,00 | 0,150 | | 1,94 |
| 5900 | URSSAF Taxe transport | | 1 295,42 | 0,000 | | 0,00 | 2,500 | | 32,39 |
| 6000 | Taxe pat./contrib. complément. | | 22,15 | 0,000 | | 0,00 | 8,000 | | 1,77 |
| 6050 | Allègement des cotisations | | | | 0,000 | | | 200,00 | |
| 7000 | C.S.G. non déductible | | 1 251,69 | 2,400 | | 30,04 | 0,000 | | 0,00 |
| 7010 | C.R.D.S. | | 1 251,69 | 0,500 | | 6,26 | 0,000 | | 0,00 |
| 7100 | C.S.G. déductible | | 1 251,69 | 5,100 | | 63,84 | 0,000 | | 0,00 |
| | Total des cotisations | | | | | 286,29 | | | 362,82 |

Salaire brut → 1 295,42

**Base de la C.S.G. : 95 % (brut + prévoyance et mutuelle payées par l'employeur)**
**1 251,69 = 95 % (1 295,42 + 5,18 + 16,97)**

**Montant du chèque ou du virement** → Net à payer

| Montants | de la période | de l'année | Net à payer : 1 009,13 | Congés |
|---|---|---|---|---|
| Heures travaillées | 151,67 | 151,67 | | Acquis année : 2,500 |
| Salaire brut | 1 295,42 | 1 295,42 | | Reste à prendre : 0,000 |
| Charges salariales | 286,29 | 286,29 | Règlement : Virement | Congés : 0,000 |
| Charges patronales | 362,82 | 362,82 | | du : |
| Net imposable | 1 045,43 | 1 045,43 | | au : |
| Avantages en nature | 0,00 | 0,00 | Cumul heures sup. : 0,000 | Repos compensateur |
| Commentaire : | | | | Repos cumulé : |
| Cotisations versées à : | | | Numéro : | Repos acquis :<br>Repos pris : |

**Somme soumise à l'impôt sur le revenu** → Net imposable de l'année

Pour vous aider à faire valoir vos droits, conserver ce bulletin de paye sans limitation de durée.

Le plafond de la Sécurité sociale est de 2 352 € en 2002.

| **BULLETIN DE PAIE** | Période du : 01/01/02 au : 31/01/02 | | Date de paiement : 31/01/02 | |
|---|---|---|---|---|
| FLEURUS<br>Rue Marius<br>44000 Nantes | Matricule : 03<br>Niveau :<br>Indice sal.<br>Coefficient : | Mlle Sylve Carole | | |
| N° Siret : 41992675000011<br>Code NAF : 741 C | Emploi occupé | N° Sécurité sociale | Ancienneté | Horaire |
| | Assistant | 2680432012035/29 | 5 an(s) et 10 mois | 151,667 |

| | | |
|---|---|---|
| Convention collective :<br>Qualification : | Catégorie : | Département : Siège |

| N° | Désignation | Nombre | Base | Part salariale | | | Part patronale | | |
|---|---|---|---|---|---|---|---|---|---|
| | | | | Taux | Gain | Retenue | Taux | Gain | Retenue |
| 10 | Salaire mensuel | | 1 820,00 | 3,000 | 1 820,00 | | | | |
| 1000 | Prime d'ancienneté | | | | 54,60 | | | | |
| | Total brut | | | | 1 874,60 | | | | |
| 2100 | URSSAF Maladie vieil. veuvage | | 1 874,60 | 0,850 | | 15,93 | 14,400 | | 269,94 |
| 2200 | URSSAF Vieillesse, F.N.A.L. plaf. | | 1 874,60 | 6,550 | | 122,79 | 8,300 | | 155,59 |
| 2300 | URSSAF Alloc. familiales 5,4 % | | 1 874,60 | 0,000 | | 0,00 | 5,400 | | 101,23 |
| 2600 | URSSAF F.N.A.L. (+9 salariés) | | 1 874,60 | 0,000 | | 0,00 | 0,400 | | 7,50 |
| 4000 | ASSEDIC Chômage | | 1 874,60 | 2,000 | | 37,49 | 3,600 | | 67,49 |
| 4200 | ASSEDIC F.N.G.S. | | 1 874,60 | 0,000 | | 0,00 | 0,200 | | 3,75 |
| 4500 | Retraite complémentaire T1 | | 1 874,60 | 3,000 | | 56,24 | 4,500 | | 84,36 |
| 4570 | AGFF T1 non-cadres | | 1 874,60 | 0,800 | | 15,00 | 1,200 | | 22,50 |
| 5000 | Prévoyances employés TA | | 1 874,60 | 0,270 | | 5,06 | 0,400 | | 7,50 |
| 5200 | Mutuelle employés | | 1 874,60 | 0,900 | | 16,87 | 1,310 | | 24,56 |
| 5500 | Participation construction | | 1 874,60 | 0,000 | | 0,00 | 0,450 | | 8,44 |
| 5600 | Taxe d'apprentissage | | 1 874,60 | 0,000 | | 0,00 | 0,500 | | 9,37 |
| 5700 | Formation professionnelle | | 1 874,60 | 0,000 | | 0,00 | 0,150 | | 2,81 |
| 5900 | URSSAF Taxe transport | | 1 874,60 | 0,000 | | 0,00 | 2,500 | | 46,87 |
| 6000 | Taxe pat./contrib. complément. | | 32,06 | 0,000 | | 0,00 | 8,000 | | 2,56 |
| 6050 | Allègement des cotisations | | | | 0,000 | | | 57,00 | |
| 7000 | C.S.G. non déductible | | 1 811,33 | 2,400 | | 43,47 | 0,000 | | 0,00 |
| 7010 | C.R.D.S. | | 1 811,33 | 0,500 | | 9,06 | 0,000 | | 0,00 |
| 7100 | C.S.G. déductible | | 1 811,33 | 5,100 | | 92,38 | 0,000 | | 0,00 |
| | Total des cotisations | | | | | 414,29 | | | 757,47 |

| Montants | de la période | de l'année | Net à payer : | 1 460,31 | Congés | |
|---|---|---|---|---|---|---|
| Heures travaillées | 151,67 | 151,67 | | | Acquis année : | 20 |
| Salaire brut | 1 874,60 | 1 874,60 | | | Reste à prendre : | 20 |
| Charges salariales | 414,29 | 414,29 | Règlement : | Virement | Congés : | |
| Charges patronales | 757,47 | 757,47 | | | du : | |
| Net imposable | 1 512,84 | 1 512,84 | | | au : | |
| Avantages en nature | 0,00 | 0,00 | Cumul heures sup. : | 0,000 | Repos compensateur | |

| | | |
|---|---|---|
| Commentaire : | | Repos cumulé :<br>Repos acquis :<br>Repos pris : |
| Cotisations versées à : | Numéro : | |

Pour vous aider à faire valoir vos droits, conserver ce bulletin de paye sans limitation de durée.

| **BULLETIN DE PAIE** | Période du : 01/01/02 au : 31/01/02 | | Date de paiement : 31/01/02 | |
|---|---|---|---|---|
| FLEURUS<br>Rue Marius<br>44000 Nantes | Matricule : 01<br>Niveau :<br>Indice sal.<br>Coefficient : | Mme LL Céline | | |
| N° Siret : 41992675000011<br>Code NAF : 741 C | Emploi occupé | N° Sécurité sociale | Ancienneté | Horaire |
| | Assistant | 2770395190023/12 | 0 an(s) et 9 mois | 151,667 |

Convention collective :
Qualification : Catégorie : cadre Département : Siège

**Certaines cotisations sont différentes pour cette catégorie**

| N° | Désignation | Nombre | Base | Part salariale Taux | Part salariale Gain | Part salariale Retenue | Part patronale Taux | Part patronale Gain | Part patronale Retenue |
|---|---|---|---|---|---|---|---|---|---|
| 10 | Salaire mensuel | | | | 2 541,00 | | | | |
| | Total brut | | | | 2 541,00 | | | | |
| 2100 | URSSAF Maladie vieil. veuvage | | 2 541,00 | 0,850 | | 21,,60 | 14,400 | | 365,90 |
| 2200 | URSSAF Vieillesse, F.N.A.L. plaf. | | 2 352,00 | 6,550 | | 154,06 | 8,300 | | 195,22 |
| 2300 | URSSAF Alloc. familiales 5,4 % | | 2 541,00 | 0,000 | | 0,00 | 5,400 | | 137,21 |
| 2600 | URSSAF F.N.A.L. (+9 salariés) | | 2 541,00 | 0,000 | | 0,00 | 0,400 | | 10,16 |
| 4000 | ASSEDIC Chômage | | 2 541,00 | 2,000 | | 50,82 | 3,600 | | 91,48 |
| 4200 | ASSEDIC F.N.G.S. | | 2 541,00 | 0,000 | | 0,00 | 0,200 | | 5,08 |
| 4571 | AGFF T1 cadres | | 2 352,00 | 0,800 | | 18,82 | 1,200 | | 28,22 |
| 4580 | AGFF TB | | 189,00 | 0,900 | | 1,70 | 1,300 | | 2,46 |
| 4600 | Ret. complément. cadres TA | | 2 352,00 | 3,000 | | 70,56 | 4,500 | | 105,84 |
| 4650 | Ret. complément. cadres TB | | 189,00 | 7,500 | | 14,18 | 12,500 | | 23,63 |
| 4800 | APEC | | 189,00 | 0,024 | | 0,05 | 0,036 | | 0,07 |
| 4900 | C.E.T. | | 2 541,00 | 0,130 | | 3,30 | 0,220 | | 5,59 |
| 5050 | Prévoyances cadres TA | | 2 352,00 | 0,000 | | 0,00 | 1,500 | | 35,28 |
| 5055 | Prévoyances cadres TB | | 189,00 | 0,500 | | 0,95 | 1,300 | | 2,46 |
| 5250 | Mutuelle cadres | | 2 352,00 | 0,760 | | 17,88 | 1,130 | | 26,58 |
| 5500 | Participation construction | | 2 541,00 | 0,000 | | 0,00 | 0,450 | | 11,43 |
| 5600 | Taxe d'apprentissage | | 2 541,00 | 0,000 | | 0,00 | 0,500 | | 12,71 |
| 5700 | Formation professionnelle | | 2 541,00 | 0,000 | | 0,00 | 0,150 | | 3,81 |
| 5900 | URSSAF Taxe transport | | 2 541,00 | 0,000 | | 0,00 | 2,500 | | 63,53 |
| 6000 | Taxe pat./contrib. complément. | | 64,32 | 0,000 | | 0,00 | 8,000 | | 5,15 |
| 7000 | C.S.G. non déductible | | 2 475,05 | 2,400 | | 59,40 | 0,000 | | 0,00 |
| 7010 | C.R.D.S. | | 2 475,05 | 0,500 | | 12,38 | 0,000 | | 0,00 |
| 7100 | C.S.G. déductible | | 2 475,05 | 5,100 | | 126,23 | 0,000 | | 0,00 |
| | Total des cotisations | | | | | 551,93 | | | 1 131,81 |

**Tranche A**

**Tranche B = Brut – Plafond**

**2 475,05 = 95 % (2 541 + 35,28 + 2,46 + 26,58)**

| Montants | de la période | de l'année | Net à payer : | 1 989,07 | Congés | |
|---|---|---|---|---|---|---|
| Heures travaillées | 151,67 | 151,67 | | | Acquis année : | 20 |
| Salaire brut | 2 541,00 | 2 541,00 | | | Reste à prendre : | 20 |
| Charges salariales | 551,93 | 551,93 | Règlement : | Virement | Congés : | |
| Charges patronales | 1 131,81 | 1 131,81 | | | du : | |
| Net imposable | 2 060,85 | 2 060,85 | | | au : | |
| Avantages en nature | 0,00 | 0,00 | Cumul heures sup. : | 0,000 | Repos compensateur | |
| Commentaire : | | | | | Repos cumulé :<br>Repos acquis : | |
| Cotisations versées à : | | | Numéro : | | Repos pris : | |

Pour vous aider à faire valoir vos droits, conserver ce bulletin de paye sans limitation de durée.

## 2. Comptabilisation des bulletins de paie

Cette comptabilisation se fait en **trois étapes** :

1. Comptabilisation des salaires bruts.
2. Comptabilisation du paiement des salaires après abattement des charges salariales.
3. Comptabilisation des charges patronales.

Le journal de contrôle proposé par le logiciel SAGE nous propose cette comptabilisation en 2 écritures :

1. Comptabilisation des montants bruts en 641 et ses sous-divisions par le crédit du compte 421 pour les net-à-payer (998,07 + 1 455,54 + 1 989,07) et des comptes des différents organismes sociaux (ex. : le montant des charges salariales versées aux ASSEDIC est de 114,22, soit 25,91 + 37,49 + 50,82).
2. Comptabilisation des charges patronales (sociales et fiscales).

Noter que les allègements de cotisations viennent en déduction des sommes dues à l'URSSAF.

Date du jour : 31/01/02 — **JOURNAL DE CONTRÔLE** — Page : 1

Édition en euros — (Avant clôture mensuelle)

Société : FLEURUS — Paie 100 — V10.01

| Référence | Libellé | Compte | Débit | Crédit | Solde débit | Solde crédit |
|---|---|---|---|---|---|---|
| Journal : 009 Journal des OD de paie | | Période : janvier 2002 | | Nature : OD | Numéro de pièce : 1 | |
| PAIE 1/2002 | OD PAIE | 64110000<br>Salaires, appointement, commis. | 5 656,42 | | | |
| PAIE 1/2002 | OD PAIE | 64120000<br>Congés payés | 0,00 | | | |
| PAIE 1/2002 | OD PAIE | 64130000<br>Primes et gratifications | 54,60 | | | |
| PAIE 1/2002 | OD PAIE | 64140000<br>Indemnités et avantages div. | 0,00 | | | |
| PAIE 1/2002 | OD PAIE | 42100000<br>Personnel. Rémunérations dues | | 4 458,51 | | |
| PAIE 1/2002 | OD PAIE | 42500000<br>Personnel. Avances et acomp. | | 0,00 | | |
| PAIE 1/2002 | OD PAIE | 43100000<br>URSSAF | | 853,30 | | |
| PAIE 1/2002 | OD PAIE | 43740000<br>ASSEDIC | | 114,22 | | |
| PAIE 1/2002 | OD PAIE | 43730000<br>Retraite + prévoyance non cadre | | 129,02 | | |
| PAIE 1/2002 | OD PAIE | 43720000<br>Retraite + prévoyance cadre | | 109,56 | | |
| PAIE 1/2002 | OD PAIE | 43750000<br>Mutuelles | | 46,41 | | |
| PAIE 1/2002 | OD PAIE | 43760000<br>Titres restaurant | | 0,00 | | |
| | | Total pièce | 5 711,02 | 5 711,02 | 0,00 | 0,00 |

4 458,51 ← **Somme des nets à payer**

853,30 ← **11,01 + 84,85 + 30,36 + 6,32 + 64,51 + 15,93 + 122,79 + 43,61 + 9,09 + 92,68 + 21,60 + 154,06 + 59,40 + 12,38 + 126,23**

114,22 ← **21,91 + 37,49 + 50,82**

109,56 ← **18,82 + 1,7 + 70,56 + 14,18 + 0,05 + 3,3 + 0,95**

46,41 ← **11,66 + 16,87 + 17,88**

| Référence | Libellé | Compte | Débit | Crédit | Solde débit | Solde crédit |
|---|---|---|---|---|---|---|
| Journal : 009 Journal des OD de paie | | Période : janvier 2002 | | Nature : OD | Numéro de pièce : 2 | |
| PAIE 1/2002 | OD PAIE | 64510000<br>Cotisations URSSAF | 1 354,94 | | | |
| PAIE 1/2002 | OD PAIE | 64540000<br>Cotisations ASSEDIC | 217,03 | | | |
| PAIE 1/2002 | OD PAIE | 64581000<br>Autres org. sociaux employé | 234,91 | | | |
| PAIE 1/2002 | OD PAIE | 64582000<br>Autres org. sociaux cadre | 230,13 | | | |
| PAIE 1/2002 | OD PAIE | 63340000<br>Construction | 25,70 | | | |
| PAIE 1/2002 | OD PAIE | 63120000<br>Taxe d'apprentissage | 28,56 | | | |
| PAIE 1/2002 | OD PAIE | 63130000<br>Formation professionnelle | 8,56 | | | |
| PAIE 1/2002 | OD PAIE | 43100000<br>URSSAF | | 1 354,94 | | |
| PAIE 1/2002 | OD PAIE | 43740000<br>ASSEDIC | | 217,03 | | |
| PAIE 1/2002 | OD PAIE | 43730000<br>Retraite + prévoyance non cadre | | 193,38 | | |
| PAIE 1/2002 | OD PAIE | 43720000<br>Retraite + prévoyance cadre | | 203,55 | | |
| PAIE 1/2002 | OD PAIE | 43750000<br>Mutuelles | | 68,11 ← **16,97 + 24,56 + 26,58** | | |
| PAIE 1/2002 | OD PAIE | 43860000<br>Autres org.sociaux charg. à payer | | 215,09 | | |
| | | 63310000<br>Versement de transport | 142,79 | | | |
| | | 63110000<br>Taxe sur les salaires | 0,00 | | | |
| | | 63380000<br>Autres | 9,48 | | | |
| | | Total pièce | 2 252,10 | 2 252,10 | 0,00 | 0,00 |
| | | Total général | 7 963,12 | 7 963,12 | 0,00 | 0,00 |

# Énoncés des exercices

**2.1** Pour préparer ses déclarations sociales de mars 2002, le comptable de l'entreprise MOLINIER désire connaître le total des salaires versés correspondant à la tranche A, le total des fractions de salaire en tranche B, en tranche C. Il vous communique la liste des salariés et leur salaire de base mensuel en 2002.

▶ Compléter le tableau ci-dessous.

| Nom | Salaire de base | Tranche A | Tranche B | Tranche C |
|---|---|---|---|---|
| Dupré | 1 230,00 | | | |
| Langevin | 2 536,00 | | | |
| Nollet | 9 512,00 | | | |
| Carré | 18 000,00 | | | |
| Boivert | 19 220,00 | | | |
| Lebrun | 28 000,00 | | | |
| Plouaré | 34 000,00 | | | |
| Total | | | | |

**2.2** L'entreprise FLEURUS emploie Michèle Lebrun, cadre au service informatique depuis 8 mois, dont le salaire de base est de 4 200 € et qui dispose d'un véhicule de fonction, avantage évalué à 500 € par mois.

▶ En vous servant des trois bulletins de salaire des pages 16 à 18, établir son bulletin de salaire pour le mois de janvier et le comptabiliser.

# Corrigés des exercices

**2.1** Pour l'année 2002, le plafond de la Sécurité sociale est à 2 352 €.

Au maximum, en tranche A : 2 352

Au maximum, en tranche B : 2 352 × 3 = 7 056

Au maximum, en tranche C : 2 352 × 4 = 9 408.

| Nom | Salaire de base | Tranche A | Tranche B | Tranche C |
|---|---|---|---|---|
| Dupré | 1 230,00 | 1 230,00 | | |
| Langevin | 2 536,00 | 2 352,00 | 184,00 | |
| Nollet | 9 512,00 | 2 352,00 | 7 056,00 | 104,00 |
| Carré | 18 000,00 | 2 352,00 | 7 056,00 | 8 592,00 |
| Boivert | 19 220,00 | 2 352,00 | 7 056,00 | 9 408,00 |
| Lebrun | 28 000,00 | 2 352,00 | 7 056,00 | 9 408,00 |
| Plouaré | 34 000,00 | 2 352,00 | 7 056,00 | 9 408,00 |
| Total | 112 498,00 | 15 342,00 | 35 384,00 | 36 920,00 |

Constatez que la fraction supérieure des salaires n'est ni en tranche A, ni en tranche B, ni en tranche C.

Autrement dit :

Total des salaires de base ≠ Total tranche A + total tranche B + total tranche C.

## 2.2

| BULLETIN DE PAIE | Période du : 01/01/02 au : 31/01/02 | | Date de paiement : 31/01/02 | |
|---|---|---|---|---|
| FLEURUS<br>Rue Marius<br>44000 Nantes | Matricule : 04<br>Niveau :<br>Indice sal.<br>Coefficient : | Mme Lebrun Michèle | | |
| N° Siret : 41992675000011<br>Code NAF : 741 C | Emploi occupé | N° Sécurité sociale | Ancienneté | Horaire |
| | Assistant | 2720559024036/20 | 0 an(s) et 10 mois | 151,667 |
| Convention collective :<br>Qualification : | Catégorie : cadre | | Département : Siège | |

| N° | Désignation | Nombre | Base | Part salariale | | | Part patronale | | |
|---|---|---|---|---|---|---|---|---|---|
| | | | | Taux | Gain | Retenue | Taux | Gain | Retenue |
| 10 | Salaire mensuel | | | | 4 200,00 | | | | |
| 1550 | Avantage en nature voiture | | | | 500,00 | | | | |
| | Total brut | | | | 4 700,00 | | | | |
| 2100 | URSSAF Maladie vieil. veuvage | | 4 700,00 | 0,850 | | 39,95 | 14,400 | | 676,80 |
| 2200 | URSSAF Vieillesse, F.N.A.L. plaf. | | 2 352,00 | 6,550 | | 154,06 | 8,300 | | 195,22 |
| 2300 | URSSAF Alloc. familiales 5,4 % | | 4 700,00 | 0,000 | | 0,00 | 5,400 | | 253,80 |
| 2600 | URSSAF F.N.A.L. (+9 salariés) | | 4 700,00 | 0,000 | | 0,00 | 0,400 | | 18,80 |
| 4000 | ASSEDIC Chômage | | 4 700,00 | 2,000 | | 94,00 | 3,600 | | 169,20 |
| 4200 | ASSEDIC F.N.G.S. | | 4 700,00 | 0,000 | | 0,00 | 0,200 | | 9,40 |
| 4571 | AGFF T1 cadres | | 2 352,00 | 0,800 | | 18,82 | 1,200 | | 28,22 |
| 4580 | AGFF TB | | 2 348,00 | 0,900 | | 21,13 | 1,300 | | 30,52 |
| 4600 | Ret. complément. cadres TA | | 2 352,00 | 3,000 | | 70,56 | 4,500 | | 105,84 |
| 4650 | Ret. complément. cadres TB | | 2 348,00 | 7,500 | | 176,10 | 12,500 | | 293,50 |
| 4800 | APEC | | 2 348,00 | 0,024 | | 0,56 | 0,036 | | 0,85 |
| 4900 | C.E.T. | | 4 700,00 | 0,130 | | 6,11 | 0,220 | | 10,34 |
| 5050 | Prévoyances cadres TA | | 2 352,00 | 0,000 | | 0,00 | 1,500 | | 35,28 |
| 5055 | Prévoyances cadres TB | | 2 348,00 | 0,500 | | 11,74 | 1,300 | | 30,52 |
| 5250 | Mutuelle cadres | | 2 352,00 | 0,760 | | 17,88 | 1,130 | | 26,58 |
| 5500 | Participation construction | | 4 700,00 | 0,000 | | 0,00 | 0,450 | | 21,15 |
| 5600 | Taxe d'apprentissage | | 4 700,00 | 0,000 | | 0,00 | 0,500 | | 23,50 |
| 5700 | Formation professionnelle | | 4 700,00 | 0,000 | | 0,00 | 0,150 | | 7,05 |
| 5900 | URSSAF Taxe transport | | 4 700,00 | 0,000 | | 0,00 | 2,500 | | 117,50 |
| 6000 | Taxe pat./contrib. complément. | | 92,38 | 0,000 | | 0,00 | 8,000 | | 7,39 |
| 7000 | C.S.G. non déductible | | 4 552,76 | 2,400 | | 109,27 | 0,000 | | 0,00 |
| 7010 | C.R.D.S. | | 4 552,76 | 0,500 | | 22,76 | 0,000 | | 0,00 |
| 7100 | C.S.G. déductible | | 4 552,76 | 5,100 | | 232,19 | 0,000 | | 0,00 |
| | Total des cotisations | | | | | 975,13 | | | 2 061,46 |
| 9500 | Avantages en nature | | | | | 500,00 | | | |

| Montants | de la période | de l'année | Net à payer : 1 989,07 | Congés |
|---|---|---|---|---|
| Heures travaillées | 151,67 | 151,67 | | Acquis année : 20 |
| Salaire brut | 4 700,00 | 4 700,00 | | Reste à prendre : 20 |
| Charges salariales | 975,13 | 975,13 | Règlement : Virement | Congés : |
| Charges patronales | 2 061,46 | 2 061,46 | | du : |
| Net imposable | 3 856,90 | 3 856,90 | | au : |
| Avantages en nature | 500,00 | 500,00 | Cumul heures sup. : 0,000 | Repos compensateur |
| Commentaire : | | | | Repos cumulé :<br>Repos acquis : |
| Cotisations versées à : | | | Numéro : | Repos pris : |

Pour vous aider à faire valoir vos droits, conserver ce bulletin de paye sans limitation de durée.

| Date du jour : 31/01/02<br>Édition en euros | | JOURNAL DE CONTRÔLE | | | Page : 1<br>(Avant clôture mensuelle) | |
|---|---|---|---|---|---|---|
| Société : FLEURUS | | | | | Paie 100 | V10.01 |
| **Référence** | **Libellé** | **Compte** | **Débit** | **Crédit** | **Solde débit** | **Solde crédit** |
| Journal : 009 Journal des OD de paie | | Période : janvier 2002 | | Nature : OD | Numéro de pièce : 1 | |
| PAIE 1/2002 | OD PAIE | 64110000<br>Salaires, appointement, commis. | 4 200,00 | | | |
| PAIE 1/2002 | OD PAIE | 64120000<br>Congés payés | 0,00 | | | |
| PAIE 1/2002 | OD PAIE | 64130000<br>Primes et gratifications | 0,00 | | | |
| PAIE 1/2002 | OD PAIE | 64140000<br>Indemnités et avantages div. | 0,00 | | | |
| PAIE 1/2002 | OD PAIE | 42100000<br>Personnel. Rémunérations dues | | 3224,87 | | |
| PAIE 1/2002 | OD PAIE | 42500000<br>Personnel. Avances et acomp. | | 0,00 | | |
| PAIE 1/2002 | OD PAIE | 43100000<br>URSSAF | | 558,23 | | |
| PAIE 1/2002 | OD PAIE | 43740000<br>ASSEDIC | | 94,00 | | |
| PAIE 1/2002 | OD PAIE | 43730000<br>Retraite + prévoyance non cadre | | 0,00 | | |
| PAIE 1/2002 | OD PAIE | 43720000<br>Retraite + prévoyance cadre | | 305,02 | | |
| PAIE 1/2002 | OD PAIE | 43710000<br>Autres org. sociaux non cadre | | 0,00 | | |
| PAIE 1/2002 | OD PAIE | 43750000<br>Mutuelles | | 17,88 | | |
| PAIE 1/2002 | OD PAIE | 43760000<br>Titres restaurant | | 0,00 | | |
| | | Total pièce | 4 200,00 | 4 200,00 | 0,00 | 0,00 |
| Journal : 009 Journal des OD de paie | | Période : janvier 2002 | | Nature : OD | Numéro de pièce : 2 | |
| PAIE 1/2002 | OD PAIE | 64510000<br>Cotisations URSSAF | 1 144,62 | | | |
| PAIE 1/2002 | OD PAIE | 64540000<br>Cotisations ASSEDIC | 178,60 | | | |
| PAIE 1/2002 | OD PAIE | 64581000<br>Autres org. sociaux employé | 0,00 | | | |
| PAIE 1/2002 | OD PAIE | 64582000<br>Autres org. sociaux cadre | 561,65 | | | |
| PAIE 1/2002 | OD PAIE | 63340000<br>Construction | 21,15 | | | |
| PAIE 1/2002 | OD PAIE | 63120000<br>Taxe d'apprentissage | 23,50 | | | |
| PAIE 1/2002 | OD PAIE | 63130000<br>Formation professionnelle | 7,05 | | | |
| PAIE 1/2002 | OD PAIE | 43100000<br>URSSAF | | 1 144,62 | | |
| PAIE 1/2002 | OD PAIE | 43740000<br>ASSEDIC | | 178,60 | | |
| PAIE 1/2002 | OD PAIE | 43730000<br>Retraite + prévoyance non cadre | | 0,00 | | |
| PAIE 1/2002 | OD PAIE | 43720000<br>Retraite + prévoyance cadre | | 535,07 | | |
| PAIE 1/2002 | OD PAIE | 43750000<br>Mutuelles | | 26,58 | | |
| PAIE 1/2002 | OD PAIE | 43860000<br>Autres org.sociaux charg. à payer | | 176,59 | | |
| | | 63310000<br>Versement de transport | 117,50 | | | |
| | | 63110000<br>Taxe sur les salaires | 0,00 | | | |
| | | 63380000<br>Autres | 7,39 | | | |
| | | Total pièce | 2 061,46 | 2 061,46 | 0,00 | 0,00 |
| | | Total général | 6 261,46 | 6 261,46 | 0,00 | 0,00 |

**Salaire brut** (→ Total pièce 1 : 4 200,00)

**Total des cotisations patronales** (→ Total pièce 2 : 2 061,46)

Remarquez que l'avantage en nature n'apparaît pas dans la comptabilisation, mais il est soumis à cotisations.

# 3

# La participation et l'intéressement

Suite à la signature d'un contrat de travail, le salarié reçoit, le plus souvent mensuellement, une rémunération en échange du travail fourni à une autre personne.
Dans certaines entreprises, les salariés peuvent « bénéficier » de compléments de salaires dont ils pourront disposer plus tardivement.

## 1. La participation

La participation est obligatoire dans les entreprises de plus de 50 salariés.
Le calcul du montant de la participation résulte d'une formule définie par la loi.
Les sommes attribuées aux salariés à ce titre sont bloquées pendant cinq ans.

### A. La réserve spéciale de participation (R.S.P.)

Les sommes attribuées aux salariés sont consacrées :
– soit à l'attribution d'actions de l'entreprise ;
– soit à l'acquisition de titres de SICAV ou de F.C.P. ;
– soit à l'alimentation d'un plan d'épargne entreprise.
Elles sont investies et bloquées pendant 5 ans.
Les sommes attribuées à l'échéance sont exonérées de cotisations sociales.

Un déblocage anticipé de la participation est possible, sans pénalité en cas de départ de l'entreprise ou en cas de modification de la situation familiale ou professionnelle justifiant la nécessité d'utiliser ces fonds immédiatement.

## 1. Calcul

**C : Capitaux propres :**
**Capital social appelé**
**+ Réserves**
**+ Primes liées au capital**
**+ Report à nouveau**
**+ Provisions non déductibles (sauf dotation de l'année)**
**+ Provisions réglementées (sauf amortissements dérogatoires)**
**Ne pas retenir les subventions d'investissement et le résultat de l'exercice.**

$$\text{R.S.P.} = \frac{1}{2} \times \left(B - \frac{5C}{100}\right) \times \frac{S}{\text{V.A.}}$$

**S : salaires bruts**

**B : Bénéfice net**
**Bénéfice fiscal**
**– I.S. après imputation des avoirs fiscaux**
**+ Dotation à la provision pour investissement**

**V.A. : Valeur ajoutée**
**Résultat courant avant impôts**
**+ Charges de personnel**
**+ Impôts et taxes**
**+ Charges financières**
**+ Dotations aux amortissements et provisions non exceptionnelles**

## 2. Comptabilisation

Dans l'entreprise GALKOR, la R.S.P., calculée sur les bénéfices de l'année N, est de 62 300 k€.

Suite à ce calcul, les écritures suivantes seront comptabilisées au cours des exercices suivants :

| | | | |
|---|---|---|---|
| | 31/12/N | | |
| 691 | Participation des salariés | 62 300 000 | |
| 4284 | Dettes provisionnées pour participation des salariés | | 62 300 000 |
| | *Constatation de la participation de l'année N* | | |
| | Courant N + 1 | | |
| 4284 | Dettes provisionnées pour participation des salariés | 62 300 000 | |
| 4246 | Participation, réserve spéciale | | 57 565 200 |
| 431 | Sécurité sociale | | 4 734 800 |
| | *C.S.G. et C.R.D.S. : 8 % × 95 % × 62 300 000* | | |
| | Courant N + 1 | | |
| 4246 | Participation, réserve spéciale | 57 565 200 | |
| 1662 | Fonds de participation | | 57 565 200 |
| | *Affectation des fonds (gestion par l'entreprise par exemple)* | | |
| | Courant N + 6 | | |
| 1662 | Fonds de participation | 57 565 200 | |
| 4248 | Participation, comptes courants | | 57 565 200 |
| | *Mise à disposition des fonds* | | |

## B. La provision pour investissement (P.P.I.)

Par ce biais, les entreprises sont encouragées à reverser aux salariés une fraction des bénéfices, reversement non imposé par la loi.
On constitue une provision pour investissement (déductible fiscalement du résultat de l'exercice pendant laquelle elle est comptabilisée).
• Cas n° 1 : Si la participation n'est pas obligatoire (entreprises de moins de 50 salariés) ou
• Cas n° 2 : Si la R.S.P. est supérieure à la R.S.P. légale.

**Montant de la P.P.I.**

Cas n° 1 : P.P.I. = 50 % × R.S.P.
Cas n° 2 : P.P.I. = 50 % × (R.S.P. – R.S.P. légale)

| | | | |
|---|---|---|---|
| | 31/12/N + 1 | | |
| 6872 | Dotations aux provisions réglementées | P.P.I. | |
| 1424 | Provisions pour investissement | | P.P.I. |
| | *P.P.I. concernant le résultat de l'exercice N* | | |

La provision pour investissement doit figurer au bilan pendant la période de blocage de la participation.
Elle n'aura plus de raison d'être et sera donc reprise, quand la participation concernant l'année N ne figurera plus au bilan, c'est-à-dire le 31/12/N + 6.

***Exemple :*** l'entreprise GALKOR a décidé de majorer la participation de l'exercice N et l'a fixé à 100 000 k€, au lieu des 62 300 légaux.
P.P.I. : 50 % × (100 000 – 62 300 ) = 18 850 k€.

| | | | |
|---|---|---|---|
| | 31/12/N + 1 | | |
| 6872 | Dotations aux provisions réglementées | 18 850 000 | |
| 1424 | Provisions pour investissement | | 18 850 000 |
| | *Constitution de la P.P.I. exercice N* | | |
| | 31/12/N + 6 | | |
| 1424 | Provisions pour investissement | 18 850 000 | |
| 7872 | Reprises sur provisions réglementées | | 18 850 000 |
| | *Reprise de la provision sur P.P.I. exercice N* | | |

## 2. L'intéressement

C'est une des formes que peut prendre la participation des salariés aux bénéfices de l'entreprise.

L'intéressement n'a pas de caractère obligatoire. Il résulte d'un accord signé au minimum pour 3 ans par les salariés et les dirigeants de l'entreprise.
Il est collectif, son montant n'est pas connu auparavant puisque le calcul, précisé dans l'accord, peut être fonction des résultats obtenus, des gains de productivité, du chiffre d'affaires, des quantités produites, etc.

La loi a fixé des plafonds pour cette « prime » car elle bénéficie d'avantages fiscaux importants pour les entreprises. Il ne s'agit pas de transformer une partie des salaires en participation pour bénéficier d'exonérations fiscales.
En conséquence le montant de l'intéressement pour un salarié ne peut dépasser 50 % du plafond annuel de Sécurité sociale (soit 14 112 € en 2002) ou 20 % du montant de son salaire brut. Cette deuxième condition peut être plus contraignante.

Les sommes versées au titre de l'intéressement sont exonérées de charges sociales et fiscales, exceptées la C.S.G. et la C.R.D.S.
Le salarié peut en disposer immédiatement (c'est-à-dire une fois par an), auquel cas il doit l'intégrer à son revenu lorsqu'il établit sa déclaration.
Si le salarié a quitté l'entreprise, l'intéressement est dû au salarié pour la fraction d'exercice où il a effectivement travaillé.
Si l'intéressement est placé sur un plan d'épargne d'entreprise, il n'est pas soumis à l'impôt sur le revenu.

Pour l'entreprise, ce sont des charges fiscalement déductibles du résultat de l'exercice

Comptabilisation :

• À la fin de l'exercice :

| | | | |
|---|---|---|---|
| | 31/12/N | | |
| 648 | Autres charges de personnel | x | |
| 428 | Personnel, charges à payer | | x |
| | *Montant calculé de l'intéressement* | | |

• Lors du versement de la prime aux salariés le 15/05/N + 1 par exemple :

| | | | |
|---|---|---|---|
| | 15/05/N + 1 | | |
| 428 | Personnel, charges à payer | x | |
| 421 | Personnel, rémunérations dues | | x |
| 431 | Sécurité sociale | | x |
| | *Versement de l'intéressement aux salariés sous déduction de la C.S.G. et la C.R.D.S. versées à la Sécurité sociale* | | |

# Énoncés des exercices

**3.1** La loi du 19 février 2001 oblige les entreprises dont l'effectif habituel atteint 50 salariés à signer un accord de participation fin 2001.
Vous êtes stagiaire dans le cabinet Michel, qui s'occupe de la comptabilité de la société GARDON et Fils et on vous charge de préparer cet accord.

**1 ▶** Quels documents devez-vous rassembler ?

**2 ▶** Quelles informations allez-vous extraire des documents rassemblés ?

**3.2** La S.A.R.L. VALJOLY, organisatrice de voyages, a signé avec son personnel (35 salariés à plein temps) un accord de participation pour le motiver et l'encourager. Cet accord prévoit le versement d'une prime de résultat égale à 20 % du résultat comptable avant impôt. L'exercice permet de dégager un bénéfice avant impôt et une prime de résultat de 45 000 €.
L'état livre de paye annuel de votre logiciel vous donne le total des salaires bruts de l'année, soit 3 914 400 €. La prime est répartie entre les salariés proportionnellement au montant des salaires bruts.

**1 ▶** Quelle prime touchera fin janvier le vendeur Loïc dont le salaire brut annuel est de 16 800 € ?

**2 ▶** Cette prime est-elle de nature à motiver le personnel ?

**3 ▶** Comptabiliser le paiement de son salaire le 31 janvier, sachant que le net à payer du mois (hors prime) est de : 1 081,09 €.

**3.3** L'entreprise DENOYELLE a signé un accord de participation avec ses salariés il y a 10 ans. Stagiaire dans l'entreprise, on vous demande de vérifier le calcul du montant de la participation pour l'année N. Dans le dossier, vous trouvez les informations suivantes :

| | |
|---|---|
| Bénéfice net | 615 000 |
| Capitaux propres | 3 800 000 |
| Production vendue | 350 000 |
| Consommations en provenance des tiers | 1 562 000 |
| Chiffre d'affaires net hors taxes | 5 220 000 |
| Charges de personnel<br>(dont salaires bruts : 490 000) | 820 000 |
| Participation | 32 474 |

L'accord initial, non modifié, prévoit une participation de 25 % supérieure à l'obligation légale. La société a créé un fonds de participation, il y a 7 ans, pour gérer la réserve spéciale de participation.

**1 ▶** Vérifier et corriger, si nécessaire, le montant de la participation qui sera attribuée aux salariés de l'entreprise DENOYELLE au titre de l'exercice N.

**2 ▶** Comptabiliser l'ensemble des opérations relatives à cette participation en N, N +1, N + 6.

# Corrigés des exercices

**3.1** **1 ▶** Documents :

Puisque vous êtes en cabinet, vous allez certainement trouver dans d'autres dossiers clients ou auprès du service social des exemples d'accord de participation dont vous pourrez vous inspirer pour faire une proposition de type d'accord aux dirigeants.

Vous allez leur exposer également les possibilités fiscales qui s'offrent à eux en cas de signature d'un accord plus favorable que le minimum légal imposé, textes ou guides fiscaux à l'appui.

**2 ▶** La balance après inventaire est le document où vous trouverez toutes les informations nécessaires au calcul de la participation.

**3.2** **1 ▶** Montant de la prime pour l'ensemble des salariés :

45 000 × 20 % = 9 000 €.

Cette prime sera versée aux salariés proportionnellement à leur salaire brut après abattement de la C.S.G. et de la C.R.D.S.

Montant versé à l'ensemble des salariés : 9 000 – 9 000 × 8 % × 95 % = 8 316 €.

Part nette attribuée à Loïc :

$$8\,316 \times \frac{16\,800}{3\,914\,400} = 35{,}69 \text{ €.}$$

**2 ▶** La prime est très faible pour Loïc et risque de n'avoir aucun effet sur sa motivation.

**3 ▶** Comptabilisation du net à payer de janvier

| | | | |
|---|---|---|---|
| | 31/01/N + 1 | | |
| 421 | Personnel, rémunérations dues | 1 116,78 | |
| 512 | Banque | | 1 116,78 |
| | *Paiement de la paye de Loïc (1081,09 +35,69)* | | |

**3.3** **1 ▶** Contrôle du montant de la R.S.P. calculé :

Valeur ajoutée : chiffre d'affaires net – consommation en provenance des tiers = 5 220 000 – 1 562 000 = 3 658 000

$$\text{R.S.P. légale} = \frac{1}{2}\left(615\,000 - \frac{5 \times 3\,800\,000}{100}\right) \times \frac{490\,000}{3\,658\,000} = 28\,465{,}01 \text{ €.}$$

R.S.P. = 1,25 × R.S.P. légale = 35 581,26 €.

Résultat différent de la participation calculée : car par erreur la production vendue avait été ajoutée au C.A. net, soit une valeur ajoutée de 4 008 000 au lieu de 3 658 000.

**2 ▶** Comptabilisation

L'entreprise peut constituer une provision pour investissement égale à 50 % de la majoration de la R.S.P. légale.

P.P.I. = $\frac{1}{2}$(35 581,26 – 28 465,01) = 3 558,13 €.

| | | | |
|---|---|---|---|
| | 31/12/N | | |
| 691 | Participation des salariés | 35 581,26 | |
| 4284 | Dettes provisionnées pour participation des salariés | | 35 581,26 |
| | *Constatation de la participation de l'année N* | | |
| | Courant N + 1 | | |
| 4284 | Dettes provisionnées pour participation des salariés | 35 581,26 | |
| 4246 | Participation, réserve spéciale | | 32 877,08 |
| 431 | Sécurité sociale | | 2 704,18 |
| | *C.S.G. et C.R.D.S. : 8 % × 95 % × 35 581,26* | | |
| | Courant N + 1 | | |
| 4246 | Participation, réserve spéciale | 32 877,08 | |
| 1662 | Fonds de participation | | 32 877,08 |
| | *Affectation des fonds (gestion par l'entreprise par exemple)* | | |
| | 31/12/N + 1 | | |
| 6872 | Dotations aux provisions réglementées | 3 558,13 | |
| 1424 | Provisions pour investissement | | 3 558,13 |
| | *Constitution de la P.P.I. exercice N* | | |
| | Courant N + 6 | | |
| 1662 | Fonds de participation | 32 877,08 | |
| 4248 | Participation, comptes courants | | 32 877,08 |
| | *Mise à disposition des fonds* | | |
| | 31/12/N + 6 | | |
| 1424 | Provisions pour investissement | 3 558,13 | |
| 7872 | Reprises sur provisions réglementées | | 3 558,13 |
| | *Reprise de la provision sur P.P.I. exercice N* | | |

# 4

# L'impôt sur les sociétés

## 1. Champ d'application

L'impôt sur les sociétés est le régime d'imposition des bénéfices pour la société anonyme (S.A.) et la société à responsabilité limitée (S.A.R.L.).

Les associés d'une société en nom collectif (S.N.C.), qui normalement déclarent leur part de bénéfice au titre de l'I.R.-B.I.C., peuvent opter pour une imposition des bénéfices de la société au titre de l'I.S.

## 2. Liquidation de l'I.S.

### A. Principe

| | | | | | | |
|---|---|---|---|---|---|---|
| **I.S. brut** | **=** | **Bénéfice fiscal après imputation des déficits précédents × 33,33 % (taux de droit commun)** | **+** | **Plus-value nette à long terme après imputation des M.V.N.L.T. précédentes × 19 % (taux réduit)** | **+** | **Bénéfice fiscal soumis au régime des P.M.E. × 15 %** |

### B. Détermination du résultat fiscal

| | | | | | | |
|---|---|---|---|---|---|---|
| **Résultat comptable avant impôt sur les bénéfices** | **+** | **Réintégrations (charges comptables non déductibles ou gains latents non comptabilisés)** | **–** | **Déductions (produits non imposables à 33,33 % ou pertes latentes non comptabilisées)** | **=** | **Résultat fiscal (soumis au taux de droit commun)** |

### C. Calcul de l'I.S. à payer

La société anonyme BAZINLU a réalisé durant l'année 2002 un bénéfice fiscal de 80 610 €. La plus-value nette à long terme est de 3 817 €.

La société a perçu 816 € de dividendes de filiales françaises et 980 € d'autres dividendes (part de bénéfices perçus de sociétés soumises à l'I.S. et qui bénéficie d'un avoir fiscal).

Détermination de l'I.S. brut :

$80\ 610 \times 1/3 + 3\ 817 \times 0{,}19 = 27\ 595{,}33$ €

– 2/3 avoirs fiscaux ou crédits d'impôts :

$(816 + 980) \times 0{,}25 \times 2/3 = -299{,}33$ €

I.S. à payer = 27 894,66 €

arrondi 27 895 €

\+ contributions additionnelles :

$27\ 895 \times 0{,}03 = 836{,}85$ €

Total à payer (27 895 + 837) = 28 732 €

**Les avoirs fiscaux attachés aux distributions effectuées à partir de 2001 sont de 25 % du dividende perçu (pour les sociétés soumises à l'I.S.). Les avoirs fiscaux sont enregistrés pour leur montant net, on ne peut imputer que 2/3 de ceux-ci sur l'I.S. brut.**

**Le montant de la contribution de 6 % (pour l'exercice clos en 2001) et 3 % (exercice clos en 2002) est déterminé en appliquant à l'impôt de référence déterminé ci-dessus, arrondi à l'euro le plus proche, le taux de 6 % ou de 3 %.**

## 3. Calendrier de paiement

| Date d'exigibilité | 20/02/N | 20/05/N | 20/08/N | 20/11/N | |
|---|---|---|---|---|---|
| Date de paiement | 15/03/N | 15/06/N | 15/09/N | 15/12/N | 15/04/N + 1 |
| | **1er acompte**<br>8,1/3 % du bénéfice fiscal (N – 2) | **2e acompte**<br>16,2/3 % du bénéfice fiscal (N – 1)<br>– 1er acompte | **3e acompte**<br>25 % du bénéfice fiscal (N – 1)<br>– 1er acompte et 2e acompte | **4e acompte**<br>33,1/3 % du bénéfice fiscal (N – 1)<br>– acomptes précédents<br>**+ acompte sur contrib. addition-nelles :**<br>6 % ou 3 % de l'I.S. (N – 1) | **Calcul de l'I.S. à payer**<br>**Règlement du solde**<br>= I.S. à payer<br>– acomptes versés en N |

*Remarques :*

1. Le montant des acomptes est arrondi à l'euro le plus proche.
2. Si l'entreprise touche des redevances des concessions des brevets et inventions brevetables, elle devra verser des acomptes sur le résultat net selon le même principe que les acomptes classiques au taux de : 4,75 % (1er acompte), 9,5 % (2e acompte), 14,25 % (3e acompte) et 19 % (4e acompte).
3. Les acomptes ne sont pas exigibles lorsque l'impôt correspondant au bénéfice de référence ou au résultat net de la concession de licences d'exploitation de brevets n'excède pas 150 € (estimation).
4. Un solde négatif constitue une créance d'I.S. remboursable ou imputable sur les acomptes suivants.

***Exemple :*** La société BAZINLU S.A vous fournit les renseignements suivants :
Bénéfices fiscaux N – 2 : 99 000 € ; N – 1 : 68 600 €. Il n'y a pas eu ces années-là de plus-value nette à long terme. Le chiffre d'affaires T.T.C. en N – 2 était de : 800 000 €.

| | | | | |
|---|---|---|---|---|
| | | 15/03/N | | |
| 444 | | État, impôt sur les bénéfices | 8 250 | |
| | 512 | Banque | | 8 250 |
| | | *1er acompte et I.F.A.(cf § suivant)*<br>*99 000 × 8,1/3 % = 8 250* | | |
| | | 15/06/N | | |
| 444 | | État, impôt sur les bénéfices | 2 955 | |
| | 512 | Banque | | 2 955 |
| | | *2e acompte*<br>*(68 600 × 16,2/3 %) – 8 250 = 2 954,67* | | |
| | | 15/09/N | | |
| 444 | | État, impôt sur les bénéfices | 5 945 | |
| | 512 | Banque | | 5 945 |
| | | *3e acompte*<br>*(68 600 × 25 %) – (8 250 + 2 955)* | | |
| | | 15/12/N | | |
| 444 | | État, impôt sur les bénéfices | 6 403 | |
| | 512 | Banque | | 6 403 |
| | | *4e acompte*<br>*(68 600 × 33,1/3 %)*<br>*– (8 250 + 2 955 + 5 945)*<br>*+ (68 600 × 33,1/3 % × 0,03)* ← **Acompte contribution additionnelle** | | |
| | | 31/12/N | | |
| 6951 | | Impôt sur les bénéfices | 27 895 | |
| 6952 | | Contributions additionnelles | 837 | |
| | 444 | État, impôt sur les bénéfices | | 28 732 |
| | | *Liquidation I.S. (cf. calcul ci-dessus)* | | |
| | | 15/04/N + 1 | | |
| 444 | | État, impôt sur les bénéfices | 5 179 | |
| | 512 | Banque | | 5 179 |
| | | *Règlement solde*<br>*28 732 – (8 250 + 2 955+ 5 945 + 6 403)* | | |

## 4. L'impôt forfaitaire annuel (I.F.A.)

L'I.F.A. est un impôt que les entreprises sont obligées de verser, même en l'absence de bénéfice. Il est proportionnel au chiffre d'affaires T.T.C. réalisé.

| Chiffre d'affaires (T.T.C.) | Montant de l'I.F.A. |
|---|---|
| C.A.T.T.C. < 76 000 € | 0 € |
| 76 000 € < C.A.T.T.C. < 150 000 € | 750 € |
| 150 000 € < C.A.T.T.C. < 300 000 € | 1 125 € |
| 300 000 € < C.A.T.T.C. < 750 000 € | 1 575 € |
| 750 000 € < C.A.T.T.C. < 1 500 000 € | 2 175 € |
| 1 500 000 € < C.A.T.T.C. < 7 500 000 € | 3 750 € |
| 7 500 000 € < C.A.T.T.C. < 15 000 000 € | 15 000 € |
| 15 000 000 € < C.A.T.T.C. < 75 000 000 € | 18 750 € |
| C.A.T.T.C. > 75 000 000 € | 30 000 € |

*Remarque :* le chiffre d'affaires à retenir est celui du dernier exercice clos avant le 1er janvier de l'année d'exigibilité de l'imposition.

**Paiement de l'I.F.A.** : chaque année, l'I.F.A. doit être versée au comptable du trésor. L'I.F.A. exigible au titre d'une année donnée doit être versée au plus tard le **15 mars** de l'année considérée. L'I.F.A. est déductible de l'I.S. dû pendant l'année de l'exigibilité de l'I.F.A. et les deux années suivantes. Il s'impute sur les acomptes ou le solde de liquidation de l'année de son exigibilité et sur les deux exercices suivants.

Suite de l'exemple BAZINLU :

L'I.F.A. de la société BAZINLU est de 2 175 € (d'après le barème de l'administration fiscale). Le premier acompte étant de 8 250 €, l'I.F.A. peut être imputé intégralement. Dans le premier acompte de 8 250 €, il y a 2 175 € d'IFA et 6 075 € d'acompte effectif (8 250 € – 2 175 €).

Si l'entreprise BAZINLU n'avait réalisé que des résultats fiscaux négatifs en N – 3, N – 2 et N – 1, aucun acompte ne serait dû, l'entreprise devrait alors passer les écritures suivantes :

| | | | |
|---|---|---|---|
| | 15/03/N | | |
| 444 | État, impôt sur les bénéfices | 2 175 | |
| 512 | Banque | | 2 175 |
| | *Paiement I.F.A. (année N)* | | |
| | 31/12/N | | |
| 6875 | D.A.P. pour risques et charges exceptionnels | 2 175 | |
| 1518 | Autres provisions pour risques | | 2 175 |
| | *I.F.A. de l'exercice non imputé* | | |

*Remarque :* la dotation n'est pas déductible.

Si à la fin N + 2 l'imputation n'a toujours pas eu lieu :

| | | | |
|---|---|---|---|
| | 31/12/N + 2 | | |
| 697 | Impôt forfaitaire annuel | 2 175 | |
| 444 | État, impôt sur les bénéfices | | 2 175 |
| | *Liquidation I.F.A. (année N)* | | |
| | 31/12/N + 2 | | |
| 1518 | Autres provisions pour risques | 2 175 | |
| 7875 | R.A.P. pour risques et charges exceptionnels | | 2 175 |
| | *Reprise de provision sur I.F.A. de l'exercice N non imputé* | | |

*Remarque :* si l'imputation de l'I.F.A. de l'année N a été possible au cours de l'exercice N + 1 ou N + 2, il sera nécessaire de faire une reprise à la fin de l'exercice où celle-ci a eu lieu. Cette reprise est non imposable étant donné que la dotation est non déductible.

## 5. L'impôt sur les sociétés au taux réduit dans le cadre de P.M.E.

Les petites et moyennes entreprises, soumises à l'I.S. dans les conditions de droit commun, peuvent demander à être taxées au **taux de 15 %**, pour les exercices ouverts à compter de 2002 (en 2001, le taux était de 25 %), sur une partie des bénéfices.

Le taux réduit de 15 % s'applique au bénéfice fiscal au taux normal ainsi qu'aux plus-values à long terme sur une fraction limitée à **38 120 €**. Pour les exercices ouverts en 2001, le bénéfice taxable à 25 % ne comprend pas les plus-values à long terme qui continuent de supporter un taux de 19 %.

Sont susceptibles de bénéficier de ce régime, les société soumises à l'I.S. de plein droit ou sur option, et qui répondent aux conditions suivantes :

– le C.A. H.T doit être inférieur à 7 630 000 € ;

– le capital doit être entièrement libéré ;

– le capital doit être détenu au moins pour 75 % par des personnes physiques ou des sociétés satisfaisant elle-mêmes à l'ensemble de ces conditions.

***Exemple :***

Le bénéfice fiscal de l'entreprise CORRÈGE est constitué au 21 décembre 2002 de 37 650 € de bénéfice normalement imposable au taux de 33 1/3 % et pour 14 040 € de plus-value à long terme relevant du taux de 19 %. L'entreprise CORRÈGE répond aux critères du taux réduit des P.M.E.

Calcul de l'impôt :

• I.S. au taux réduit des P.M.E. : 38 120 × 15 % = 5 718 €

• I.S. au taux de 19 % : 13 570 × 19 % = 2 578 €

(37 650 + 14 040) – 38 120 = 13 570

• I.S. total brut : 8 296 €.

# Énoncés des exercices

**4.1** Le résultat comptable avant impôt sur les sociétés de l'entreprise ALEXANDRE S.A. est de 482 859 €. L'entreprise a comptabilisé les charges suivantes durant l'année N :
– pénalité de retard pour paiement tardif de la T.V.A. : 486 € ;
– taxe sur les véhicules de sociétés : 2 321 € ;
– amende relative à un excès de vitesse : 110 € ;
– un véhicule de tourisme acquis le 15/03/N – 1 a été amorti pour 4 000 €, la dotation déductible est de : 3 660 € ;
– pénalité pour déclaration insuffisante : 270 €.
Les produits suivants sont compris dans le résultat comptable :
– dividendes de participation : 540 € ;
– dividendes d'actions de diverses sociétés françaises : 864 € ;
– une plus-value à long terme dégagée lors de la cession d'un bâtiment pour 2 690 €.

**1 ▶** Calculer le résultat fiscal pour l'exercice N.

**2 ▶** Calculer l'I.S. et les contributions additionnelles dont l'entreprise est redevable.

**3 ▶** Passer l'écriture au 31/12/N, constatant le calcul de l'I.S. et des contributions additionnelles. On négligera la contribution sociale.

**4.2** La société anonyme CYRIL vous fournit les informations suivantes :

| Années | N – 2 | N – 1 | N |
|---|---|---|---|
| P.V.N.L.T. | | 2 069 | 1 380 |
| Résultats fiscaux | 65 520 | 125 000 | 130 000 |

• Avoirs fiscaux : 470 €.
• C.A. T.T.C. de l'année 2000 : 8 502 000 €.
• Crédits d'impôts : la société a encaissé 1 400 € d'intérêt net sur des obligations (celles-ci ont fait l'objet d'un prélèvement à la source de 15 %).

**1 ▶** Calculer les acomptes, la liquidation et le solde d'I.S. pour l'année N (on ne tiendra pas compte des contributions sociales).

**2 ▶** Passer les écritures comptables concernant ces opérations.

# Corrigés des exercices

**4.1** **1 ▸** Résultat fiscal :

| | Rien à faire | Réintégrations | Déductions |
|---|---|---|---|
| Résultat comptable | | 482 859 | |
| Pénalité de retard (T.V.A.) | X | | |
| Taxe sur les véhicules de sociétés | | 2 321 | |
| Amende pour excès de vitesse | | 110 | |
| Amortissement véhicule de tourisme | | 340 ← **4 000 – 3 660** | |
| Pénalité pour déclaration insuffisante | | 270 | |
| Dividendes de participation | | | 540 |
| Dividendes d'actions | X | | |
| Plus-value à long terme | | | 2 690 |
| Total | | 485 900 | 3 230 |
| **Résultat imposable au taux normal** | | **482 670** | |

**2 ▸** Montant de l'I.S.

- Impôt au taux normal : 482 670 × 33,1/3 % = 160 890 €
- Impôt au taux réduit : 2 690 × 19 % = 511 €
- Avoirs fiscaux : 864 × 25 % × 2/3 = – 144 €
- **Montant de l'impôt : 161 257 €**
- Contributions additionnelles : 161 257 × 3 % = 4 838 €
- **Montant total de l'I.S. : 166 095 €**

**3 ▸** Écritures :

| | 31/12/N | Débit | Crédit |
|---|---|---|---|
| 6951 | Impôt sur les bénéfices | 161 257 | |
| 6952 | Contributions additionnelles | 4 838 | |
| 444 | État, impôt sur les bénéfices | | 166 095 |
| | *Liquidation I.S. (cf. calcul ci-dessus)* | | |

**4.2** **1 ▸** Calcul de l'I.S :

- Impôt au taux normal : 130 500 × 33,1/3 % = 43 500 €
- Impôt au taux réduit : 1 380 × 19 % = 262 €
- Avoirs fiscaux : 470 × 2/3 = – 313 €
- Crédits d'impôts (1) : 247 × 2/3 = – 165 €
- **Montant de l'impôt : 43 284 €**
- Contributions additionnelles : 15 451 × 3% = 1 299 €
- **Montant total de l'I.S. : 44 583 €**

(1) Soit $X$ le total des intérêts versés. $X = 1\,400 + 0{,}15\,X \Leftrightarrow X = 1\,400/0{,}85 = 1\,647{,}06$ €. Le crédit d'impôt est égal au prélèvement à la source, soit 1 647,06 × 0,15 = 247,06 € (arrondi à l'euro le plus proche : 247 €).

| | |
|---|---|
| **1er acompte** | 65 520 × 8,1/3 % = 5 460. L'IFA est égal à 15 000 €.<br>L'I.F.A. est supérieur à l'acompte, l'entreprise doit verser le montant de l'I.F.A., soit 15 000 €. |
| **2e acompte** | 125 000 × 16,2/3 % – 15 000 = 5 416,67 € (arrondi à 5 417 €). |
| **3e acompte** | 125 000 × 0,25 – (15 000 + 5 417) = 10 833 €. |
| **4e acompte** | 125 000 × 33 1/3 – (15 000 + 5 417 + 10 833 )<br>+ [(125 000 × 33,1/3 %) + (2 069 × 19 %) × 3 %]<br>= 10 417 + 1 262 = 11 679 €. |

**Contributions additionnelles**

Solde à payer le 15 avril N :

15 451 – (15 000 + 5 417 + 10 833 + 10 417) = 2 916 €.

Contributions : 1 299 – 1 262 = 37 €.

**2 ▸** Écritures.

| | | | |
|---|---|---|---|
| | 15/03/N | | |
| 444 | État, impôt sur les bénéfices | 15 000 | |
| 512 | Banque | | 15 000 |
| | *1er acompte et I.F.A. (année N)* | | |
| | 15/06/N | | |
| 444 | État, impôt sur les bénéfices | 5 417 | |
| 512 | Banque | | 5 417 |
| | *2e acompte* | | |
| | 15/09/N | | |
| 444 | État, impôt sur les bénéfices | 10 833 | |
| 512 | Banque | | 10 833 |
| | *3e acompte* | | |
| | 15/12/N | | |
| 444 | État, impôt sur les bénéfices | 11 679 | |
| 512 | Banque | | 11 679 |
| | *4e acompte* | | |
| | 31/12/N | | |
| 6951 | Impôt sur les bénéfices | 43 289 | |
| 6952 | Contributions additionnelles | 1 299 | |
| 444 | État, impôt sur les bénéfices | | 44 583 |
| | *Liquidation I.S.* | | |
| | 15/12/N | | |
| 444 | État, impôt sur les bénéfices | 2 953 | |
| 512 | Banque | | 2 953 |
| | *Règlement solde : 2 916 + 37* | | |

# 5

# La consolidation

## 1. Notion de groupe

Très souvent, une société en contrôle plusieurs autres, juridiquement indépendantes. Malgré la personnalité juridique propre de chacune des sociétés, il est intéressant d'avoir une vue financière d'ensemble d'un groupe de sociétés, comme s'il ne s'agissait que d'une seule entreprise (pour lire directement le chiffre d'affaires du groupe par exemple).

La consolidation est une technique comptable permettant de présenter les documents de synthèse des sociétés qui composent un groupe de sociétés, très proches de ceux que l'on aurait obtenu si ces sociétés n'avaient pas été juridiquement indépendantes. Depuis la loi du 3 janvier 1985, les sociétés commerciales qui contrôlent d'autres sociétés ont l'obligation de présenter des comptes consolidés.

## 2. Les bases de la consolidation

### A. Notion de contrôle

Le contrôle d'une société sur une autre peut être plus ou moins marqué. On distingue le **contrôle exclusif** (au minimum 40 % des droits de vote si aucune personne physique ou morale n'en a davantage, ou 50 %) du **contrôle conjoint** (une entreprise est exploitée en commun par deux ou trois sociétés), ainsi que de l'**influence notable** (une société détient plus de 20 % des droits de vote d'une autre entreprise).

Ce contrôle peut s'exercer directement ou indirectement ; de fait, si une société A exerce un contrôle exclusif sur une société B, elle détient indirectement les droits de vote attachés aux actions détenues par B.

### B. Notion de périmètre de consolidation

C'est l'ensemble des sociétés qui doivent être consolidées par la société mère du fait que cette dernière les contrôle, exclusivement, conjointement ou exerce une influence notable sur elles.

***Exemple :*** FLO S.A. détient 40 % du capital de BEL S.A. et 60 % du capital de MARC S.A. MARC S.A. possède, lui, 40 % de BEL S.A. Quant à BEL S.A., il détient une participation de 70 % dans GOAT S.A.

Déterminons les pourcentages d'intérêts et les pourcentages de contrôle de FLO S.A. dans chaque société du groupe.

Il est plus facile de raisonner à l'aide d'un schéma :

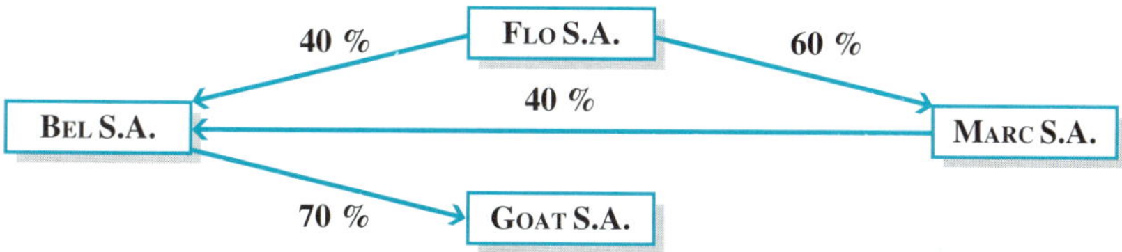


| Société | % d'intérêt = % d'actions détenu par FLO S.A. dans les différentes sociétés | % de contrôle |
|---|---|---|
| BEL S.A. | 40 % + 60 % × 40 % = 64,00 % | 40 % directement + 40 % indirectement via MARC S.A. sur lequel FLO S.A. exerce un contrôle exclusif = 80 % |
| MARC S.A. | 60 % = 60,00 % | 60 % directement = 60 % |
| GOAT S.A. | 70 % × 64 % = 44,80 % | 70 % indirectement via BEL S.A. sur lequel FLO S.A. exerce un contrôle exclusif = 70 % |

### C. Les différentes méthodes de consolidation

À chaque type de contrôle correspond une méthode de consolidation :

Contrôle exclusif → Intégration globale.
Contrôle conjoint → Intégration proportionnelle.
Influence notable → Mise en équivalence.

Dans le groupe FLO S.A., les sociétés BEL S.A., MARC S.A. et GOAT S.A. seront consolidées par intégration globale (FLO S.A. ne détient pas la majorité des droits de vote dans GOAT S.A. mais exerce un contrôle de fait).

## 3. Consolidation du bilan par intégration globale

### A. Principe

Les actifs et les dettes de la société intégrée sont substitués à la valeur comptable des titres de participation ; ses capitaux propres sont ensuite ventilés en intérêts majoritaires, c'est-à-dire la part revenant au groupe (que l'on nommera « consolidés ») et intérêts minoritaires, c'est-à-dire la part revenant aux autres actionnaires.

## B. Retraitements à effectuer pour présenter des comptes consolidés

Les documents consolidés doivent traduire la situation du groupe vis-à-vis des tiers. Les mouvements internes au groupe doivent être éliminés.

Parmi ces retraitements, citons notamment :

- les créances et dettes entre sociétés du groupe
- les prêts et emprunts entre sociétés du groupe

} ces retraitements n'affectent pas les capitaux propres ;

- les profits inclus dans les stocks achetés auprès d'une société du groupe
- les dividendes versés entre sociétés du groupe

} ces retraitements modifient les capitaux propres.

***Exemple :*** La S.A. Marine, au capital de 25 000 actions de 200 €, possède des intérêts dans la société Moulin. Les bilans résumés des deux sociétés, établis au 31/12/N, vous sont remis (en milliers d'euros).

Bilan de Marine au 31/12/N :

| Actif | Net | Passif | Net |
|---|---|---|---|
| Immobilisations corporelles | 9 852,00 | Capital | 5 000,00 |
| Participations (1) | 1 989,00 | Réserves | 1 800,00 |
| Stocks | 5 837,00 | Résultat | 58,00 |
| Clients | 4 326,00 | Emprunts | 3 890,00 |
| Disponibilités | 2 398,00 | Dettes (2) | 13 654,00 |
| **Total** | **24 402,00** | **Total** | **24 402,00** |

(1) 2 550 titres Moulin. (2) Envers Moulin 2 800.

Bilan de Moulin au 31/12/N :

| Actif | Net | Passif | Net |
|---|---|---|---|
| Immobilisations corporelles | 5 222,00 | Capital (5 000 actions) | 2 500,00 |
| Stocks | 2 354,00 | Réserves | 1 600,00 |
| Créances (1) | 3 874,00 | Résultat | 284,00 |
| Disponibilités | 248,00 | Emprunts | 2 030,00 |
| | | Dettes | 5 284,00 |
| **Total** | **11 698,00** | **Total** | **11 698,00** |

(1) dont Marine 2 800.

Marine détient 2 550/5 000, soit 51 % des actions Moulin, on va donc consolider par intégration globale.

Bilan consolidé au 31/12/N

| Actif | Net | Passif | Net |
|---|---|---|---|
| Immobilisations corporelles | 15 074,00 | Capital | 5 000,00 |
| Stocks | 8 191,00 | Réserves consolidées | 1 902,00 |
| Créances | 5 400,00 | Résultat consolidé | 202,84 |
| Disponibilités | 2 646,00 | Intérêts minoritaires | 2 148,16 |
| | | Emprunts | 5 920,00 |
| | | Dettes | 16 138,00 |
| **Total** | **31 311,00** | **Total** | **31 311,00** |

Détail des calculs :

| Actif | Net |
|---|---|
| Immobilisations corporelles | = 9 852 + 5 222 |
| Stocks | = 5 837 + 2 354 |
| Créances | = 4 326 + 3 874 – 2 800 |
| Disponibilités | = 2 398 + 248 |

| Passif | Net |
|---|---|
| Capital | = 5 000 |
| Réserves consolidées | = 1 800 + 51 % × ( 2 500 + 1 600) – 1 989 |
| Résultat consolidé | = 58 + 51 % × 284 |
| Intérêts minoritaires | = 49 % × ( 2 500 + 1 600) + 49 % × 284 |
| Emprunts | = 3 890 + 2 030 |
| Dettes | = 13 654 – 2800 + 5 284 |

Valeur des titres de participation

Le compte de résultat serait établi en reprenant tous les charges et produits des deux sociétés (sous réserve de retraitements), mais on fera apparaître un **résultat consolidé et un résultat des minoritaires**, le résultat consolidé étant le même que celui calculé dans le bilan.

# Énoncés des exercices

**5.1** L'organigramme du groupe VIVAL se présente ainsi :

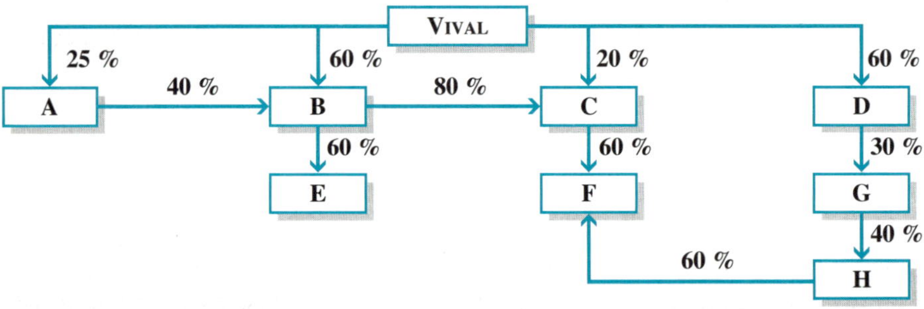


▶ Présenter dans un tableau :
- le pourcentage d'intérêt ;
- le pourcentage de contrôle ;
- la méthode de consolidation résultant des informations précédentes.

**5.2** La société PENTACYCLES assemble des V.T.T. qu'elle commercialise en France et en Europe. Les clients peuvent acheter un modèle de vélo existant ou monter leur propre vélo en achetant un cadre, une fourche, des roues, un pédalier, etc. Pour s'assurer un approvisionnement de qualité dans les meilleurs délais, PENTACYCLES a pris une participation dans une société qui fabrique des cadres, la société ENDUR. PENTACYCLES détient maintenant la majorité (52 %) du capital de ENDUR.

Les bilans des deux sociétés vous sont remis.

Bilan de la société PENTACYCLES au 31/12/N :

| Actif | Net | Passif | Net |
|---|---|---|---|
| *Actif immobilisé* | | *Capitaux propres* | |
| Immobilisations corporelles | 3 254 000,00 | Capital | 3 000 000,00 |
| Titres de participation (1) | 656 000,00 | Réserves | 589 000,00 |
| **Total 1** | **3 910 000,00** | Résultat | 254 000,00 |
| *Actif circulant* | | **Total 1** | **3 843 000,00** |
| Matières premières | 204 000,00 | *Dettes* | |
| Produits finis | 900 000,00 | Emprunts | 1 133 000,00 |
| Clients | 454 000,00 | Fournisseurs (2) | 741 000,00 |
| Disponibilités | 249 000,00 | **Total 2** | **1 874 000,00** |
| **Total 2** | **1 807 000,00** | | |
| **Total actif** | **5 717 000,00** | **Total passif** | **5 717 000,00** |

(1) dont participation S.A. ENDUR : 440 000. (2) dont dettes envers S.A. ENDUR : 318 000.

Bilan de la société ENDUR au 31/12/N :

| Actif | Net | Passif | Net |
|---|---|---|---|
| *Actif immobilisé* | | *Capitaux propres* | |
| Immobilisations corporelles | 785 000,00 | Capital (800 actions) | 800 000,00 |
| Titres de participation | 56 000,00 | Réserves | 126 000,00 |
| **Total 1** | **841 000,00** | Résultat | 14 000,00 |
| *Actif circulant* | | **Total 1** | **940 000,00** |
| Matières premières | 102 000,00 | *Dettes* | |
| Produits finis | 235 000,00 | Emprunts | 706 000,00 |
| Clients (1) | 652 000,00 | Fournisseurs | 265 000,00 |
| Disponibilités | 81 000,00 | **Total 2** | **971 000,00** |
| **Total 2** | **1 070 000,00** | | |
| **Total actif** | **1 911 000,00** | **Total passif** | **1 911 000,00** |

(1) dont créances de 318 000 sur PENTACYCLES.

Le stock de pièces (matières premières) détenu par l'entreprise PENTACYCLES est constitué de cadres pour 25 %, tous achetés chez ENDUR. Le stock de produits finis est composé de plusieurs types de vélos montés à partir de pièces achetées auprès de fabricants divers. Seuls 20 % des vélos en stock ont un cadre ENDUR. Le cadre représente en moyenne 25 % du prix du vélo. On a 750 vélos en stock et on admettra que le prix d'un vélo ayant un cadre ENDUR est égal à la moyenne du prix des vélos en stock. La S.A. ENDUR réalise une marge de 8 % lors de ses ventes à PENTACYCLES.

► Pour avoir une idée de la situation économique et financière du groupe, on vous demande de présenter un bilan consolidé du groupe.

# Corrigés des exercices

## 5.1

| Société | % d'intérêt | % de contrôle | Méthode à utiliser |
|---|---|---|---|
| A | 25 % = 25,00 % | 25 % directement = 25 % | Mise en équivalence |
| B | 60 % + 25 % × 40 % = 70,00 % | 60 % directement = 60 % | Intégration globale |
| C | (60 % + 25 % × 40%) × 80 % + 20 % = 76,00 % | 20 % directement + 60 % indirectement *via* B = 80 % | Intégration globale |
| D | 60 % = 60,00 % | 60 % directement = 60 % | Intégration globale |
| E | (60 % + 25 % × 40 %) × 60 % = 42,00 % | 60 % indirectement *via* B = 60 % | Intégration globale |
| F | (76 % × 60 %) + (60 % × 30 % × 40 % × 60 %) = 49,92 % | 70 % indirectement *via* C = 70 % | Intégration globale |
| G | 60 % × 30 % = 18,00 % | 30 % indirectement *via* D = 30 % | Mise en équivalence |
| H | 60 % × 30 % × 40 % = 7,20 % | VIVAL n'a pas le contrôle exclusif sur G donc la chaîne de contrôle est rompue = 0 % | Hors du périmètre |

Toutes les sociétés du groupe appartiennent au périmètre de consolidation, sauf H.

## 5.2

**Calculs préliminaires à l'établissement du bilan consolidé** :

Élimination des éléments internes relatifs au groupe :

• Créances et dettes réciproques : une dette de 318 000 au bilan de PENTACYCLES se retrouve en créances chez ENDUR.

• Profits internes inclus dans le stock de la société mère :

1. Stock de cadres : 25 % du stock de matières premières,

soit 204 000 × 0,25 = **51 000 €** achetés chez ENDUR.

2. Stock de produits finis : il est composé de 750 vélos.

- Coût moyen d'un vélo : $\frac{900\ 000}{750} = 1\ 200$ €.

- Nombre de vélos ayant un cadre ENDUR : 20 % × 750 = 150 vélos.

- Coût de ces 150 vélos : 150 × 1 200 = 180 000 €.

- Coût des cadres ENDUR sur ces vélos : 25 % × 180 000 € = **45 000 €** (facture ENDUR).

Au total, 96 000 € inclus dans les stocks ont été facturés par ENDUR. Ces 96 000 € inclut le bénéfice de ENDUR, soit 9 6 000 × 8 % = 7 680 €.

Il faut éliminer l'incidence de ce bénéfice :

- Sur le montant du stock (51 000 × 8 % = 4 080 sur les matières et 45 000 × 8 % = 3 600 sur les produits finis).

- Sur le résultat d'ENDUR.

• Répartition des capitaux propres de ENDUR entre réserves consolidées et intérêts minoritaires :

| | Réserves consolidées (52 %) | Intérêts minoritaires (48 %) |
|---|---|---|
| Capital ENDUR (800 000)<br>Réserves (126 000) | 416 000<br>65 520 | 384 000<br>60 480 |
| | 481 520 | |
| Titres de participation. ENDUR | 440 000 | |
| | 41 520 | 444 480 |

*Remarque :* L'écart de consolidation est de : [Valeur des titres ENDUR au bilan PENTACYCLES]
52 % × (800 000 + 126 000 + 6 320) – 440 000 = 44 806,40 éclaté en réserve consolidée, 41 520 et résultat consolidé, 3 286,40. [Résultat ENDUR au bilan]

6 320 = 14 000 – 7 680 ← Profit inclus dans les stocks (voir ci-dessus)

**Bilan consolidé du groupe** :

| Actif | Net | Passif | Net |
|---|---|---|---|
| *Actif immobilisé* | | *Capitaux propres* | |
| Immobilisations corporelles | 4 039 000,00 | Capital | 3 000 000,00 |
| Titres de participation | 272 000,00 | Réserves consolidées | 630 520,00 |
| **Total 1** | **4 311 000,00** | Résultat consolidé | 257 286,40 |
| *Actif circulant* | | Intérêts minoritaires | 447 513,60 |
| Matières premières | 301 920,00 | **Total 1** | **4 335 320,00** |
| Produits finis | 1 131 400,00 | *Dettes* | |
| Clients | 788 000,00 | Emprunts | 1 839 000,00 |
| Disponibilités | 330 000,00 | Fournisseurs | 688 000,00 |
| **Total 2** | **2 551 320,00** | **Total 2** | **2 527 000,00** |
| **Total actif** | **6 862 320,00** | **Total passif** | **6 862 320,00** |

Résultat consolidé : **254 000,00 + 3 286,40**
Intérêts minoritaires : **444 480,00 + 3 033,60**

**Détail des calculs** :

| Actif | Net | Passif | Net |
|---|---|---|---|
| *Actif immobilisé* | | *Capitaux propres* | |
| Immobilisations corporelles | = 3 254 000 + 785 000 | Capital | 3 000 000,00 |
| Titres de participation | = 656 000 – 440 000 + 56 000 | Réserves consolidées | = 589 000 + 0,52 × (800 000 + 126 000) – 440 000 |
| **Total 1** | **4 311 000,00** | Résultat consolidé | = 254 000 + 52 % × (14 000 – 7 680) |
| *Actif circulant* | | Intérêts minoritaires | 0,48 × (800 000 + 126 000 + 14 000 – 7 680) |
| Matières premières | = 204 000 – 51 000 × 0,08 + 102 000 | **Total 1** | **4 335 320,00** |
| Produits finis | = 900 000 – 45 000 × 0,08 + 235 000 | *Dettes* | |
| Clients | = 454 000 + 652 000 – 318 000 | Emprunts | = 1 133 000 + 706 000 |
| Disponibilités | = 249 000 + 81 000 | Fournisseurs | = 741 000 – 318 000 + 265 000 |
| **Total 2** | **2 551 320,00** | **Total 2** | **2 527 000,00** |
| **Total actif** | **6 862 320,00** | **Total passif** | **6 862 320,00** |

# 6

# L'affectation du résultat

Après approbation de l'assemblée générale ordinaire des actionnaires (A.G.O.), le **résultat net** (résultat après impôt) est réparti.
L'assemblée peut décider :
– de constituer des réserves ;
– de distribuer des dividendes aux actionnaires.

## 1. La répartition du résultat

Soit l'extrait de bilan au 31/12/N de la S.A. Legrand :

| | |
|---|---|
| Capital social (250 000 actions) | 6 250 000 |
| Réserve légale | 520 000 |
| Réserves statutaires | 480 000 |
| Réserves facultatives | 600 000 |
| Report à nouveau | 75 000 |
| Résultat | 712 000 |

**Compte 1061 du P.C.G. Les S.A. et les S.A.R.L. doivent constituer une dotation annuelle = 5 % du bénéfice net. Cette dotation est obligatoire jusqu'à ce que la réserve représente 10 % du capital social.**

**Compte 1063 du P.C.G. Réserve dont le calcul de la dotation est prévu dans les statuts.**

**Compte 1068 du P.C.G. Le montant de cette réserve est décidée par l'A.G.O.**

**Le résultat représente le résultat comptable après I.S. de l'exercice.**

**Report à nouveau :**
**Lorsqu'il est positif, il est créditeur et figure au compte 110. Il représente une partie du bénéfice N – 1 non affectée.**
**Lorsqu'il est négatif, il est débiteur et figure au compte 119. Il regroupe les pertes antérieures en attendant de les imputer sur des bénéfices futurs.**

La répartition adoptée par l'A.G.O. est la suivante :
- intérêt statutaire : 4 % du capital libéré ;
- superdividende : 1,5 € par action ;
- réserve statutaire : 58 000 € ;
- réserve facultative : 44 500 € ;
- le reste sera mis en report à nouveau.

Autres informations :
- la société a réalisé une P.V.N.L.T de 12 500 € ;
- le capital est intégralement libéré.

**Tableau de répartition du résultat :**

| Éléments | Montants | Calculs | Remarques |
|---|---|---|---|
| Résultat de l'exercice | 712 000 | | Montant maximum :<br>10 % de 6 250 000 = 625 000<br>cumul actuel :<br>520 000 + 30 625 = 550 625 |
| Réserve légale | – 35 600 | 712 000 × 5 % = 35 600 | |
| Report à nouveau créditeur | + 75 000 | | Si le report à nouveau avait été débiteur, on aurait soustrait le R.A.N. du résultat et calculé le montant de la réserve légale sur le solde ainsi obtenu. |
| Réserve spéciale des plus-values à long terme | – 10 125 | 12 500 × 81 % = 10 125 | |
| Intérêts statutaires | – 250 000 | 4 % × 6 250 000 | Les intérêts statutaires sont calculés sur le capital libéré. |
| Solde | 491 275 | | |
| Réserves statutaires | – 58 000 | | |
| Superdividendes | – 375 000 | 250 000 × 1,5 = 375 000 | |
| Réserves facultatives | – 44 500 | | |
| Report à nouveau | 13 775 | | |

**Modèle de tableau préconisé par le P.C.G.**

| | | |
|---|---|---|
| **Origines** | | |
| 1. Report à nouveau antérieur | | 75 000 |
| 2. Résultat de l'exercice | | 712 000 |
| 3. Prélèvement sur les réserves | | |
| **Affectations** | | |
| 4. Affectation aux réserves | | |
| réserve légale | 35 600 | |
| réserve spéciale des plus-values à long terme | 10 125 | |
| réserves statutaires | 58 000 | |
| réserves facultatives | 44 500 | |
| 5. Dividendes | 625 000 | |
| 6. Autres répartitions | | |
| 7. Report à nouveau | 13 775 | |
| Totaux | 787 000 | 787 000 |

**Intérêts statutaires + superdividende = 250 000 + 375 000**

## 2. Comptabilisation

| | | | |
|---|---|---|---|
| | Courant N + 1 | | |
| 110 | Report à nouveau | 75 000 | |
| 120 | Résultat | 712 000 | |
| 1061 | Réserve légale | | 35 600 |
| 1063 | Réserves statutaires | | 58 000 |
| 1064 | Réserves réglementées | | 10 125 |
| 1068 | Autres réserves | | 44 500 |
| 110 | Report à nouveau | | 13 775 |
| 457 | Actionnaires, dividendes à payer | | 625 000 |
| | *Selon décision de l'assemblée générale ordinaire* | | |

L'extrait du bilan de la société LEGRAND après répartition du bénéfice est :

| | |
|---|---|
| Capital social (250 000 actions) | 6 250 000 |
| Réserve légale | 550 605 |
| Réserves statutaires | 538 000 |
| Réserves réglementées | 10 125 |
| Réserves facultatives | 644 500 |
| Report à nouveau | 13 775 |

*Remarque :* les dividendes sont portés au bilan sur la ligne « dettes fiscales et sociales ».

# Énoncés des exercices

**6.1** La S.A. MICHALON a réalisé en N un bénéfice net de 678 000 €. Son capital social est constitué de 125 000 actions de 30 € :
• 4/5e libérés ;
• 1/5e libérés :
– de 1/2 au 01/01/N,
– du troisième quart (versement le 01/04/N).
Le compte report à nouveau présente un solde créditeur de 15 000 €.
La réserve légale se monte au 31/12/N avant répartition à 120 000 €.
Une plus-value nette à long terme a été réalisée, montant : 78 000 €.
• Extraits des statuts :
– intérêts statutaires : 5,5 % du capital libéré ;
– réserves statutaires : 6 % du solde.
• Décisions de l'A.G.O. du 25/05/N + 1 :
– réserves facultatives : 26 000 € ;
– superdividende : 2,75 € par action.

**1 ▶** Établir le tableau de répartition du résultat.

**2 ▶** Présenter ensuite suivant la présentation du P.C.G.

**6.2** L'entreprise DETTY S.A a réalisé en N un résultat net de 162 000 €, une plus-value nette à long terme de 5 600 €.
• Extrait du bilan de l'entreprise DETTY au 31/12/N :

| Bilan avant répartition | Passif |
|---|---|
| Capital social (900 actions) | 900 000 |
| Réserve légale | 84 500 |
| Réserves statutaires | 64 000 |
| Réserves facultatives | 29 500 |
| Report à nouveau | 5 750 |
| Résultat | 162 000 |

La moitié du capital est entièrement libérée, le reste était libéré des 3/4 au 01/01/N. L'appel du quatrième quart a eu lieu le 01/07/N.
• Extraits des statuts :
– intérêts statutaires : 6 % du capital libéré ;
– réserves statutaires : 9 638 €.
• Décisions de l'A.G.O. du 05/05/N + 1
– réserves facultatives : 12 000 € ;
– le reste sera réparti entre les actionnaires au titre du superdividende arrondi à l'euro inférieur.

**1 ▶** Établir le tableau de répartition du résultat, le présenter ensuite suivant la présentation du P.C.G.

**2 ▶** Passer les écritures.

**3 ▶** Présenter le bilan après répartition.

# Corrigés des exercices

## 6.1 1 ▶ Tableau de répartition du résultat

| Éléments | Montants | Calculs | Commentaires |
|---|---|---|---|
| Résultat de l'exercice | 678 000 | | |
| Réserve légale | – 33 900 | 678 000 × 5 % = 33 900 | Montant maximum : 10 % de 3 750 000 = 375 000 Cumul : 120 000 |
| Report à nouveau | 15 000 | | |
| Réserve spéciale des plus-values à long terme | – 63 180 | 78 000 × 81 % = 63 180 | |
| Intérêts statutaires | 193 359 | 30 × 125 000 × (4/5) × 5,5 % + 30 × (1/2) × 125 000 × (1/5) × 5,5 % + 30 × (1/4) × 125 000 × (1/5) × 5,5 % × (9/12) | Les intérêts statutaires sont calculés sur le capital libéré en tenant compte du *prorata temporis*, du 1/4 au 31/12 soit 9 mois. |
| Solde | 402 561 | | |
| Réserves statutaires | – 24 154 | 402 561 × 6 % | |
| Superdividendes | – 343 750 | 125 000 × 2,75 = 343 750 | |
| Réserves facultatives | – 26 000 | | |
| Report à nouveau | 8 657 | | |

## 2 ▶ Modèle de tableau préconisé par le P.C.G.

| | | |
|---|---|---|
| **Origines** | | |
| 1. Report à nouveau antérieur | | 15 000 |
| 2. Résultat de l'exercice | | 678 000 |
| 3. Prélèvement sur les réserves | | |
| **Affectations** | | |
| 4. Affectation aux réserves | | |
| réserve légale | 33 900 | |
| réserve spéciale des plus-values à long terme | 63 180 | |
| réserves statutaires | 24 154 | |
| réserves facultatives | 26 000 | |
| 5. Dividendes | 537 109 | |
| 6. Autres répartitions | | |
| 7. Report à nouveau | 8 657 | |
| **Totaux** | **693 000** | **693 000** |

**Intérêts statutaires + superdividende = 193 359 + 343 750** (→ 5. Dividendes)

## 6.2 1 ▶ Tableau de répartition du résultat

| Éléments | Montants | Calculs | Commentaires |
|---|---|---|---|
| Résultat de l'exercice | 162 000 | | |
| Réserve légale | – 5 500 | 162 000 × 5 % = 8 100<br>90 000 – 84 500 = 5 500 | Montant maximum :<br>10 % de 900 000<br>= 90 000<br>Cumul : 84 500 |
| Report à nouveau | 5 750 | | |
| Réserve spéciale des plus-values à long terme | – 4 536 | 5 600 × 81 % = 4 536 | |
| Intérêts statutaires | 50 625 | 1 000 × 900 × (1/2) × 6 %<br>+ 1 000 × (1/2) × 900 × (3/4) × 6 %<br>+ 1 000 × (1/2) × 900 × (1/4) × 6 % × (6/12) | Les intérêts statutaires sont calculés sur le capital libéré en tenant compte du *prorata temporis* (6 mois). |
| Solde | 107 089 | | |
| Réserves statutaires | – 9 638 | | |
| Superdividendes | – 84 600 | (107 089 – 9 638 – 12 000)/ 900 = 94,94 €<br>arrondi à 94 € par action soit 94 × 900 = 84 600 | |
| Réserves facultatives | – 12 000 | | |
| Report à nouveau | 851 | | |

**Modèle de tableau préconisé par le P.C.G.**

| | | |
|---|---|---|
| **Origines** | | |
| 1. Report à nouveau antérieur | | 5 750 |
| 2. Résultat de l'exercice | | 162 000 |
| 3. Prélèvement sur les réserves | | |
| **Affectations** | | |
| 4. Affectation aux réserves | | |
| réserve légale | 5 500 | |
| réserve spéciale des plus-values à long terme | 4 536 | |
| réserves statutaires | 9 638 | |
| réserves facultatives | 12 000 | |
| 5. Dividendes | 135 225 | |
| 6. Autres répartitions | | |
| 7. Report à nouveau | 851 | |
| **Totaux** | **167 750** | **167 750** |

**Intérêts statutaires + superdividende = 50 625 + 84 600**

**2 ▸ Comptabilisation**

| | Courant N + 1 | | |
|---|---|---|---|
| 110 | Report à nouveau | 5 750 | |
| 120 | Résultat | 162 000 | |
| 1061 | Réserve légale | | 5 500 |
| 1063 | Réserves statutaires | | 9 638 |
| 1064 | Réserves réglementées | | 4 536 |
| 1068 | Autres réserves | | 12 000 |
| 110 | Report à nouveau | | 851 |
| 457 | Actionnaires, dividendes à payer | | 135 225 |
| | *Selon décision de l'assemblée générale ordinaire* | | |

**3 ▸** L'extrait du bilan de la société DETTY après répartition du bénéfice est :

| | |
|---|---|
| Capital social (900 actions) | 900 000 |
| Réserve légale | 90 000 |
| Réserves statutaires | 73 638 |
| Réserves réglementées | 4 536 |
| Réserves facultatives | 41 500 |
| Report à nouveau | 851 |
| Dettes (dividendes à payer) | 135 225 |

# 7

# L'analyse fonctionnelle du bilan

## 1. Le bilan fonctionnel

Cette approche du bilan est centrée sur **l'activité de l'entreprise et non sur la solvabilité**. **L'approche fonctionnelle** permet de distinguer les flux financiers investis dans les différents cycles qui caractérisent l'entreprise : les cycles d'investissement et de financement, le cycle d'exploitation.

### A. Présentation

**Bilan fonctionnel (présentation en compte)**

| Emplois | Ressources |
|---|---|
| **Emplois stables**<br>• Immobilisations (*en valeurs brutes*)<br>• Charges à répartir | **Ressources stables**<br>• Fonds propres<br>- Capitaux propres<br>- Provisions pour risques et charges<br>- Amortissements et provisions (actif)<br>• Dettes financières (*sauf les concours bancaires courants et soldes créditeurs de banque*) |
| **Emplois d'exploitation**<br>• Stocks et encours (*valeurs brutes*)<br>• Avances et acomptes versés sur commandes<br>• Créances d'exploitation (*valeurs brutes y compris les effets escomptés non échus*) | **Ressources d'exploitation**<br>• Avances et acomptes reçus sur commandes<br>• Dettes d'exploitation |
| **Emplois hors exploitation**<br>• Créances hors exploitation (*valeurs brutes*)<br>• Capital souscrit-appelé, non versé<br>• Valeurs mobilières de placement (*valeurs brutes*) | **Ressources hors exploitation**<br>• Dettes hors exploitation |
| **Trésorerie d'actif**<br>• Disponibilités | **Trésorerie de passif**<br>• Concours bancaires courants et soldes créditeurs de banque<br>• Effets escomptés non échus |

## B. Commentaires

### 1. Immobilisations

Les immobilisations (incorporelles, corporelles, financières) sont valorisées en valeurs brutes.

### 2. Stocks

L'ensemble des stocks est pris à la valeur brute.

### 3. Créances d'exploitation

Les créances d'exploitation englobent l'ensemble des créances liées directement à l'exploitation, c'est-à-dire :
- les créances clients (en valeurs brutes) ;
- les autres créances, **sauf les impôts sur les bénéfices (acomptes)** ;
- les charges constatées d'avance, si ces charges concernent l'exploitation.

### 4. Emplois hors exploitation

• Créances hors exploitation :
- impôts sur les bénéfices (les acomptes) ;
- les charges constatées d'avance si ces charges ne concernent pas l'exploitation ;
- les autres créances ne concernant pas le cycle d'exploitation.

• Capital souscrit-appelé, non versé.

• Les valeurs mobilières de placement sont à intégrer, d'après le plan comptable, dans les emplois hors exploitation.

### 5. Capitaux propres

Le résultat est pris avant sa répartition.

### 6. Amortissements et provisions provenant de l'actif

L'ensemble des amortissements et des provisions inscrits à l'actif doivent figurer en ressources stables.

### 7. Dettes financières

Les emprunts dont l'échéance se situe à moins d'un an continuent de figurer dans les ressources stables. En revanche, *les concours bancaires courants et les soldes créditeurs de banque constituent le passif de trésorerie*.

### 8. Dettes d'exploitation

Les dettes d'exploitation comprennent l'ensemble des dettes liées directement à l'exploitation :
- dettes fournisseurs d'exploitation ;
- les autres dettes d'exploitation (dettes fiscales et sociales, **sauf la dette concernant l'impôt sur les bénéfices**) ;
- les produits constatés d'avance, si ces produits concernent l'exploitation.

### 9. Dettes hors exploitation

- Dettes fournisseurs d'immobilisations.
- Impôt sur les bénéfices.
- Autres dettes ne concernant pas le cycle d'exploitation.
- Produits constatés d'avance si ces produits concernent le hors exploitation.

### C. Retraitements économiques

#### 1. Retraitement des immobilisations acquises en crédit-bail

Le crédit-bail est un moyen de financement des immobilisations. En comptabilité, les immobilisations financées par du crédit-bail n'apparaissent pas au bilan, car l'entreprise n'est pas propriétaire du bien. Cependant, les immobilisations acquises en crédit-bail contribuent au même titre que les autres immobilisations à la production de l'entreprise. Il est donc nécessaire de réintégrer les immobilisations financées par du crédit-bail dans le bilan fonctionnel.

La réintégration des immobilisations financées par crédit-bail doit se faire de la façon suivante :
• À l'actif du bilan fonctionnel, les emplois stables sont augmentés d'un montant égal à la valeur brute inscrite au contrat.
• Au passif, les ressources stables sont augmentées d'un montant équivalent :
– en ressources propres, on inscrira les amortissements qui auraient été pratiqués en cas d'achat du bien ;
– en dettes financières : le solde. Ce solde correspond à la partie non remboursée de la dette équivalente qui aurait été contractée si l'entreprise avait financé le bien par un emprunt.

*Remarques :*
1. L'exercice de l'option d'achat, exprimant la volonté d'utiliser le bien, équivaut à l'achat d'un bien d'occasion. De ce fait, l'option n'est pas à retirer de la valeur d'origine.
2. La Centrale des bilans préconise un retraitement du crédit-bail légèrement différent. Possibilité de déduire de la base de calcul des amortissements, la valeur fin de contrat.

#### 2. Effets escomptés non échus

Les effets escomptés et non échus ont permis à l'entreprise d'obtenir de la trésorerie. Suite à l'escompte des effets de commerce, l'entreprise possède à l'actif de son bilan des disponibilités à la place des créances. Il s'agit d'un moyen de financement bancaire, un crédit de trésorerie à retenir dans la trésorerie passif. En contrepartie, il faut ajouter le montant des effets escomptés non échus au montant des créances.

## 2. Le fonds de roulement net global

### A. Concept de fonds de roulement net global

Le fonds de roulement net global est la partie des ressources mise à l'origine à la disposition de l'entreprise de manière stable. Il provient soit :
• d'apports d'associés (capital) ;
• de l'activité de l'entreprise (résultat, amortissement, provisions…) ;
• de tiers (emprunts auprès des établissements de crédit ou emprunts obligataires qui, non affectés aux emplois destinés à demeurer dans l'entreprise (actif immobilisé), servent à couvrir les besoins de financement liés au cycle de fabrication et de commercialisation).
Pour déterminer les emplois stables, ainsi que les ressources stables, il suffit de se référer au bilan fonctionnel.

**F.R.N.G. = Ressources stables – Emplois stables**

### B. Interprétation du fonds de roulement net global

Le fonds de roulement net global, excédent des ressources stables sur les emplois stables, va permettre de financer le besoin en fonds de roulement de l'entreprise. Le fonds de roulement net global, pris isolément, n'a qu'une signification relative. Pour déterminer si son niveau est satisfaisant, il faut le comparer au besoin en fonds de roulement.

## 3. Le besoin en fonds de roulement

Les besoins financiers de l'entreprise ne se limitent pas uniquement au financement de leurs investissements. La majorité des entreprises doivent faire face à des besoins de financement souvent considérables générés par leur activité courante. Ce besoin de financement est appelé besoin en fonds de roulement.

### A. Le besoin en fonds de roulement d'exploitation (B.F.R.E.)

**B.F.R.E.** = **Emplois d'exploitation** – **Ressources d'exploitation**

### B. Le besoin en fonds de roulement hors exploitation (B.F.R.H.E.)

Les opérations du cycle hors exploitation entraînent aussi des besoins de financement et des ressources de financement.

**B.F.R.H.E.** = **Emplois hors exploitation** – **Ressources hors exploitation**

L'intérêt de la décomposition du B.F.R. en exploitation et hors exploitation, est d'isoler les éléments qui ne sont pas récurrents (non reproductibles), comme par exemple une dette sur immobilisation, et donc n'ayant pas besoin d'un financement stable.

### C. Le besoin en fonds de roulement total (B.F.R.)

**B.F.R.** = **B.F.R.E.** + **B.F.R.H.E.**

Le montant du B.F.R. est très fortement lié au secteur d'activité de l'entreprise et à la qualité de son organisation.

## 4. La trésorerie

**Fonds de roulement net global** – **Besoin en fonds de roulement** = **Trésorerie nette**

Suivant que le F.R.N.G. est inférieur au B.F.R. ou supérieur, un besoin de trésorerie apparaîtra ou au contraire un excédent de trésorerie.
La trésorerie nette apparaît dans le bilan fonctionnel au travers des comptes d'actifs et de passifs de trésorerie.

**Trésorerie d'actif** – **Trésorerie de passif** = **Trésorerie nette**

# Énoncés des exercices

**7.1** La société BIALANA fabrique des produits cosmétiques.
On vous remet un extrait de la liasse fiscale ainsi que certaines informations. On vous demande pour chacun des exercices de :

**1 ▶** Présenter le bilan fonctionnel.

**2 ▶** Calculer le besoin en fonds de roulement d'exploitation.

**3 ▶** Calculer le besoin en fonds de roulement hors exploitation.

**4 ▶** Calculer le besoin en fonds de roulement.

**5 ▶** Calculer le fonds de roulement net global.

**6 ▶** Calculer la trésorerie nette.

Le retraitement du crédit-bail est demandé.

Informations complémentaires :
• Effets portés à l'escompte et non échus : 354 200 € pour l'année N – 1, 426 720 € pour l'année N.
• Au début de l'année N, l'entreprise a souscrit un contrat de crédit-bail portant sur une installation dont la valeur est de 650 000 € H.T. Cette installation relève d'un amortissement linéaire sur 5 ans.
Modalités du contrat :
- Durée 5 ans.
- Loyers trimestriels de fin de période : 37 375 € H.T.
- Option d'achat : 52 000 € H.T.

## Annexe 1 :

cerfa N° 10937*01
Formulaire obligatoire (article 53 A du Code général des impôts)

(1) **BILAN – ACTIF**

D.G.I. N° 2050 (1999) 9

Désignation de l'entreprise : S.A. BIALANA — Durée de l'exercice exprimée en nombre de mois* 12

Adresse de l'entreprise : — Durée de l'exercice précédent* 12

Numéro SIRET* — Code APE

1er EXEMPLAIRE DESTINÉ À L'ADMINISTRATION

Déclaration souscrite en F ☐ € ☒ cocher obligatoirement une case

Exercice N, clos le : 31 12 N+1 — N-1

| | | | Brut 1 | | Amortissements, provisions 2 | Net 3 | Net 4 |
|---|---|---|---|---|---|---|---|
| | Capital souscrit non appelé (0) | AA | | | | | |
| ACTIF IMMOBILISÉ* — IMMOBILISATIONS INCORPORELLES | Frais d'établissement* | AB | | AC | | | |
| | Frais de recherche et développement* | AD | | AE | | | |
| | Concessions, brevets et droits similaires | AF | 107 850 | AG | 68 130 | 39 720 | |
| | Fonds commercial (1) | AH | | AI | | | |
| | Autres immobilisations incorporelles | AJ | | AK | | | |
| | Avances et acomptes sur immobilisations incorporelles | AL | | AM | | | |
| IMMOBILISATIONS CORPORELLES | Terrains | AN | | AO | | | |
| | Constructions | AP | 600 000 | AQ | 100 000 | 500 000 | |
| | Installations techniques, matériel et outillage industriels | AR | 378 788 | AS | 327 351 | 51 437 | |
| | Autres immobilisations corporelles | AT | 3 369 183 | AU | 3 042 419 | 326 764 | |
| | Immobilisations en cours | AV | 100 000 | AW | | 100 000 | |
| | Avances et acomptes | AX | | AY | | | |
| IMMOBILISATIONS FINANCIÈRES (2) | Participations évaluées selon la méthode de mise en équivalence | CS | | CT | | | |
| | Autres participations | CU | | CV | | | |
| | Créances rattachées à des participations | BB | | BC | | | |
| | Autres titres immobilisés | BD | 60 650 | BE | | 60 650 | |
| | Prêts | BF | | BG | | | |
| | Autres immobilisations financières* | BH | 64 733 | BI | 13 000 | 51 733 | |
| | TOTAL (I) | BJ | 4 681 204 | BK | 3 550 900 | 1 130 304 | |
| ACTIF CIRCULANT — STOCKS* | Matières premières, approvisionnements | BL | 1 307 168 | BM | | 1 307 168 | |
| | En cours de production de biens | BN | | BO | | | |
| | En cours de production de services | BP | | BQ | | | |
| | Produits intermédiaires et finis | BR | 2 207 154 | BS | 287 000 | 1 920 154 | |
| | Marchandises | BT | 15 759 | BU | | 15 759 | |
| | Avances et acomptes versés sur commandes | BV | | BW | | | |
| CRÉANCES | Clients et comptes rattachés (3)* | BX | 1 776 225 | BY | 226 331 | 1 544 895 | |
| | Autres créances (3) | BZ | 286 512 | CA | 25 000 | 261 512 | |
| | Capital souscrit et appelé, non versé | CB | | CC | | | |
| DIVERS | Valeurs mobilières de placement (dont actions propres : ...............) | CD | | CE | | | |
| | Disponibilités | CF | 728 | CG | | 728 | |
| Comptes de régularisation | Charges constatées d'avance (3)* | CH | 167 123 | CI | | 167 123 | |
| | TOTAL (II) | CJ | 5 760 669 | CK | 538 331 | 5 222 338 | |
| | Charges à répartir sur plusieurs exercices* (III) | CL | | | | | |
| | Primes de remboursement des obligations (IV) | CM | | | | | |
| | Ecarts de conversion actif* (V) | CN | | | | | |
| | TOTAL GÉNÉRAL (0 à V) | CO | 10 441 873 | 1A | 4 089 231 | 6 352 642 | |

**Renvois :** (1) Dont droit au bail : — (2) part à moins d'un an des immobilisations financières nettes : CP — (3) Part à plus d'un an : CR

Clause de réserve de propriété : * — Immobilisations : — Stocks : — Créances :

* Des explications concernant cette rubrique sont données dans la notice n° 2032

## Annexe 2 :

cerfa N° 10937*01
Formulaire obligatoire (article 53 A du Code général des impôts)

① **BILAN – ACTIF**

D.G.I. N° 2050 (1999) 9

Désignation de l'entreprise : S.A. BIALANA — Durée de l'exercice exprimée en nombre de mois* 12

Adresse de l'entreprise : — Durée de l'exercice précédent* 12

Numéro SIRET* — Code APE

Déclaration souscrite en F ☐ € ☒ cocher obligatoirement une case

Exercice N, clos le : 31/12/N — N – 1

*1er EXEMPLAIRE DESTINÉ À L'ADMINISTRATION*

| | | | Code | Brut 1 | Code | Amortissements, provisions 2 | Net 3 | Net 4 |
|---|---|---|---|---|---|---|---|---|
| | | Capital souscrit non appelé (0) | AA | | | | | |
| ACTIF IMMOBILISÉ* | IMMOBILISATIONS INCORPORELLES | Frais d'établissement* | AB | | AC | | | |
| | | Frais de recherche et développement* | AD | | AE | | | |
| | | Concessions, brevets et droits similaires | AF | 116 850 | AG | 94 422 | 22 428 | 39 720 |
| | | Fonds commercial (1) | AH | | AI | | | |
| | | Autres immobilisations incorporelles | AJ | | AK | | | |
| | | Avances et acomptes sur immobilisations incorporelles | AL | | AM | | | |
| | IMMOBILISATIONS CORPORELLES | Terrains | AN | | AO | | | |
| | | Constructions | AP | 700 000 | AQ | 170 000 | 530 000 | 500 000 |
| | | Installations techniques, matériel et outillage industriels | AR | 378 788 | AS | 346 426 | 32 362 | 51 437 |
| | | Autres immobilisations corporelles | AT | 3 059 685 | AU | 2 779 953 | 279 732 | 326 764 |
| | | Immobilisations en cours | AV | | AW | | | 100 000 |
| | | Avances et acomptes | AX | | AY | | | |
| | IMMOBILISATIONS FINANCIÈRES (2) | Participations évaluées selon la méthode de mise en équivalence | CS | | CT | | | |
| | | Autres participations | CU | | CV | | | |
| | | Créances rattachées à des participations | BB | | BC | | | |
| | | Autres titres immobilisés | BD | 100 650 | BE | | 100 650 | 60 650 |
| | | Prêts | BF | | BG | | | |
| | | Autres immobilisations financières* | BH | 64 733 | BI | 13 000 | 51 733 | 51 733 |
| | | TOTAL (I) | BJ | 4 420 706 | BK | 3 403 801 | 1 016 905 | 1 130 304 |
| ACTIF CIRCULANT | STOCKS* | Matières premières, approvisionnements | BL | 1 160 287 | BM | | 1 160 287 | 1 307 168 |
| | | En cours de production de biens | BN | 435 017 | BO | | 435 017 | |
| | | En cours de production de services | BP | | BQ | | | |
| | | Produits intermédiaires et finis | BR | 3 049 815 | BS | | 3 049 815 | 1 920 154 |
| | | Marchandises | BT | 16 299 | BU | | 16 299 | 15 759 |
| | | Avances et acomptes versés sur commandes | BV | 15 934 | BW | | 15 934 | |
| | CRÉANCES | Clients et comptes rattachés (3)* | BX | 2 039 967 | BY | 151 119 | 1 888 848 | 1 549 895 |
| | | Autres créances (3) | BZ | 395 379 | CA | 25 000 | 370 379 | 261 512 |
| | | Capital souscrit et appelé, non versé | CB | 100 000 | CC | | 100 000 | |
| | DIVERS | Valeurs mobilières de placement (dont actions propres :.............................) | CD | 856 002 | CE | | 856 002 | |
| | | Disponibilités | CF | 216 031 | CG | | 216 031 | 728 |
| Comptes de régularisation | | Charges constatées d'avance (3)* | CH | 99 493 | CI | | 99 493 | 167 123 |
| | | TOTAL (II) | CJ | 8 386 224 | CK | 176 119 | 8 208 105 | 5 217 339 |
| | | Charges à répartir sur plusieurs exercices* (III) | CL | | | | | |
| | | Primes de remboursement des obligations (IV) | CM | | | | | |
| | | Ecarts de conversion actif* (V) | CN | | | | | |
| | | TOTAL GÉNÉRAL (0 à V) | CO | 12 804 930 | 1A | 3 579 920 | 9 225 010 | 6 352 643 |

| | | | | | |
|---|---|---|---|---|---|
| **Renvois :** (1) Dont droit au bail : | | (2) part à moins d'un an des immobilisations financières nettes : | CP | (3) Part à plus d'un an : | CR |
| Clause de réserve de propriété : * | Immobilisations : | Stocks : | | Créances : | |

* Des explications concernant cette rubrique sont données dans la notice n° 2032

## Annexe 3 :

cerfa N° 10938*01

Formulaire obligatoire (article 53 A du Code général des impôts)

② **BILAN – PASSIF avant répartition**

D.G.I. N° 2051 (1999) 9

*1er EXEMPLAIRE DESTINÉ À L'ADMINISTRATION*

Désignation de l'entreprise : S.A. BIALANA

| | | | Exercice N 1 | Exercice N - 1 2 |
|---|---|---|---|---|
| CAPITAUX PROPRES | Capital social ou individuel (1)* (Dont versé :..............................) | DA | 2 000 000 | 1 200 000 |
| | Primes d'émission, de fusion, d'apport, ... | DB | 540 000 | |
| | Ecart de réévaluation (2)* (dont écart d'équivalence EK ) | DC | | |
| | Réserve légale (3) | DD | 50 000 | 50 000 |
| | Réserves statutaires ou contractuelles | DE | | |
| | Réserves réglementées (3)* (Dont réserve relative à l'achat d'œuvres originales d'artistes vivants * EJ ) | DF | 327 505 | 327 505 |
| | Autres réserves | DG | 154 000 | 654 000 |
| | Report à nouveau | DH | (3 723 719) | |
| | **RÉSULTAT DE L'EXERCICE (bénéfice ou perte)** | DI | 2 502 254 | (3 723 719) |
| | Subventions d'investissement | DJ | | |
| | Provisions réglementées * | DK | | |
| | TOTAL (I) | DL | 1 850 040 | (1 492 213) |
| Autres fonds propres | Produit des émissions de titres participatifs | DM | | |
| | Avances conditionnées | DN | | |
| | TOTAL (II) | DO | | |
| Provisions pour risques et charges | Provisions pour risques | DP | 120 000 | 50 000 |
| | Provisions pour charges | DQ | | |
| | TOTAL (III) | DR | 120 000 | 50 000 |
| DETTES (4) | Emprunts obligataires convertibles | DS | | |
| | Autres emprunts obligataires | DT | | |
| | Emprunts et dettes auprès des établissements de crédit (5) | DU | 2 078 321 | 2 299 480 |
| | Emprunts et dettes financières divers (Dont emprunts participatifs EI ) | DV | 52 354 | 1 368 993 |
| | Avances et acomptes reçus sur commandes en cours | DW | 68 301 | |
| | Dettes fournisseurs et comptes rattachés | DX | 3 409 502 | 2 925 173 |
| | Dettes fiscales et sociales | DY | 1 174 242 | 1 111 209 |
| | Dettes sur immobilisations et comptes rattachés | DZ | 53 000 | |
| | Autres dettes | EA | 419 250 | 90 000 |
| Compte régul. | Produits constatés d'avance (4) | EB | | |
| | TOTAL (IV) | EC | 7 254 970 | 7 794 856 |
| | Ecarts de conversion passif* (V) | ED | | |
| | TOTAL GÉNÉRAL (I à V) | EE | 9 225 010 | 6 352 642 |
| | Total du bilan de l'exercice N en euros et cents * | | | |

| | | | | | |
|---|---|---|---|---|---|
| RENVOIS | (1) | Ecart de réévaluation incorporé au capital | 1B | | |
| | (2) | Dont Réserve spéciale de réévaluation (1959) | 1C | | |
| | | Dont Ecart de réévaluation libre | 1D | | |
| | | Dont Réserve de réévaluation (1976) | 1E | | |
| | (3) | Dont réserve réglementée des plus-values à long terme * | EF | | |
| | (4) | Dettes et produits constatés d'avance à moins d'un an | EG | | |
| | (5) | Dont concours bancaires courants, et soldes créditeurs de banques et CCP | EH | 378 994 | 436 760 |

*Des explications concernant cette rubrique sont données dans la notice n° 2032.

## Annexe 4 :

cerfa N° 10950*01 (8)

Formulaire obligatoire (article 53 A du Code général des impôts)

**ÉTAT DES ÉCHÉANCES DES CRÉANCES ET DES DETTES A LA CLOTURE DE L'EXERCICE ***

D.G.I. N° 2057 (1999) 9

1er EXEMPLAIRE DESTINÉ À L'ADMINISTRATION

(Ne pas reporter le montant des cents)* — Désignation de l'entreprise : ~~S.A. BIALANA~~ — ~~Année N-1~~

| CADRE A — ÉTAT DES CRÉANCES | | | Montant brut 1 | | A 1 an au plus 2 | | A plus d'un an 3 |
|---|---|---|---|---|---|---|---|
| DE L'ACTIF IMMOBILISÉ | Créances rattachées à des participations | UL | | UM | | UN | |
| | Prêts (1) (2) | UP | | UR | | US | |
| | Autres immobilisations financières | UT | 64 733 | UV | | UW | 64 733 |
| DE L'ACTIF-CIRCULANT | Clients douteux ou litigieux | VA | 255 000 | | 255 000 | | |
| | Autres créances clients | UX | 1 521 225 | | 1 521 225 | | |
| | Créance représentative de titres prêtés * ( Provision pour dépréciation antérieurement constituée* UQ ) | UU | | | | | |
| | Personnel et comptes rattachés | UY | 25 000 | | 25 000 | | |
| | Sécurité sociale et autres organismes sociaux | UZ | 28 000 | | 28 000 | | |
| | État et autres collectivités publiques — Impôts sur les bénéfices | VM | 35 000 | | 35 000 | | |
| | État et autres collectivités publiques — Taxe sur la valeur ajoutée | VB | 193 262 | | 193 262 | | |
| | État et autres collectivités publiques — Autres impôts, taxes et versements assimilés | VN | 5 250 | | 5 250 | | |
| | État et autres collectivités publiques — Divers | VP | | | | | |
| | Groupe et associés (2) | VC | | | | | |
| | Débiteurs divers (dont créances relatives à des opérations de pension de titres) | VR | | | | | |
| | Charges constatées d'avance *(hors exploitation)* | VS | 167 123 | | 167 123 | | |
| | TOTAUX | VT | 2 294 593 | VU | 2 229 860 | VV | 64 733 |

| RENVOIS | | | |
|---|---|---|---|
| (1) Montant des | - Prêts accordés en cours d'exercice | VD | |
| | - Remboursements obtenus en cours d'exercice | VE | |
| (2) | Prêts et avances consentis aux associés (personnes physiques) | VF | |

| CADRE B — ÉTAT DES DETTES | | Montant brut 1 | | A 1 an au plus 2 | A plus d'1 an et 5 ans au plus 3 | A plus de 5 ans 4 |
|---|---|---|---|---|---|---|
| Emprunts obligataires convertibles (1) | 7Y | | | | | |
| Autres emprunts obligataires (1) | 7Z | | | | | |
| Emprunts et dettes auprès des établissements de crédit (1) — à 2 ans maximum à l'origine | VG | 436 760 | | 436 760 | | |
| Emprunts et dettes auprès des établissements de crédit (1) — à plus de 2 ans à l'origine | VH | 3 231 713 | | 1 732 385 | 1 499 328 | |
| Emprunts et dettes financières divers (1) (2) | 8A | | | | | |
| Fournisseurs et comptes rattachés | 8B | 2 925 173 | | 2 925 173 | | |
| Personnel et comptes rattachés | 8C | 259 209 | | 259 209 | | |
| Sécurité sociale et autres organismes sociaux | 8D | 800 000 | | 800 000 | | |
| État et autres collectivités publiques — Impôts sur les bénéfices | 8E | 52 000 | | 52 000 | | |
| État et autres collectivités publiques — Taxe sur la valeur ajoutée | VW | | | | | |
| État et autres collectivités publiques — Obligations cautionnées | VX | | | | | |
| État et autres collectivités publiques — Autres impôts, taxes et assimilés | VQ | | | | | |
| Dettes sur immobilisations et comptes rattachés | 8J | | | | | |
| Groupe et associés (2) | VI | | | | | |
| Autres dettes (dont dettes relatives à des opérations de pension de titres) * | 8K | 90 000 | | 90 000 | | |
| Dette représentative de titres empruntés * | SZ | | | | | |
| Produits constatés d'avance | 8L | | | | | |
| TOTAUX | VY | 7 794 855 | VZ | 6 295 527 | 1 499 328 | |

| RENVOIS | | | |
|---|---|---|---|
| (1) | Emprunts souscrits en cours d'exercice | VJ | |
| | Emprunts remboursés en cours d'exercice | VK | |
| (2) | Montant des divers emprunts et dettes contractés auprès des associés personnes physiques | VL | |

* Des explications concernant cette rubrique sont données dans la notice n° 2032

*(hors exploitation)

## Annexe 5 :

cerfa N° 10950*01 (8)

Formulaire obligatoire (article 53 A du Code général des impôts)

**ÉTAT DES ÉCHÉANCES DES CRÉANCES ET DES DETTES A LA CLOTURE DE L'EXERCICE ***

D.G.I. N° 2057 (1999) 9

1er EXEMPLAIRE DESTINÉ À L'ADMINISTRATION

(Ne pas reporter le montant des cents)* Désignation de l'entreprise : S.A. BIALANA Année N

| CADRE A | ÉTAT DES CRÉANCES | | Montant brut 1 | | A 1 an au plus 2 | | A plus d'un an 3 |
|---|---|---|---|---|---|---|---|
| DE L'ACTIF IMMOBILISÉ | Créances rattachées à des participations | UL | | UM | | UN | |
| | Prêts (1) (2) | UP | | UR | | US | |
| | Autres immobilisations financières | UT | 64 733 | UV | | UW | 64 733 |
| DE L'ACTIF CIRCULANT | Clients douteux ou litigieux | VA | 182 342 | | 182 342 | | |
| | Autres créances clients | UX | 1 857 625 | | 1 857 625 | | |
| | Créance représentative de titres prêtés * (Provision pour dépréciation antérieurement constituée* UQ ) | UU | | | | | |
| | Personnel et comptes rattachés | UY | 19 735 | | 19 735 | | |
| | Sécurité sociale et autres organismes sociaux | UZ | 20 652 | | 20 652 | | |
| | État et autres collectivités publiques — Impôts sur les bénéfices | VM | 50 000 | | 50 000 | | |
| | État et autres collectivités publiques — Taxe sur la valeur ajoutée | VB | 297 885 | | 297 885 | | |
| | État et autres collectivités publiques — Autres impôts, taxes et versements assimilés | VN | 7 107 | | 7 107 | | |
| | État et autres collectivités publiques — Divers | VP | | | | | |
| | Groupe et associés (2) | VC | | | | | |
| | Débiteurs divers (dont créances relatives à des opérations de pension de titres) | VR | | | | | |
| | Charges constatées d'avance (hors exploitation) | VS | 99 493 | | 99 493 | | |
| | TOTAUX | VT | 2 599 572 | VU | 2 536 839 | VV | 64 733 |
| RENVOIS | (1) Montant des - Prêts accordés en cours d'exercice | VD | | | | | |
| | (1) Montant des - Remboursements obtenus en cours d'exercice | VE | | | | | |
| | (2) Prêts et avances consentis aux associés (personnes physiques) | VF | | | | | |

| CADRE B | ÉTAT DES DETTES | | Montant brut 1 | A 1 an au plus 2 | A plus d'1 an et 5 ans au plus 3 | A plus de 5 ans 4 |
|---|---|---|---|---|---|---|
| | Emprunts obligataires convertibles (1) | 7Y | | | | |
| | Autres emprunts obligataires (1) | 7Z | | | | |
| Emprunts et dettes auprès des établissements de crédit (1) | à 2 ans maximum à l'origine | VG | 378 994 | 378 994 | | |
| | à plus de 2 ans à l'origine | VH | 1 751 682 | 438 523 | 1 260 805 | |
| | Emprunts et dettes financières divers (1) (2) | 8A | | | | |
| | Fournisseurs et comptes rattachés | 8B | 3 409 502 | 3 120 544 | 288 958 | |
| | Personnel et comptes rattachés | 8C | 381 538 | 381 538 | | |
| | Sécurité sociale et autres organismes sociaux | 8D | 471 875 | 471 875 | | |
| État et autres collectivités publiques | Impôts sur les bénéfices | 8E | | | | |
| | Taxe sur la valeur ajoutée | VW | | | | |
| | Obligations cautionnées | VX | | | | |
| | Autres impôts, taxes et assimilés | VQ | 320 829 | 320 829 | | |
| | Dettes sur immobilisations et comptes rattachés | 8J | 53 000 | 53 000 | | |
| | Groupe et associés (2) | VI | | | | |
| | Autres dettes (dont dettes relatives à des opérations de pension de titres) * | 8K | 419 250 | 419 250 | | |
| | Dette représentative de titres empruntés * | SZ | | | | |
| | Produits constatés d'avance | 8L | | | | |
| | TOTAUX | VY | 7 186 670 | VZ 5 584 553 | 1 549 763 | |
| RENVOIS (1) | Emprunts souscrits en cours d'exercice | VJ | 252 352 | | | |
| RENVOIS (1) | Emprunts remboursés en cours d'exercice | VK | 1 732 385 | | | |
| RENVOIS (2) | Montant des divers emprunts et dettes contractés auprès des associés personnes physiques | VL | | | | |

* Des explications concernant cette rubrique sont données dans la notice n° 2032

* (hors exploitation)

# Corrigés des exercices

**7.1** **1 ▶ Bilan fonctionnel** : année N – 1 :

| Emplois N – 1 | Montants | Explications |
|---|---|---|
| **Emplois stables** | | |
| • Immobilisations | 4 681 204 | |
| **Emplois d'exploitation** | | |
| • Stocks | 3 530 081 | |
| • Avances et acomptes versés | 0 | |
| • Créances d'exploitation | 2 381 937 | 1 776 225 + 25 000 + 28 000 + 193 262 + 5 250 + 354 200 (E.E.N.E.) |
| **Emplois hors exploitation** | | |
| • Créances hors exploitation | 202 123 | 35 000 + 167 123 |
| **Trésorerie d'actif** | | |
| • Disponibilités | 728 | |
| **Total des emplois** | **10 796 073** | |

| Ressources N – 1 | Montants | Explications |
|---|---|---|
| **Ressources stables** | | |
| • Fonds propres | | |
| - Capitaux propres | – 1 492 213 | |
| - Provisions pour risques et charges | 50 000 | |
| - Amortissements et provisions (actif) | 4 089 231 | |
| • Dettes financières | 3 231 713 | 2 299 481 + 1 368 993 – 436 760 |
| **Ressources d'exploitation** | | |
| • Avances | 0 | |
| • Dettes d'exploitation | 3 984 382 | 2 925 173 + 259 209 + 800 000 |
| **Ressources hors exploitation** | | |
| • Dettes hors exploitation | 142 000 | 90 000 + 52 000 (52 000 : **Impôts sur les bénéfices**) |
| **Trésorerie de passif** | | |
| • Concours bancaires courants | 436 760 | |
| • Effets escomptés et non échus | 354 200 | |
| **Total des ressources** | **10 796 073** | |

Bilan fonctionnel : année N :

| Emplois N | Montants | Explications |
|---|---|---|
| **Emplois stables** | | |
| • Immobilisations | 5 070 706 | 4 920 706 + 650 000 |
| **Emplois d'exploitation** | | **Immo. financée par crédit-bail** **E.E.N.E.** |
| • Stocks | 4 661 418 | |
| • Avances et acomptes versés | 15 934 | |
| • Créances d'exploitation | 2 812 066 | 2 039 967 + 19 735 + 20 652 + 297 885 + 7 107 + 426 720 |
| **Emplois hors exploitation** | | |
| • Créances hors exploitation | 149 493 | 50 000 (créance sur impôt) + 99 493 |
| • Capital souscrit – appelé, non versé | 100 000 | |
| • Valeurs mobilières de placement | 856 002 | |
| **Trésorerie d'actif** | | |
| • Disponibilités | 216 031 | |
| **Total des emplois** | **13 881 650** | |

| Ressources N | Montants | Explications |
|---|---|---|
| **Ressources stables** | | |
| • Fonds propres | | $\frac{\mathbf{650\ 000}}{\mathbf{5}}$ **(crédit-bail)** |
| - Capitaux propres | 1 850 040 | |
| - Provisions pour risques et charges | 120 000 | |
| - Amortissements et provisions (actif et crédit-bail) | 3 709 920 | 3 579 920 + 130 000 |
| • Dettes financières | 2 271 681 | 2 078 321 + 52 354 – 378 354 + 520 000 |
| **Ressources d'exploitation** | | **650 000 – 130 000** |
| • Avances | 68 301 | |
| • Dettes d'exploitation | 4 583 744 | 3 409 502 + 381 538 + 471 875 + 320 829 |
| **Ressources hors exploitation** | | |
| • Dettes hors exploitation | 472 250 | 53 000 + 419 250 |
| **Trésorerie de passif** | | |
| • Concours bancaires courants | 378 994 | |
| • Effets escomptés et non échus | 426 720 | |
| **Total des ressources** | **13 881 650** | |

## 2 ▶ Calcul du besoin en fonds de roulement d'exploitation :

| B.F.R.E. | Année N – 1 | Année N |
|---|---|---|
| Emplois d'exploitation | 5 912 018 | 7 489 418 |
| – Ressources d'exploitation | 3 984 382 | 4 652 045 |
| **= B.F.R.E.** | **1 927 636** | **2 837 373** |

**3 ▶ Calcul du besoin en fonds de roulement hors exploitation :**

| B.F.R.H.E. | Année N – 1 | Année N |
|---|---|---|
| Emplois hors exploitation | 202 123 | 1 105 495 |
| – Ressources hors exploitation | 142 000 | 472 250 |
| **= B.F.R.H.E.** | **60 123** | **+ 633 245** |

**4 ▶ Calcul du besoin en fonds de roulement :**

| B.F.R. | Année N – 1 | Année N |
|---|---|---|
| B.F.R.E. | 1 927 636 | 2 837 373 |
| + B.F.R.H.E. | 60 123 | + 633 245 |
| **= B.F.R.** | **1 987 759** | **3 470 618** |

**5 ▶ Calcul du fonds de roulement net global :**

| F.R.N.G. | Année N – 1 | Année N |
|---|---|---|
| Ressources stables | 5 878 731 | 7 951 641 |
| – Emplois stables | 4 681 204 | 5 070 706 |
| **= F.R.N.G.** | **1 197 527** | **+ 2 880 935** |

**6 ▶ Calcul de la trésorerie nette :**

| Trésorerie | Année N – 1 | Année N |
|---|---|---|
| Trésorerie d'actif | 728 | 216 031 |
| – Trésorerie de passif | 790 960 | 805 714 |
| **= Trésorerie nette** | **– 790 232** | **– 589 683** |
| **Vérification :** | | |
| F.R.N.G. | 1 197 527 | 2 880 935 |
| – B.F.R. | 1 987 759 | 3 470 618 |
| **= Trésorerie nette** | **– 790 232** | **– 589 683** |

***Autre présentation du calcul de la trésorerie :***

| | Année N – 1 | Année N |
|---|---|---|
| B.F.R. | 1 987 759 | 3 470 618 |
| – F.R.N.G. | 1 197 527 | 2 880 935 |
| **= Besoin de trésorerie** | **790 232** | **589 683** |
| | | |
| Besoin de trésorerie | 790 232 | 589 683 |
| + Disponibilités | 728 | 216 031 |
| **= Besoin total** | **790 960** | **805 714** |
| **Ce besoin total à été financé par :** | | |
| Des C.B.C. et soldes créditeurs | 436 760 | 378 994 |
| + Effets escomptés non échus | 354 200 | 426 720 |
| = Total des crédits de trésorerie | 790 960 | 805 714 |

# 8
# La capacité d'autofinancement et les ratios d'activité

## 1. La capacité d'autofinancement

### A. Principes

La capacité d'autofinancement se calcule à partir du compte de résultat. On doit recenser l'ensemble des produits encaissés ou encaissables de la période, et l'ensemble des charges décaissées ou décaissables de cette même période, hors les opérations en capital (cessions d'immobilisations). La différence représente la CAF.
Les opérations en capital ne sont pas prises en compte, car ces dernières :
- doivent être recensées, comme un flux spécifique,
- et n'ont pas un caractère répétitif.

La capacité d'autofinancement est mesurée au moment de l'engagement des charges ou des produits, et non au dénouement. En termes de trésorerie, les flux de trésorerie sont soit effectifs, soit simplement potentiels.

### B. Méthodes de calcul

Il existe deux méthodes de calcul de la capacité d'autofinancement : une méthode soustractive, et une méthode additive.

#### 1. Méthode soustractive

**Excédent (ou insuffisance) brut(e) d'exploitation**
+ transferts de charge (d'exploitation)
+ autres produits d'exploitation

– autres charges d'exploitation
+/– quote-part de résultat sur opérations faites en commun
+ produits financiers (a)
– charges financières (b)
+ produits exceptionnels (c)
– charges exceptionnelles (d)
– participation des salariés aux résultats
– impôts sur les bénéfices
**= Capacité d'autofinancement de l'exercice**.

### 2. Méthode additive

**Résultat net de l'exercice**
+ dotations aux amortissements et aux provisions (681. 686. 687.)
– reprises sur amortissements et provisions (781. 786. 787.)
– subventions d'investissement virées au résultat (777)
– produits des cessions d'éléments d'actif (775)
+ valeur comptable des éléments d'actif cédés (675)
**= Capacité d'autofinancement de l'exercice**.

*Remarque :* la méthode soustractive du calcul de la CAF permet de mieux appréhender la notion de surplus monétaire dégagé par l'activité, la méthode additive permet un contrôle du calcul précédent.

## C. Intérêts de la capacité d'autofinancement

La capacité d'autofinancement va servir :
- au financement du maintien ou du renouvellement de l'outil de production ;
- à la couverture des pertes probables sur actifs et des risques et charges encourus ;
- à la rémunération du capital, sous forme de distribution de dividendes ;
- au financement de la croissance, soit par le financement des investissements, soit par la contribution au remboursement des emprunts.

L'objet essentiel de la CAF réside dans son aspect de financement des emplois de l'entreprise. Elle ne constitue pas un indicateur de performance et de rentabilité. En revanche, elle conditionne les possibilités futures de l'entreprise en matière d'emprunts.

*Remarque :* l'autofinancement est ce qui reste de la CAF après rémunération des actionnaires (dividendes). C'est le financement interne de l'entreprise.

(a) Sauf reprises sur provisions financières.
(b) Sauf dotations aux amortissements et aux provisions financiers.
(c) Sauf :
- produits des cessions d'immobilisations ;
- quote-part des subventions d'investissement virée au résultat de l'exercice ;
- reprises sur provisions exceptionnelles.
(d) Sauf :
- valeur comptable des immobilisations cédées ;
- dotations aux amortissements et aux provisions exceptionnelles.

## 2. Les ratios d'activité

Les ratios sont des rapports entre deux grandeurs caractéristiques, les ratios peuvent se présenter sous la forme de taux, de délais ou de coefficients.

Les ratios permettent :

– une mesure des performances de l'entreprise ;

– une analyse de l'évolution dans le temps de l'activité de l'entreprise ;

– une comparaison de la situation actuelle avec des entreprises du même secteur d'activité.

### A. Activité courante et marges

À partir des soldes intermédiaires de gestion, certains ratios peuvent être calculés.

#### 1. Le chiffre d'affaires

Il permet de traduire l'importance de l'évolution de l'activité.

$$\text{Taux de variation du C.A.H.T.} = \frac{\text{C.A.H.T. (N)} - \text{C.A.H.T. (N - 1)}}{\text{C.A.H.T. (N - 1)}} \text{ en \%}$$

#### 2. La marge commerciale

$$\text{Taux de marge commerciale} = \frac{\text{Marge commerciale}}{\text{Vente de marchandises H.T.}} \text{ en \%}$$

Ce taux doit rester sensiblement constant dans le temps. La comparaison avec le taux de marge de la branche ou d'une entreprise ayant la même activité permet à l'entreprise de se situer.

#### 3. La production de l'exercice

$$\text{Taux de croissance de la production} = \frac{\text{Prod (N)} - \text{Prod (N - 1)}}{\text{Prod (N - 1)}} \text{ en \%}$$

Ce taux de croissance doit être comparé aux objectifs qui avaient été fixés au préalable et à la production d'autres entreprises du même secteur.

#### 4. La valeur ajoutée

• Mesure du poids économique de l'entreprise.

$$\text{Taux de variation de la V.A.} = \frac{\text{V.A. (N)} - \text{V.A. (N - 1)}}{\text{V.A. (N - 1)}} \text{ en \%}$$

Ce taux est un bon indicateur de croissance de l'entreprise.

• Mesure du taux de valeur ajoutée.

$$\text{Taux de V.A.} = \frac{\text{V.A.}}{\text{Production + Ventes de marchandises}} \text{ en } \%$$

Le taux de valeur ajoutée est en relation avec la nature de l'activité, l'importance de la sous-traitance, l'importance du recours à la main-d'œuvre.

• Mesure de l'efficacité de la mise en œuvre des moyens d'exploitation.

On peut mesurer l'efficacité de la mise en œuvre des moyens d'exploitation à l'aide de deux ratios :

– rendement apparent de la main-d'œuvre :

$$\frac{\text{V.A.}}{\text{Effectif moyen}} \text{ en valeur}$$

– rendement apparent de l'équipement :

$$\frac{\text{V.A.}}{\text{Équipement}} \text{ en valeur}$$

Équipement = Immobilisations corporelles (valeurs brutes).

L'étude de ces ratios dans le temps, mais aussi en comparaison avec d'autres entreprises, est nécessaire.

### 5. L'excédent brut d'exploitation (E.B.E.)

• Taux de marge brute d'exploitation.

$$\text{Taux d'E.B.E.} = \frac{\text{E.B.E.}}{\text{C.A.H.T.}} \text{ en } \%$$

Ce ratio constitue une mesure directe de la performance industrielle et commerciale de l'entreprise et un indicateur de sa capacité bénéficiaire.

• Taux de rentabilité du capital d'exploitation.

Rapporté au capital d'exploitation, l'E.B.E. permet d'apprécier l'efficacité de l'entreprise dans la mise en œuvre de ce capital.

Capital d'exploitation = Immobilisation (en valeurs brutes) + B.F.R.E.

$$\text{Taux de rentabilité du capital d'exploitation} = \frac{\text{E.B.E.}}{\text{Capital d'exploitation}} \text{ en } \%$$

Ce ratio de rentabilité dépend à la fois du taux de l'E.B.E. et de la vitesse de rotation du capital d'exploitation :

$$\frac{\text{E.B.E.}}{\text{Capital d'exploitation}} = \frac{\text{E.B.E.}}{\text{C.A.H.T.}} \times \frac{\text{C.A.H.T.}}{\text{Capital d'exploitation}}$$

• Taux de croissance de l'E.B.E.

$$\text{Taux de croissance de l'E.B.E.} = \frac{\text{E.B.E. (N)} - \text{E.B.E. (N} - 1)}{\text{E.B.E. (N} - 1)} \quad \text{en \%}$$

Ce taux de croissance peut être calculé soit de manière globale, soit par produits.

### 6. Le résultat d'exploitation

$$\text{Taux de résultat d'exploitation} = \frac{\text{Résultat d'exploitation}}{\text{C.A.H.T.}} \quad \text{en \%}$$

$$\text{Taux de rentabilité économique ou taux de rentabilité opérationnelle} = \frac{\text{Résultat d'exploitation après I.S.}}{\text{Capitaux investis ou actif économique}} \quad \text{en \%}$$

Capitaux investis ou actif économique = Capitaux propres + Dettes financières (hors concours bancaires courants et soldes créditeurs de banque) ou Immobilisations (valeurs nettes) + B.F.R.E.

*Remarques :*

– L'impôt est calculé à partir du résulat d'exploitation.

– Ce ratio est appelé en anglais le R.O.C.E. « Return On Capital Employed ».

Le résultat d'exploitation permet de mesurer la rentabilité des capitaux investis indépendamment de son mode de financement.

## B. Les moyens d'exploitation mis en œuvre

### 1. Les moyens en personnel

$$\frac{\text{Charges de personnel}}{\text{V.A.}} \quad \text{en \%}$$

Ce ratio permet de suivre l'évolution de ces charges dans le temps.

### 2. Le besoin en fonds de roulement d'exploitation

$$\text{Poids du B.F.R.E.} = \frac{\text{B.F.R.E.} \times 360}{\text{C.A.H.T.}} \quad \text{en jours}$$

Ce ratio permet de mesurer l'importance du B.F.R.E., plus ce délai est long et plus l'entreprise devra trouver des ressources pour financer ce besoin.

Ce ratio doit être complété par l'étude des délais de rotation des composantes du B.F.R.E.

Principaux ratios de délais de rotation :

• Stocks :

– Matières premières = $\frac{\text{Stock moyen de matières premières}}{\text{Coût annuel d'achat des matières premières}} \times 360$ (en jours)

– Produits finis = $\frac{\text{Stock moyen de produits finis}}{\text{Coût annuel de production des produits finis}} \times 360$ (en jours)

– Marchandises = $\frac{\text{Stock moyen de marchandises}}{\text{Coût annuel d'achat des marchandises}} \times 360$ (en jours)

• Créances et dettes :

– Délai de règlement des clients = $\frac{\text{Créances clients}}{\text{C.A.T.T.C.}} \times 360$ (en jours)

– Délai de règlement aux fournisseurs = $\frac{\text{Dettes fournisseurs}}{\text{Achats et charges externes T.T.C.}} \times 360$ (en jours)

# Énoncés des exercices

**8.1** On vous communique le compte de résultat de l'entreprise BAYER CLASSICS.

**1 ▶** Présenter le tableau des soldes intermédiaires de gestion pour l'année N.

**2 ▶** Calculer la capacité d'autofinancement de l'année N (suivant les deux méthodes).

cerfa N° 10167*05
Formulaire obligatoire (article 53 A du Code général des impôts)

③ **COMPTE DE RÉSULTAT DE L'EXERCICE** (En liste)

D.G.I. N° 2052 (2001) 1

Désignation de l'entreprise : BAYER CLASSICS

| (Ne pas reporter le montant des centimes)* | | | Exercice N France 1 | | Exportation 2 | | Total 3 | Exercice (N - 1) 4 |
|---|---|---|---|---|---|---|---|---|
| PRODUITS D'EXPLOITATION | Ventes de marchandises* | FA | 4 759 380 | FB | 44 568 | FC | 4 803 948 | 1 299 216 |
| | Production vendue biens | FD | 27 027 894 | FE | 473 233 | FF | 27 501 127 | 15 451 628 |
| | Production vendue services* | FG | 3 929 823 | FH | 23 | FI | 3 929 846 | 3 394 529 |
| | **Chiffres d'affaires nets*** | FJ | 35 717 097 | FK | 517 823 | FL | 36 234 920 | 20 145 373 |
| | Production stockée* | | | | | FM | 795 153 | 1 337 766 |
| | Production immobilisée* | | | | | FN | | |
| | Subventions d'exploitation | | | | | FO | | |
| | Reprises sur les amortissements et provisions, transfert de charges* | | | | | FP | 59 070 | 86 739 |
| | Autres produits (1) | | | | | FQ | 5 | 86 |
| | **Total des produits d'exploitation (2) (I)** | | | | | FR | 37 089 147 | 21 569 963 |
| CHARGES D'EXPLOITATION | Achats de marchandises (y compris droits de douane)* | | | | | FS | 3 331 092 | 1 944 251 |
| | Variation de stock (marchandises)* | | | | | FT | (555 809) | (1 169 112) |
| | Achats de matières premières et autres approvisionnements (y compris droits de douane)* | | | | | FU | 7 858 004 | 5 423 656 |
| | Variation de stock (matières premières et approvisionnements)* | | | | | FV | (837 214) | (1 241 186) |
| | Autres achats et charges externes (3) (6 bis)* | | | | | FW | 19 719 093 | 13 969 346 |
| | Impôts, taxes et versements assimilés* | | | | | FX | 1 135 781 | 579 470 |
| | Salaires et traitements* | | | | | FY | 3 166 096 | 2 168 620 |
| | Charges sociales | | | | | FZ | 1 305 886 | 905 452 |
| | DOTATIONS D'EXPLOITATION – Sur immobilisations – dotations aux amortissements* | | | | | GA | 1 509 106 | 899 590 |
| | DOTATIONS D'EXPLOITATION – Sur immobilisations – dotations aux provisions | | | | | GB | | |
| | DOTATIONS D'EXPLOITATION – Sur actif circulant : dotations aux provisions | | | | | GC | | 2 268 |
| | DOTATIONS D'EXPLOITATION – Pour risques et charges : dotations aux provisions | | | | | GD | | 2 626 |
| | Autres charges | | | | | GE | 87 332 | 50 491 |
| | **Total des charges d'exploitation (4) (II)** | | | | | GF | 36 719 365 | 23 535 472 |
| **1 - RÉSULTAT D'EXPLOITATION (I - II)** | | | | | | GG | 369 782 | (1 965 509) |
| opérations en commun | Bénéfice attribué ou perte transférée* (III) | | | | | GH | | |
| | Perte supportée ou bénéfice transféré* (IV) | | | | | GI | | |
| PRODUITS FINANCIERS | Produits financiers de participations (5) | | | | | GJ | | |
| | Produits des autres valeurs mobilières et créances de l'actif immobilisé (5) | | | | | GK | | |
| | Autres intérêts et produits assimilés (5) | | | | | GL | 49 043 | 4 632 |
| | Reprises sur provisions et transferts de charges | | | | | GM | | |
| | Différences positives de change | | | | | GN | 132 | 1 406 |
| | Produits nets sur cessions de valeurs mobilières de placement | | | | | GO | | 590 |
| | **Total des produits financiers (V)** | | | | | GP | 49 175 | 6 628 |
| CHARGES FINANCIÈRES | Dotations financières aux amortissements et provisions* | | | | | GQ | | |
| | Intérêts et charges assimilées (6) | | | | | GR | 1 123 702 | 402 160 |
| | Différences négatives de change | | | | | GS | 8 201 | 7 |
| | Charges nettes sur cessions de valeurs mobilières de placement | | | | | GT | | |
| | **Total des charges financières (VI)** | | | | | GU | 1 131 903 | 402 167 |
| **2 - RÉSULTAT FINANCIER (V - VI)** | | | | | | GV | (1 082 728) | (395 539) |
| **3 - RÉSULTAT COURANT AVANT IMPÔTS (I - II + III - IV + V - VI)** | | | | | | GW | (712 946) | (2 361 048) |

(RENVOIS : voir tableau n° 2053) * Des explications concernant cette rubrique sont données dans la notice n° 2032.

*1er EXEMPLAIRE DESTINÉ À L'ADMINISTRATION*

cerfa N° 10947*03 ④ **COMPTE DE RÉSULTAT DE L'EXERCICE** (Suite) D.G.I. N° 2053 (2001)

Formulaire obligatoire (article 53 A du Code général des impôts)

1

Désignation de l'entreprise : BAYER CLASSICS

1er EXEMPLAIRE DESTINÉ À L'ADMINISTRATION

| | (Ne pas reporter le montant des centimes)* | | Exercice N 1 | Exercice N – 1 2 |
|---|---|---|---|---|
| PRODUITS EXCEPTIONNELS | Produits exceptionnels sur opérations de gestion | HA | 615 280 | 990 980 |
| | Produits exceptionnels sur opérations en capital* | HB | 91 153 | 23 962 |
| | Reprises sur provisions et transferts de charges | HC | 24 202 | 7 318 |
| | **Total des produits exceptionnels** (7) **(VII)** | HD | 730 635 | 1 022 260 |
| CHARGES EXCEPTIONNELLES | Charges exceptionnelles sur opérations de gestion (6 bis) | HE | 25 734 | 2 441 |
| | Charges exceptionnelles sur opérations en capital* | HF | 30 756 | 24 131 |
| | Dotations exceptionnelles aux amortissements et provisions | HG | 30 285 | 21 597 |
| | **Total des charges exceptionnelles** (7) **(VIII)** | HH | 86 775 | 48 169 |
| **4 - RÉSULTAT EXCEPTIONNEL (VII – VIII)** | | HI | 643 861 | 974 091 |
| Participation des salariés aux résultats de l'entreprise | (IX) | HJ | | |
| Impôts sur les bénéfices* | (X) | HK | 3 811 | 762 |
| | **TOTAL DES PRODUITS (I + III + V + VII)** | HL | 37 868 958 | 22 598 851 |
| | **TOTAL DES CHARGES (II + IV + VI + VIII + IX + X)** | HM | 37 941 854 | 23 986 571 |
| **5 - BÉNÉFICE OU PERTE (total des produits – total des charges)** | | HN | (72 896) | (1 387 720) |

RENVOIS

| | | | Exercice N | Exercice N – 1 |
|---|---|---|---|---|
| (1) | Dont produits nets partiels sur les opérations à long terme | HO | | |
| (2) | Dont produits de locations immobilières | HY | | |
| | Dont produits d'exploitation afférents à des exercices antérieurs (à détailler au (8) ci-dessous) | 1G | | |
| (3) | Dont – Crédit-bail mobilier | HP | 119 292 | 200 564 |
| | Dont – Crédit-bail immobilier | HQ | | |
| (4) | Dont charges d'exploitation afférentes à des exercices antérieurs (à détailler au (8) ci-dessous) | 1H | | |
| (5) | Dont produits concernant les entreprises liées | 1J | 49 042 | 4 632 |
| (6) | Dont intérêts concernant les entreprises liées | 1K | 946 087 | 322 989 |
| (6bis) | Dont dons faits aux organismes d'intérêt général (art. 238 bis du C.G.I.) | HX | | |
| (9) | Dont transferts de charges | A1 | 9 070 | 6 500 |
| (10) | Dont cotisations personnelles de l'exploitant (13) | A2 | | |
| (11) | Dont redevances pour concessions de brevets, de licences (produits) | A3 | | |
| (12) | Dont redevances pour concessions de brevets, de licences (charges) | A4 | 87 268 | 50 490 |
| (13) | Dont primes et cotisations complémentaires personnelles : facultatives A6 obligatoires A9 | | | |

| (7) Détail des produits et charges exceptionnels (Si ce cadre est insuffisant, joindre un état du même modèle) : | Exercice N Charges exceptionnelles | Exercice N Produits exceptionnels |
|---|---|---|
| cf. feuille annexe | | |
| HB produits de cessions d'éléments d'actif | | 91 153 |
| HF valeurs comptables des éléments cédés | 30 756 | |
| | | |
| | | |

| (8) Détail des produits et charges sur exercices antérieurs : | Exercice N Charges antérieures | Exercice N Produits antérieurs |
|---|---|---|
| | | |
| | | |
| | | |
| | | |

* Des explications concernant cette rubrique sont données dans la notice n° 2032.

# Corrigés des exercices

## 8.1 1 ► Soldes intermédiaires de gestion

**3 331 092 + (– 555 809)** → 2 775 283 (N)

**1 944 251 + (– 1 169 112** → 775 139 (N – 1)

| Années | N | N – 1 |
|---|---|---|
| Ventes de marchandises | 4 803 948 | 1 299 216 |
| – Coût d'achat des marchandises vendues | 2 775 283 | 775 139 |
| = **Marge commerciale** (1) | **2 028 665** | **524 077** |
| Production vendue | 31 430 973 | 18 846 157 |
| + Production stockée | 795 153 | 1 337 766 |
| + Production immobilisée | 0 | 0 |
| = **Production de l'exercice** (2) | **32 226 126** | **20 183 923** |
| Achats de matières premières et autres approvisionnements | 7 858 004 | 5 423 656 |
| + Variation des stocks | – 837 214 | – 1 241 186 |
| + Autres achats et charges externes | 19 719 093 | 13 969 346 |
| = *Consommation en provenance des tiers* (3) | *26 739 883* | *18 151 816* |
| **Valeur ajoutée** (4) = (1) + (2) – (3) | **7 514 908** | **2 556 184** |
| + Subvention d'exploitation | | |
| – Impôts et taxes | 1 135 781 | 579 470 |
| – Charges de personnel | 4 471 982 | 3 074 072 |
| = **Excédent brut d'exploitation** (5) | **1 907 145** | **– 1 097 358** |
| + Reprises sur amortissements et provisions et transferts de charges | 59 070 | 86 739 |
| + Autres produits | 5 | 86 |
| – Dotations aux amortissements et provisions | 1 509 106 | 904 484 |
| – Autres charges | 87 332 | 50 491 |
| = **Résultat d'exploitation** (6) | **369 782** | **– 1 965 508** |
| + Produits financiers | 49 175 | 6 628 |
| – Charges financières | 1 131 903 | 402 167 |
| = **Résultat courant** (7) | **– 712 946** | **– 2 361 047** |
| Produits exceptionnels | 730 635 | 1 022 260 |
| – Charges exceptionnelles | 86 775 | 48 169 |
| = **Résultat exceptionnel** (8) | **643 860** | **974 091** |
| Participation des salariés (9) | 0 | 0 |
| Impôts sur les bénéfices (10) | 3 811 | 762 |
| **Résultat de l'exercice** (11) = (7) + (8) – (9) – (10) | **– 72 897** | **– 1 387 718** |

| | | |
|---|---|---|
| Produits des cessions d'éléments d'actif | 91 153 | 23 962 |
| – Valeur comptable des éléments cédés | 30 756 | 24 131 |
| = **Plus-values et moins-values sur cessions d'éléments d'actif** | **60 397** | **– 169** |

## 2 ▶ Détermination de la capacité d'autofinancement :

| | N | N – 1 |
|---|---|---|
| **Excédent (ou insuffisance) brut(e) d'exploitation** | 1 907 145 | – 1 097 358 |
| + Transferts de charges (d'exploitation) | 9 070 | 6 500 |
| + Autres produits d'exploitation | 5 | 86 |
| – Autres charges d'exploitation | 87 332 | 50 491 |
| +/– Quote-parts de résultat sur opérations faites en commun | | |
| + Produits financiers (a) | 49 175 | 6 628 |
| – Charges financières (b) | 1 131 903 | 402 167 |
| + Produits exceptionnels (c) | 615 280 | 990 980 |
| – Charges exceptionnelles (d) | 25 734 | 2 441 |
| – Participation des salariés aux résultats | 0 | 0 |
| – Impôts sur les bénéfices | 3 811 | 762 |
| **= capacité d'autofinancement de l'exercice** | **1 331 895** | **– 549 025** |

(a) Sauf reprises sur provisions financières.
(b) Sauf dotations aux amortissements et aux provisions financiers.
(c) Sauf : - produits des cessions d'immobilisations ;
- quote-part des subventions d'investissement virée au résultat de l'exercice ;
- reprises sur provisions exceptionnelles.
(d) Sauf : - valeur comptable des immobilisations cédées ;
- dotations aux amortissements et aux provisions exceptionnelles.

| | N | N – 1 |
|---|---|---|
| **Résultat net de l'exercice** | – 72 897 | – 1 387 718 |
| + Dotations aux amortissements et aux provisions : | | |
| d'exploitation | 1 509 106 | 904 484 |
| financières | 0 | 0 |
| exceptionnelles | 30 285 | 21 597 |
| **86 739 – 6 500** (→ N – 1) | | |
| – Reprises sur amortissements et provisions : | | |
| d'exploitation | 50 000 | 80 239 |
| financières | 0 | 0 |
| exceptionnelles — **59 070 – 9 070** (→ N) | 24 202 | 7 318 |
| – Subventions d'investissement virées au résultat | 0 | |
| – Produits des cessions d'éléments d'actif | 91 153 | 23 962 |
| + Valeur comptable des éléments immobilisés et financiers cédés | 30 756 | 24 131 |
| **= capacité d'autofinancement de l'exercice** | **1 331 895** | **– 549 025** |

# 9 Le tableau de financement

Le bilan fournit à l'analyste une photographie du patrimoine de l'entreprise à un moment donné, c'est-à-dire les soldes des différents éléments de l'actif et du passif. Il n'explique pas les mouvements qui ont conduit à ces soldes. Pour appréhender les évolutions et justifier sa situation à la date du bilan, l'analyste va chercher à reconstituer les mouvements financiers de la période. Pour ce faire, il va utiliser l'ensemble des documents de synthèse de l'entreprise : le bilan, le compte de résultat et les annexes.

Le tableau de financement d'une période a pour objet d'indiquer l'ensemble des « flux » qui ont concerné l'entreprise entre deux périodes.

Établi *a posteriori*, il permet d'apprécier la gestion financière de l'entreprise, ses décisions d'investissements, ses choix de financement, sa politique de dividendes.

Établi *a priori*, il va servir d'outil de prévision. Il permet d'orienter les choix en fonction des équilibres financiers souhaités, et de déterminer les possibilités de développement en fonction des ressources prévues.

« Le tableau de financement est un tableau des emplois et des ressources qui explique les variations du patrimoine de l'entreprise au cours de la période de référence » (plan comptable général 1999).

## 1. Présentation générale

Le tableau de financement s'articule autour du **fonds de roulement net global** en montrant sa **formation** et son **utilisation**.

Il possède deux parties, qui permettent de mettre en évidence la variation du fonds de roulement net global, la variation du besoin en fonds de roulement et la variation de la trésorerie au cours de l'exercice.

Le tableau de financement isole, dans un premier tableau, la variation du fonds de roulement et, dans un second, son utilisation. Les deux tableaux vérifient l'équilibre général suivant :

| | |
|---|---|
| **Tableau I** | **Δ Fonds de roulement net global** |
| | **=** |
| **Tableau II** | **Δ Besoin en fonds de roulement** |
| | **+** |
| | **Δ Trésorerie nette** |

## A. Présentation du tableau I

Le tableau I explique la variation du fonds de roulement net global au cours d'une période de référence. Ce tableau explique les variations des emplois stables et des ressources stables. Ces variations sont déterminées à partir du bilan d'ouverture de l'année N et du bilan de clôture de l'année N, avant répartition du résultat.

La construction du tableau va consister :

- d'une part, à calculer les variations de chaque poste du bilan entre le début et la fin de l'exercice ;
- d'autre part, à reclasser ces variations en « flux », soit d'emplois, soit de ressources.

• Toute augmentation d'un poste de l'actif stable ou toute diminution d'un poste de passif stable fera ressortir un « **flux d'emplois** ».

• Toute diminution d'un poste d'actif stable ou toute augmentation d'un poste de passif stable mettra en évidence un « **flux de ressources** ».

### 1. Modèle du tableau I

**Tableau de financement en compte (I)**

| Emplois | Exercice N | Exercice N-1 | Ressources | Exercice N | Exercice N-1 |
|---|---|---|---|---|---|
| Distributions mises en paiement au cours de l'exercice | | | Capacité d'autofinancement de l'exercice | | |
| Acquisitions d'éléments de l'actif immobilisé : | | | Cessions ou réductions d'éléments de l'actif immobilisé : | | |
| Immobilisations incorporelles | | | Cessions d'immobilisations : | | |
| Immobilisations corporelles | | | - incorporelles | | |
| Immobilisations financières | | | - corporelles | | |
| | | | Cessions ou réductions d'immobilisations financières | | |
| Charges à répartir sur plusieurs exercices (a) | | | Augmentation des capitaux propres | | |
| Réduction des capitaux propres | | | Augmentation de capital ou apports | | |
| | | | Augmentation des autres capitaux propres | | |
| Remboursement des dettes financières (b) | | | Augmentation des dettes financières (b) (c) | | |
| **Total des emplois** | | | **Total des ressources** | | |
| *Variation du fonds de roulement net global (ressource nette)* | | | *Variation du fonds de roulement net global (emploi net)* | | |

(a) Montant brut transféré au cours de l'exercice.

(b) Sauf concours bancaires courants et soldes créditeurs de banques.

(c) Hors primes de remboursement des obligations.

### 2. Explications des différents postes

• Les distributions de dividendes sont celles mises en paiement au cours de l'exercice, ces dividendes concernent le résultat de l'année précédente.

• Les acquisitions d'éléments de l'actif immobilisé représentent l'ensemble des investissements réalisés par l'entreprise durant la période considérée. Ces acquisitions résident dans la variation entre le bilan d'ouverture et le bilan de clôture, mais il est préférable de les trouver dans l'annexe (tableau des immobilisations) où les mouvements d'augmentation (acquisitions) et de diminution (cessions) sont bien distingués.

• Les charges à répartir représentent le **montant brut** transféré au cours de l'exercice.

• La réduction des capitaux propres ne concerne que les réductions de capitaux propres se traduisant par des sorties de fonds (flux réel). Les réductions de capital en vue de résorber des pertes ne sont pas des flux.

• Les remboursements de dettes financières excluent les concours bancaires courants et les soldes créditeurs de banque.

• Les cessions d'éléments d'actif immobilisé apparaissent pour leur **prix de cession (compte 775) et non à leur valeur nette comptable**.

• Les augmentations de capital figurent pour leur montant souscrit et appelé (y compris les primes d'émission). Les incorporations de réserves au capital ne produisent aucune ressource nouvelle : elles ne figurent donc pas dans le tableau de financement.

• L'augmentation des autres capitaux propres ne concerne que les subventions d'investissement, qui ont été attribuées à l'entreprise au cours de l'exercice. Pour déterminer le montant brut de la subvention, il faut ajouter la quote-part de subvention virée au compte de résultat au montant net figurant au passif.

• La capacité d'autofinancement représente la ressource dégagée par l'activité de l'entreprise (pour les modalités de calcul, voir le chapitre 8).

• L'augmentation des dettes financières représente l'ensemble des emprunts souscrits pendant l'exercice, à l'exclusion des concours bancaires courants et soldes créditeurs de banque.

• Pour les emprunts obligataires, la ressource est le prix d'émission.

• Si le total des variations de ressources est supérieur au total des variations des emplois, le fonds de roulement de la période étudiée est en augmentation ; cette augmentation viendra s'inscrire dans le tableau du côté des emplois, en « **ressource nette** ».

• Si le total des variations de ressources est inférieur au total des variations des emplois, le fonds de roulement de la période étudiée est en diminution ; cette réduction viendra s'inscrire dans le tableau du côté des ressources, en « **emploi net** ».

## B. Présentation du tableau II des emplois ressources

Le tableau II met en évidence les variations de l'actif circulant, et celles des dettes issues de la gestion courante.

## Tableau de financement en compte (II)

| Variation du fonds de roulement net global | Exercice N Besoins 1 | Dégagement 2 | Solde 2 – 1 |
|---|---|---|---|
| **Variation « Exploitation » :**<br>Variation des actifs d'exploitation :<br>Stocks et en-cours<br>Avances et acomptes versés sur commandes<br>Créances clients, comptes rattachés et autres créances d'exploitation (a)<br>Variation des dettes d'exploitation :<br>Avances et acomptes reçus sur commandes en cours<br>Dettes fournisseurs, comptes rattachés et autres dettes d'exploitation (b) | | | |
| Totaux | | | |
| *A. Variation nette « Exploitation »* (c) | | | |
| **Variation « Hors exploitation »** :<br>Variation des autres débiteurs (a) (d)<br>Variation des autres créditeurs (b) | | | |
| Totaux | | | |
| *B. Variation nette « Hors exploitation »* (c) | | | |
| **TOTAL A + B** :<br>***Besoin de l'exercice en fonds de roulement***<br>***ou***<br>***Dégagement net de fonds de roulement dans l'exercice*** | | | |
| **Variation « Trésorerie »** :<br>Variation des disponibilités<br>Variation des concours bancaires courants et soldes créditeurs de banques | | | |
| Totaux | | | |
| *C. Variation nette « Trésorerie » (c)* | | | |
| **Variation du fonds de roulement net global (Total A + B + C)** :<br>**Emploi net** ..........<br>**ou**<br>**Ressource nette** .......... | | | |

(a) Y compris charges constatées d'avance selon leur affectation à l'exploitation ou non.
(b) Y compris produits constatés d'avance selon leur affectation à l'exploitation ou non.
(c) Les montants sont assortis du signe (+) lorsque les dégagements l'emportent sur les besoins et du signe (–) dans le cas contraire.
(d) Y compris valeurs mobilières de placement.

Les variations sont ventilées en fonction de la nature des éléments : exploitation, hors exploitation et trésorerie.

• La différence entre les deux variations au niveau de l'exploitation fait apparaître soit des besoins en fonds de roulement d'exploitation supplémentaires, soit au contraire une réduction des besoins en fonds de roulement d'exploitation (**solde A**).

• La différence entre les deux variations au niveau du hors exploitation fait apparaître soit des besoins en fonds de roulement hors exploitation supplémentaires, soit au contraire une réduction des besoins en fonds de roulement hors exploitation (**solde B**).

• La différence entre les variations de trésorerie d'actif et de passif donne la variation nette de trésorerie (**solde C**).

Les différentes variations sont obtenues par comparaison des **valeurs brutes** des postes concernés.

• Les besoins de financement correspondent soit :

- à des variations positives de l'actif, c'est-à-dire à des emplois ;
- à des variations négatives du passif, c'est-à-dire à une diminution des ressources, équivalente à une augmentation d'un besoin.

• Les ressources de financement, ou dégagements de financement, correspondent soit :

- à des variations positives du passif, donc à de nouvelles ressources de financement ;
- à des variations négatives de l'actif, à une diminution d'emplois donc une ressource.

Les soldes A, B, et C sont affectés par convention d'un signe + lorsqu'ils traduisent un dégagement net, d'un signe – lorsqu'ils traduisent un besoin net.

La somme (A + B + C) des soldes obtenus détermine la variation du fonds de roulement net global, d'après la relation :

**F.R.N.G.** = **B.F.R.E.** + **B.F.R.H.E.** + **T.N.**

C'est un emploi net quand le signe est négatif ou une ressource nette quand le signe est positif.

Le montant de cette variation est égal à celui obtenu dans le tableau I, mais le signe est de sens contraire, car on explique comment la variation mise en évidence dans le tableau I a été utilisée. Ainsi, par exemple, une variation positive du fonds de roulement net global (F.R.N.G.), qui représente une ressource nette au tableau I, fait l'objet d'un emploi net de même montant au tableau II, car ce F.R.N.G. a été utilisé ou « employé » pour financer les différents besoins provenant de l'actif.

### Règles d'évaluation

• Les stocks et les créances sont retenus pour leur valeur brute.

• Les charges constatées d'avance et produits constatés d'avance sont classés dans les éléments d'exploitation, sauf informations contraires dans l'annexe.

• Les valeurs mobilières de placement ne sont pas considérées comme de la trésorerie, mais comme des créances hors exploitation.
• Les éléments hors exploitation regroupent également les dettes consécutives à des investissements (fournisseurs d'immobilisations), les dettes et créances d'impôt sur les bénéfices.

*Remarques :*
1. La classification des postes reprend exactement celle utilisée par la présentation du bilan fonctionnel.
2. Lorsque l'on ne dispose que du bilan de clôture de l'exercice N, avec simple référence à l'actif des valeurs nettes à la clôture de l'exercice N – 1, il devient indispensable d'utiliser le tableau de l'annexe concernant les provisions pour retrouver le montant brut des stocks, des créances ou encore des valeurs mobilières de placement à l'ouverture de l'exercice N.

## 2. Interprétation du tableau de financement

Le tableau de financement, document important pour l'analyste financier, a été rendu obligatoire par la loi du 1er mars 1984 relative à la prévention et au règlement amiable des difficultés des entreprises. Cette obligation concerne : les entreprises qui ont un effectif égal ou supérieur à 100 salariés ; un chiffre d'affaires égal ou supérieur à 40 millions de francs ; celles adhérant à un centre de gestion agréé.

### A. Tableau I

*A posteriori*, ce tableau explique comment les ressources de l'exercice ont permis de faire face aux besoins. Il permet ainsi d'apprécier les politiques d'investissement et de désinvestissement, de distribution ou d'autofinancement, d'endettement ou de remboursement.

Le solde du tableau I donne la variation du fonds de roulement net global. Si cette variation roulement net est positive, elle traduit une amélioration de la structure financière de l'entreprise, dans le cas contraire, une détérioration.

### B. Tableau II

Le tableau II permet de dégager trois variations significatives :
• La variation du besoin en fonds de roulement d'exploitation. Dans le cas d'une augmentation importante de B.F.R.E., le tableau permet de déceler les composantes problématiques et facilite la mise en œuvre de décisions correctives.
• La variation du besoin en fonds de roulement hors exploitation.
• La variation de la trésorerie. Elle n'est que la conséquence des variations du fonds de roulement et du besoin en fonds de roulement. Par exemple, si le besoin en fonds de roulement a moins augmenté que le fonds de roulement, la trésorerie se sera améliorée par augmentation des disponibilités et/ou par diminution des concours bancaires courants.

# Énoncés des exercices

**9.1** Suite du cas S.A. BIALANA (exercice **7.1**).

À partir des informations contenues dans l'exercice **7.1** et de la suite de la liasse fiscale de l'exercice N et N – 1 de la société BIALANA (annexes 6, 7).

Informations complémentaires :

• Une double augmentation de capital est intervenue en N :
- par incorporation de réserves ;
- par émission d'actions nouvelles en numéraire.

• Une seule cession d'immobilisation corporelle a été effectuée en N. Il s'agit d'une installation spécifique, d'une valeur d'entrée de 450 000 € H.T., amortie de 360 000 € et cédée 75 000 € H.T.
Le retraitement du crédit-bail et des effets escomptés n'est pas demandé.

**1 ▶** Calculer la capacité d'autofinancement pour l'année N.

**2 ▶** Établir le tableau de financement du P.C.G. pour l'année N (tableaux I et II).

# Annexe 6 :

cerfa N° 10169*01

(5) **IMMOBILISATIONS**

D.G.I. N° 2054 (1999) 9

Formulaire obligatoire (article 53 A du Code général des impôts)

Désignation de l'entreprise : S.A. BIALANA — Année N

*1er EXEMPLAIRE DESTINÉ À L'ADMINISTRATION*

| | CADRE A — IMMOBILISATIONS | | Valeur brute des immobilisations au début de l'exercice (1) | | Augmentations : Consécutives à une réévaluation pratiquée au cours de l'exercice ou résultant d'une mise en équivalence (2) | | Augmentations : Acquisitions, créations, apports et virements de poste à poste (3) |
|---|---|---|---|---|---|---|---|
| INCORP. | Frais d'établissement, de recherche et de développement TOTAL I | KA | | KB | | KC | |
| INCORP. | Autres postes d'immobilisations incorporelles TOTAL II | KD | 107 850 | KE | | KF | 9 000 |
| CORPORELLES | Terrains | KG | | KH | | KI | |
| CORPORELLES | Constructions — Sur sol propre | KJ | | KK | | KL | |
| CORPORELLES | Constructions — Sur sol d'autrui | KM | 600 000 | KN | | KO | 100 000 |
| CORPORELLES | Constructions — Installations générales, agencements et aménagements des constructions* | KP | | KQ | | KR | |
| CORPORELLES | Installations techniques, matériel et outillage industriels | KS | 378 788 | KT | | KU | |
| CORPORELLES | Autres immobilisations corporelles — Installations générales, agencements, aménagements divers* | KV | 2 768 505 | KW | | KX | |
| CORPORELLES | Autres immobilisations corporelles — Matériel de transport* | KY | 164 675 | KZ | | LA | |
| CORPORELLES | Autres immobilisations corporelles — Matériel de bureau et informatique, mobilier | LB | 436 003 | LC | | LD | 140 502 |
| CORPORELLES | Autres immobilisations corporelles — Emballages récupérables et divers* | LE | | LF | | LG | |
| CORPORELLES | Immobilisations corporelles en cours | LH | 100 000 | LI | | LJ | |
| CORPORELLES | Avances et acomptes | LK | | LL | | LM | |
| CORPORELLES | TOTAL III | LN | 4 447 971 | LO | | LP | 249 502 |
| FINANCIÈRES | Participations évaluées par mise en équivalence | 8G | | 8M | | 8T | |
| FINANCIÈRES | Autres participations | 8U | | 8V | | 8W | |
| FINANCIÈRES | Autres titres immobilisés | 1P | 60 650 | 1R | | 1S | 40 000 |
| FINANCIÈRES | Prêts et autres immobilisations financières | 1T | 64 733 | 1U | | 1V | |
| FINANCIÈRES | TOTAL IV | LQ | 125 383 | LR | | LS | |
| | TOTAL GÉNÉRAL (I + II + III + IV) | ØG | 4 681 204 | ØH | | ØJ | 289 502 |

| | CADRE B — IMMOBILISATIONS | Diminutions : par virements de poste à poste (1) | | Diminutions : par cessions à des tiers ou mises hors service ou résultant d'une mise en équivalence (2) | | Valeur brute des immobilisations à la fin de l'exercice (3) | | Réévaluation légale* ou évaluation par mise en équivalence — Valeur d'origine des immobilisations en fin d'exercice (4) |
|---|---|---|---|---|---|---|---|---|
| INCORP. | Frais d'établissement, de recherche et de développement TOTAL I | | LT | | LU | | 1W | |
| INCORP. | Autres postes d'immobilisations incorporelles TOTAL II | | LV | | LW | 116 850 | 1X | |
| CORPORELLES | Terrains | | LX | | LY | | LZ | |
| CORPORELLES | Constructions — Sur sol propre | | MA | | MB | | MC | |
| CORPORELLES | Constructions — Sur sol d'autrui | | MD | | ME | 700 000 | MF | |
| CORPORELLES | Constructions — Inst. gales, agencts et am. des constructions* | | MG | | MH | | MI | |
| CORPORELLES | Installations techniques, matériel et outillage industriels | | MJ | | MK | 378 788 | ML | |
| CORPORELLES | Autres immobilisations corporelles — Inst. gales., agencts, aménagements divers* | | MM | 450 000 | MN | 2 318 505 | MO | |
| CORPORELLES | Autres immobilisations corporelles — Matériel de transport* | | MP | | MQ | 164 675 | MR | |
| CORPORELLES | Autres immobilisations corporelles — Matériel de bureau et informatique, mobilier | | MS | | MT | 576 505 | MU | |
| CORPORELLES | Autres immobilisations corporelles — Emballages récupérables et divers* | | MV | | MW | | MX | |
| CORPORELLES | Immobilisations corporelles en cours (MY) | 100 000 | MZ | | NA | | NB | |
| CORPORELLES | Avances et acomptes (NC) | | ND | | NE | | NF | |
| CORPORELLES | TOTAL III | 100 000 | NG | 450 000 | NH | 4 138 473 | NI | |
| FINANCIÈRES | Participations évaluées par mise en équivalence | | ØU | | ØV | | ØW | |
| FINANCIÈRES | Autres participations | | ØX | | ØY | | ØZ | |
| FINANCIÈRES | Autres titres immobilisés | | 2B | | 2C | 100 650 | 2D | |
| FINANCIÈRES | Prêts et autres immobilisations financières | | 2E | | 2F | 64 733 | 2G | |
| FINANCIÈRES | TOTAL IV | | NJ | | NK | 165 383 | 2H | |
| | TOTAL GÉNÉRAL (I + II + III + IV) | 100 000 | ØK | 450 000 | ØL | 4 420 706 | ØM | |

* Des explications concernant cette rubrique sont données dans la notice n° 2032

## Annexe 7 :

cerfa N° 10149*01 — Formulaire obligatoire (article 53 A du Code général des impôts)

⑦ **PROVISIONS INSCRITES AU BILAN** — D.G.I. N° 2056 (1999) — 9

Désignation de l'entreprise : S.A. BIALANA — Année N

(Ne pas reporter le montant des cents)*

1er EXEMPLAIRE DESTINÉ À L'ADMINISTRATION

| | Nature des provisions | | Montant au début de l'exercice 1 | | AUGMENTATIONS : Dotations de l'exercice 2 | | DIMINUTIONS : Reprises de l'exercice 3 | | Montant à la fin de l'exercice* 4 |
|---|---|---|---|---|---|---|---|---|---|
| Provisions réglementées | Provisions pour reconstitution des gisements miniers et pétroliers | 3T | | TA | | TB | | TC | |
| | Provisions pour investissement (1) | 3U | | TD | | TE | | TF | |
| | Provisions pour hausse des prix (2) | 3V | | TG | | TH | | TI | |
| | Provisions pour fluctuation des cours | 3W | | TJ | | TK | | TL | |
| | Amortissements dérogatoires | 3X | | TM | | TN | | TO | |
| | Provisions fiscales pour implantations à l'étranger constituées avant le 1.1.1992 | IA | | IB | | IC | | ID | |
| | Provisions fiscales pour implantations à l'étranger constituées après le 1.1.1992 | IE | | IF | | IG | | IH | |
| | Provisions pour prêts d'installation (3) | IJ | | IK | | IL | | IM | |
| | Autres provisions réglementées (4) | 3Y | | TP | | TQ | | TR | |
| | TOTAL I | 3Z | | TS | | TT | | TU | |
| Provisions pour risques et charges | Provisions pour litiges | 4A | 50 000 | 4B | 120 000 | 4C | 50 000 | 4D | 120 000 |
| | Provisions pour garanties données aux clients | 4E | | 4F | | 4G | | 4H | |
| | Provisions pour pertes sur marchés à terme | 4J | | 4K | | 4L | | 4M | |
| | Provisions pour amendes et pénalités | 4N | | 4P | | 4R | | 4S | |
| | Provisions pour pertes de change | 4T | | 4U | | 4V | | 4W | |
| | Provisions pour pensions et obligations similaires | 4X | | 4Y | | 4Z | | 5A | |
| | Provisions pour impôts (4) | 5B | | 5C | | 5D | | 5E | |
| | Provisions pour renouvellement des immobilisations | 5F | | 5H | | 5J | | 5K | |
| | Provisions pour grosses réparations | 5L | | 5M | | 5N | | 5P | |
| | Provisions pour charges sociales et fiscales sur congés à payer* | 5R | | 5S | | 5T | | 5U | |
| | Autres provisions pour risques et charges (4) | 5V | | 5W | | 5X | | 5Y | |
| | TOTAL II | 5Z | 50 000 | TV | 120 000 | TW | 50 000 | TX | 120 000 |
| Provisions pour dépréciation | sur immobilisations - incorporelles | 6A | | 6B | | 6C | | 6D | |
| | sur immobilisations - corporelles | 6E | | 6F | | 6G | | 6H | |
| | sur immobilisations - titres mis en équivalence | Ø2 | | Ø3 | | Ø4 | | Ø5 | |
| | sur immobilisations - titres de participation | 9U | | 9V | | 9W | | 9X | |
| | sur immobilisations - autres immobilisations financières (4)* | Ø6 | 13 000 | Ø7 | | Ø8 | | Ø9 | 13 000 |
| | Sur stocks et en cours | 6N | 287 000 | 6P | | 6R | 287 000 | 6S | 0 |
| | Sur comptes clients | 6T | 226 331 | 6U | 105 390 | 6V | 180 602 | 6W | 151 119 |
| | Autres provisions pour dépréciation (4)* | 6X | 25 000 | 6Y | | 6Z | | 7A | 25 000 |
| | TOTAL III | 7B | 551 331 | TY | 105 390 | TZ | 467 602 | UA | 189 119 |
| | TOTAL GÉNÉRAL (I + II + III) | 7C | 601 331 | UB | 225 390 | UC | 517 602 | UD | 309 119 |
| | Dont dotations et reprises - d'exploitation | | | UE | 105 390 | UF | 467 602 | | |
| | Dont dotations et reprises - financières | | | UG | | UH | | | |
| | Dont dotations et reprises - exceptionnelles | | | UJ | 120 000 | UK | 50 000 | | |

Titres mis en équivalence : montant de la dépréciation à la clôture de l'exercice calculée selon les règles prévues à l'article 39-1-5[e] du C.G.I. — 10

(1) provisions réservées aux entreprises faisant participer leurs salariés aux résultats de l'entreprise (ordonnance n° 86-1134 du 21 octobre 1986)
(2) à détailler sur feuillet séparé selon l'année de constitution de la provision.
(3) provisions relevant de l'article 39 quinquies H du C.G.I.
(4) à détailler sur feuillet séparé selon l'objet des provisions.

NOTA : Les charges à payer ne doivent pas être mentionnées sur ce tableau mais être ventilées sur l'état détaillé des charges à payer dont la production est prévue par l'article 38 II de l'annexe III au C.G.I.

*Des explications concernant cette rubrique sont données dans la notice n° 2032

# Corrigés des exercices

**9.1** 1 ▶ **Calcul de la capacité d'autofinancement** :

En l'absence de compte de résultat, le calcul de la capacité d'autofinancement se fera à partir du résultat net.

• Dotations aux amortissements des immobilisations. *Le calcul peut se faire à partir des colonnes amortissements des bilans des années N et N – 1.*

| | |
|---|---|
| - Concessions, brevets et droits similaires : | 94 422 – 68 130 = 26 292 |
| - Constructions : | 170 000 – 100 000 = 70 000 |
| - Installations techniques : | 346 426 – 327 351 = 19 075 |
| - Autres immobilisations : | 2 779 953 + 360 000 – 3 042 419 = 97 534 |

↑ **Diminution des amortissements de l'installation cédée** (360 000)

**Dotations aux amortissements de l'année N : 212 901**

• Dotations aux provisions : (d'après annexe 7, page 87)

- Exploitation : 105 390
- Exceptionnelles : 120 000

• Reprises sur amortissements et provisions : (annexe 7, page 87)

- Exploitation : 467 602
- Exceptionnelles : 50 000

• Calcul de la capacité d'autofinancement de l'année N :

**212 901 + 105 390 + 120 000** → 438 291

| | Année N |
|---|---|
| **Résultat net de l'exercice** | 2 502 254 |
| + Dotations aux amortissements et aux provisions | 438 291 |
| – Reprises sur amortissements et provisions | 517 602 |
| – Produits des cessions d'éléments d'actif | 75 000 |
| + Valeur comptable des éléments immobilisés et financiers cédés (450 000 – 360 000) | 90 000 |
| **= capacité d'autofinancement de l'exercice** | **2 437 943** |

2 ▶ **Tableau de financement** :

*Explications des sommes portées dans le tableau I.*

• Immobilisations incorporelles : 9 000 (annexe 6, page 86)

• Immobilisations corporelles : 140 502

*Les immobilisations corporelles en cours de l'année N – 1, et terminées en N (100 000) ont été incorporées dans les augmentations du poste Constructions. Le tableau de financement ne doit enregistrer que les flux relatifs à l'exercice N ; par conséquent, cette augmentation ne doit pas être prise en compte, car elle ne représente pas un flux.*

• Remboursement des dettes financières : d'après annexe 5, page 64.

• Augmentation de capital : *seule l'augmentation en numéraire doit être prise en compte et pour la partie appelée.*

Capital social en N : 2 000 000 + 540 000 = 2 540 000 €

Capital social en N – 1 : 1 200 000 €

Augmentation : 1 340 000 €.

Cette augmentation se décompose de la façon suivante :

- Incorporation de réserves : 654 000 – 154 000 = 500 000 €.
- Augmentation en numéraire : 1 340 000 – 500 000 = 840 000 €.

• Augmentation des dettes financières : 252 352 (*cf.* annexe p. 64).

Tableau I **Tableau de financement en compte (I)**

| Emplois | Exercice N | Ressources | Exercice N |
|---|---|---|---|
| Distributions mises en paiement au cours de l'exercice | 0 | Capacité d'autofinancement de l'exercice | 2 437 943 |
| Acquisitions d'éléments de l'actif immobilisé : | | Cessions ou réductions d'éléments de l'actif immobilisé : | |
| Immobilisations incorporelles | 9 000 | Cessions d'immobilisations : | |
| Immobilisations corporelles | 140 502 | - incorporelles | |
| Immobilisations financières | 40 000 | - corporelles | 75 000 |
| | | Cessions ou réductions d'immobilisations financières | 0 |
| Charges à répartir sur plusieurs exercices (a) | | Augmentation des capitaux propres | |
| Réduction des capitaux propres | | Augmentation de capital ou apports | 840 000 |
| | | Augmentation des autres capitaux propres | |
| Remboursement des dettes financières (b) | 1 732 385 | Augmentation des dettes financières (b) (c) | 252 352 |
| **Total des emplois** | **1 921 887** | **Total des ressources** | **3 605 295** |
| *Variation du fonds de roulement net global (ressource nette)* | *1 683 408* | *Variation du fonds de roulement net global (emploi net)* | |

(a) Montant brut transféré au cours de l'exercice.
(b) Sauf concours bancaires courants et soldes créditeurs de banques.
(c) Hors primes de remboursement des obligations.

Tableau de financement II.

Le tableau II se construit aisément à partir du bilan fonctionnel.

**Tableau de financement en compte (II)**

| Variation du fonds de roulement net global | Exercice N | | |
|---|---|---|---|
| | Besoins 1 | Dégagement 2 | Solde 2 – 1 |
| **Variation « Exploitation » :** | | | |
| Variation des actifs d'exploitation : | | | |
| Stocks et en-cours | 1 131 337 | | |
| Avances et acomptes versés sur commandes | 15 934 | 0 | |
| Créances clients, comptes rattachés et autres créances d'exploitation (a) | 357 609 | | |
| Variation des dettes d'exploitation : | | | |
| Avances et acomptes reçus sur commandes en cours | | 68 301 | |
| Dettes fournisseurs, comptes rattachés et autres dettes d'exploitation (b) | 0 | 599 362 | |
| Totaux | 1 575 400 | 667 663 | |
| *A. Variation nette « Exploitation »* (c) | | | –837 217 |
| **Variation « Hors exploitation »** : | | | |
| Variation des autres débiteurs (a) (d) | 903 372 | 0 | |
| Variation des autres créditeurs (b) | | 330 250 | |
| Totaux | 903 372 | 330 250 | |
| *B. Variation nette « Hors exploitation »* (c) | | | –573 122 |
| **TOTAL A + B** : ***Besoin de l'exercice en fonds de roulement ou Dégagement net de fonds de roulement dans l'exercice*** | | | –1 410 339 |
| **Variation « Trésorerie »** : | | | |
| Variation des disponibilités | 215 303 | 0 | |
| Variation des concours bancaires courants et soldes créditeurs de banques | 57 766 | | |
| Totaux | 273 069 | 0 | |
| *C. Variation nette « Trésorerie » (c)* | | | – 273 069 |
| **Variation du fonds de roulement net global (Total A + B + C)** : **Emploi net** ........ **ou** **Ressource nette** ........ | | | 1 683 408 |

(a) Y compris charges constatées d'avance selon leur affectation à l'exploitation ou non.
(b) Y compris produits constatés d'avance selon leur affectation à l'exploitation ou non.
(c) Les montants sont assortis du signe (+) lorsque les dégagements l'emportent sur les besoins et du signe (–) dans le cas contraire.
(d) Y compris valeurs mobilières de placement.

# 10

# La création d'entreprise

La création d'entreprise n'est pas chose aisée et de nombreuses étapes et démarches sont nécessaires avant d'envisager la création pratique de l'entreprise (on pourra notamment consulter le site **www.apce.com** – agence pour la création d'entreprises – qui fournit une mine d'informations utiles).

## 1. Définition

Une fois la faisabilité du projet établie, les futurs associés ou actionnaires vont devoir créer juridiquement la société. La constitution regroupe l'ensemble du processus à suivre. Cela passe principalement par la rédaction et la signature du contrat de société (ou statuts) et certaines formalités de publicité légale.

D'un point de vue comptable, la constitution suit plusieurs étapes :

- La promesse d'apport : les associés ou actionnaires s'engagent à verser leurs apports en échange desquels ils obtiendront des parts ou des actions.
- La réalisation des apports ou libération du capital : les associés ou actionnaires versent à la société les apports pour lesquels ils s'étaient engagés. La libération peut être intégrale ou peut se faire à différents moments dans le temps selon le type de sociétés et d'apports.

## 2. Les apports

Les apports sont les biens ou le numéraire que chaque associé s'engage à apporter à la société.

***Exemple :***

Le 01/08/N, M. Malavoix, entrepreneur individuel, procède, avec six autres actionnaires, à la constitution de la S.A. LEROUX. Cette société dispose d'un capital de 850 000 € (4 250 actions de 200 €).

M. Malavoix apporte son entreprise individuelle dont voici le bilan au 31/07/N (en k€) :

| ACTIF | | PASSIF | |
|---|---|---|---|
| **Postes** | **Net** | **Postes** | |
| Immobilisations | 220 | Capital | 150 |
| Stocks | 45 | Emprunt | 120 |
| Créances clients | 105 | Fournisseurs | 115 |
| Banque | 15 | | |
| **Total** | **385** | **Total** | **385** |

*Remarque :* les immobilisations ont été évaluées à 290 k€.
Trois actionnaires apportent chacun 80 k€ ; les trois autres la différence.
Évaluation des apports
Lors de la constitution, il y a nomination d'un commissaire aux apports chargé de leur évaluation. Sauf autres précisions, la valeur retenue est le net au bilan. Ainsi, pour M. Malavoix, la valeur de son apport est la suivante :
290 + 45 + 105 + 15 soit 455, mais ses dettes sont de 120 + 115 soit 235.
Son apport net est de : 455 – 235 = 220 k€.

Qui sera rémunéré par $\frac{220\ 000}{200} = 1\ 100$ actions.

Les apports en espèces des six actionnaires sont qualifiés d'apports en numéraire.
L'apport de M. Malavoix est dit « en nature » car il comporte principalement des biens autres que du numéraire.
Les autres actionnaires se partagent les 4 250 – 1 100 = 3 150 actions restantes :

3 actionnaires détiennent $\frac{80\ 000}{200} = 400$ actions,

les 3 autres se partagent les 3 150 – 1 200 = 1 950 actions, soit 650 actions chacun.

Les frais de constitution : la facture correspondant à l'ensemble des frais (frais de notaire, droits d'enregistrement) doit être immobilisée et portée dans le compte 201 Frais d'établissement ou une de ses subdivisions. Parmi ces frais, certains sont soumis à T.V.A. (honoraires de notaire), d'autres pas (droits d'enregistrement). Il est donc normal que le montant de la T.V.A. ne représente pas 19,6 % du montant des frais.

## 3. Déroulement des opérations

Les règles ont été modifiées par la loi du 15/05/2001.

### A. Dans la S.N.C.

La date de libération des apports est fixée dans les statuts.

### B. Dans la S.A.R.L.

• Les apports en nature sont libérés immédiatement.

• Les apports en numéraire doivent être libérés au minimum d'un cinquième, le reste étant libéré dans les 5 ans.

### C. Dans la S.A.

• Les apports en nature sont libérés intégralement à la constitution.

• Les apports en numéraire sont libérés d'au moins la moitié lors de la constitution, le reste devant être réalisé dans un délai de 5 ans (selon un calendrier fixé par les statuts).

### D. Dans la S.A.S.

• Les apports en nature sont libérés intégralement à la constitution.

• Les apports en numéraire sont libérés au minimum de la moitié (le solde dans les 5 ans).

***Suite de l'exemple :***

Le numéraire est libéré du minimum légal, le versement aura lieu un mois après la constitution. Le reste est libéré par quart tous les 6 mois.

Comptabilisation :

| | | | |
|---|---|---|---|
| | 01/08/N | | |
| 45611 | Actionnaires, apports en nature | 220 000 | |
| 45615 | Actionnaires, apports en numéraire | 315 000 | |
| 1012 | Capital, appelé, non versé | | 535 000 |
| | *D'après statuts* | | |
| | 01/08/N | | |
| 109 | Actionnaires, capital non appelé | 315 000 | |
| 1011 | Capital non appelé | | 315 000 |
| | *D'après statuts* | | |
| | 01/08/N | | |
| 2… | Immobilisations | 290 000 | |
| 3… | Stocks | 45 000 | |
| 411 | Clients | 105 000 | |
| 512 | Banque | 15 000 | |
| 164 | Emprunts auprès des éts. de crédit | | 120 000 |
| 401 | Fournisseurs | | 115 000 |
| 45611 | Actionnaires, apports en nature | | 220 000 |
| | *Apports en nature* | | |
| | 01/09/N | | |
| 512 | Banque | 315 000 | |
| 45615 | Actionnaires, apports en numéraire | | 315 000 |
| | *Libération des apports en numéraire* | | |

| | | | |
|---|---|---|---|
| | 01/09/N | | |
| 1012 | Capital, appelé, non versé | 535 000 | |
| 1013 | Capital, appelé, versé | | 535 000 |
| | *Virement du capital versé* | | |
| | 01/02/N + 1 | | |
| 45621 | Actionnaires, capital, appelé, non versé | 107 500 | |
| 109 | Actionnaires, capital non appelé | | 107 500 |
| | *Appel troisième quart* | | |
| | 01/03/N + 1 | | |
| 1011 | Capital non appelé | 107 500 | |
| 1012 | Capital, appelé, non versé | | 107 500 |
| | *Appel troisième quart* | | |
| | 01/03/N + 1 | | |
| 512 | Banque | 107 500 | |
| 45621 | Actionnaires, capital, appelé, non versé | | 107 500 |
| | *Versement troisième quart* | | |
| | 01/03/N + 1 | | |
| 1012 | Capital, appelé, non versé | 107 500 | |
| 1013 | Capital, appelé, versé | | 107 500 |
| | *Virement du capital versé* | | |
| | 01/08/N + 1 | | |
| 45621 | Actionnaires, capital, appelé, non versé | 107 500 | |
| 109 | Actionnaires, capital non appelé | | 107 500 |
| | *Appel quatrième quart* | | |
| | 01/08/N + 1 | | |
| 1011 | Capital non appelé | 107 500 | |
| 1012 | Capital, appelé, non versé | | 107 500 |
| | *Appel quatrième quart* | | |
| | 01/09/N + 1 | | |
| 512 | Banque | 107 500 | |
| 45621 | Actionnaires, capital, appelé, non versé | | 107 500 |
| | *Versement quatrième quart* | | |
| | 01/09/N + 1 | | |
| 1012 | Capital, appelé, non versé | 107 500 | |
| 1013 | Capital, appelé, versé | | 107 500 |
| | *Virement du capital versé* | | |

Le compte 1013, Capital, appelé,versé est, au 01/09/N+1, créditeur de 850 000, montant total du capital.

# Énoncés des exercices

**10.1** Le capital de la S.A.R.L. AU BON ACCUEIL, constituée le 20/04/N, est de 600 000 €, divisée en parts de 1 000 €.
Madame Huet, qui détenait une petite auberge au bord de l'Oise, apporte les locaux et quelques matériels. Madame Huet ayant cessé son activité depuis quelques mois, le commissaire aux apports a estimé les locaux à 260 000 € et le matériel à 2 000 €.
Monsieur Hulot, jeune cuisinier talentueux, ne peut investir que 30 000 € tout de suite. Il espère pouvoir disposer de la même somme dans un an. Il demande à des membres de sa famille de l'aider à créer cette entreprise.

**1 ▶** Si les apports en numéraire ne sont libérés que du minimum légal, quelle somme doit demander Monsieur Hulot à sa famille ?

**2 ▶** Monsieur Hulot pourra-t-il gérer la société ?

**3 ▶** Présenter les écritures de constitution, la réalisation des apports aura lieu le 15/05/N.

**4 ▶** Présenter le bilan d'ouverture au 15/05/N.

**10.2** La S.A. THOROY a été créée le 01/05/N. À la création, le capital a été souscrit comme suit :
– Zoé : 35 % ;
– Alain : 25 % ;
– Le reste étant réparti également entre 8 actionnaires.
Le capital a été libéré du minimum légal lors de la constitution, le reste étant libéré par quart tous les 6 mois. Tous les apports ont été faits en numéraires.

Au 31/12/N, on vous donne un extrait de la balance avant inventaire :

| N° de compte | Intitulé | Total débit | Total crédit |
|---|---|---|---|
| 1011 | Capital non appelé | 200 000 | 400 000 |
| 1012 | Capital, appelé, non versé | 600 000 | 600 000 |
| 1013 | Capital, appelé,versé | | 600 000 |
| 109 | Actionnaires, capital non appelé | 400 000 | 200 000 |
| 45615 | Actionnaires, apports en numéraire | 400 000 | 400 000 |
| 45621 | Actionnaires, capital appelé non versé | 200 000 | 200 000 |

**1 ▶** Quelles sont les écritures comptables comptabilisées en N relatives à la création de l'entreprise ?

**2 ▶** Quel est le montant du capital ?

**3 ▶** La valeur nominale de l'action est de 500 €. Combien d'actions détiennent chacun des actionnaires ?

**4 ▶** Aurait-on pu avoir un nombre d'actionnaires moins important ?

**10.3** Le 01/01/N, la société S.A. Top est créée. Son capital est de 480 000 € (4 800 actions de 100 €).
M. Gallot a apporté son entreprise dont le bilan simplifié vous est communiqué en annexe (le commissaire aux apports a confirmé les valeurs portées au bilan sauf pour les stocks). Il a reçu 2 100 actions de la société Top en échange de cet apport.
Six autres actionnaires ont apporté du numéraire.
Le capital a été entièrement libéré à la constitution. La réalisation des apports a eu lieu le 25/01/N. Les frais de constitution se sont élevés à 5 600 €, (dont 426 € de T.V.A.) réglés par chèque le 28/01/N.

**1 ▶** À quelle valeur ont été repris les stocks figurant au bilan de l'entreprise Gallot ?

**2 ▶** Enregistrer les écritures de constitution.

**3 ▶** Quelles sont les différentes possibilités pour comptabiliser la facture du notaire ?

**4 ▶** Lors des travaux d'inventaire doit-on régulariser certains comptes relatifs à ces opérations ?

Annexe

Bilan de l'entreprise Gallot au 31/12/N – 1

| | | | |
|---|---|---|---|
| Immobilisations | 320 000 | Capital | 250 000 |
| Stocks | 68 000 | Emprunt | 190 000 |
| Créances | 159 000 | Fournisseurs | 112 000 |
| Disponibilités | 5 000 | | |
| **Total** | **552 000** | **Total** | **552 000** |

# Corrigés des exercices

**10.1** **1 ▶** Les apports en numéraire doivent être libérés d'1/5 à la constitution.

L'apport en numéraire doit être de 600 000 – 262 000 = 338 000 d'ici 5 ans, soit au minimum 67 600 à la constitution. M. Hulot doit donc demander :

67 600 – 30 000 à sa famille, soit 37 600 €.

Les années suivantes (et avant le terme de 5 ans), s'il ne peut lui-même apporter les sommes nécessaires, il aura peut-être à nouveau recours à sa famille.

**2 ▶** L'associé n'est pas nécessairement l'actionnaire majoritaire dans une S.A.R.L.

**3 ▶** Écritures de constitution :

| | | | |
|---|---|---|---|
| | 20/04/N | | |
| 45611 | Associés, apports en nature | 262 000 | |
| 45615 | Associés, apports en numéraire | 67 600 | |
| 1012 | Capital, appelé, non versé | | 329 600 |
| | *D'après statuts* | | |
| | 20/04/N | | |
| 109 | Associés, capital non appelé | 270 400 | |
| 1011 | Capital non appelé | | 270 400 |
| | *Fraction libérée ultérieurement* | | |
| | 15/05/N | | |
| 213 | Constructions | 260 000 | |
| 215 | Matériel | 2 000 | |
| 45611 | Associés, apports en nature | | 262 000 |
| | *Réalisation des apports en nature* | | |
| | 15/05/N | | |
| 512 | Banque | 67 600 | |
| 45615 | Associés, apports en numéraire | | 67 600 |
| | *Réalisation des apports en numéraire* | | |
| | 15/05/N | | |
| 1012 | Capital, appelé, non versé | 329 600 | |
| 1013 | Capital, appelé, versé | | 329 600 |
| | *Virement des apports au compte 1013* | | |

**4 ▶** Bilan d'ouverture au 15/05/N :

| Postes | Net | Postes | Net |
|---|---|---|---|
| Capital non appelé | 270 400 | Capital | 600 000 |
| Constructions | 260 000 | | |
| Matériel | 2 000 | | |
| Banque | 67 600 | | |
| **Total** | **600 000** | **Total** | **600 000** |

**10.2** **1 ▶** Écritures :

| Compte débit | Compte crédit | Libellé | Débit | Crédit |
|---|---|---|---|---|
| | | 01/05/N | | |
| 45615 | | Actionnaires, apports en numéraire | 400 000 | |
| | 1012 | Capital, appelé, non versé | | 400 000 |
| | | *D'après statuts* | | |
| | | 01/05/N | | |
| 109 | | Actionnaires, capital non appelé | 400 000 | |
| | 1011 | Capital non appelé | | 400 000 |
| | | *D'après statuts* | | |
| | | 01/06/N | | |
| 512 | | Banque | 400 000 | |
| | 45615 | Actionnaires, apports en numéraire | | 400 000 |
| | | *Libération des apports en numéraire* | | |
| | | 01/06/N | | |
| 1012 | | Capital, appelé, non versé | 400 000 | |
| | 1013 | Capital, appelé, versé | | 400 000 |
| | | *Virement du capital versé* | | |
| | | 01/11/N | | |
| 45621 | | Actionnaires, capital appelé non versé | 200 000 | |
| | 109 | Actionnaires, capital non appelé | | 200 000 |
| | | *Appel troisième quart* | | |
| | | 01/11/N | | |
| 1011 | | Capital non appelé | 200 000 | |
| | 1012 | Capital, appelé, non versé | | 200 000 |
| | | *Appel troisième quart* | | |
| | | 01/12/N | | |
| 512 | | Banque | 200 000 | |
| | 45621 | Actionnaires, capital appelé non versé | | 200 000 |
| | | *Versement du troisième quart* | | |
| | | 01/12/N | | |
| 1012 | | Capital, appelé, non versé | 200 000 | |
| | 1013 | Capital, appelé, versé | | 200 000 |
| | | *Virement du capital versé* | | |

**2 ▶** Montant du capital : fraction appelée à la constitution + fraction non appelée (ces 2 fractions étant ici égales puisqu'il n'y a que des apports en numéraire libérés du minimum légal), soit 800 000 €.

**3 ▶** Capital de 800 000 € divisé en 1 600 actions de 500 €.

Zoé en détient : 35 % × 1 600 = 560 actions ;

Alain possède : 400 actions.

Chacun des 8 autres actionnaires possède $\frac{1\,600 - 960}{8} = 80$ actions.

**4 ▶** Oui, la constitution d'une S.A. nécessite la participation de 7 actionnaires et non pas 10, comme dans ce cas.

**10.3** **1 ▶** M. Gallot a reçu 2 100 parts de 100 € en échange de son apport.
Son apport net est donc de 210 000 €.

Son apport se compose de :

| | | |
|---|---|---|
| Immobilisations | 320 000 | |
| Stock | ? | |
| Créances | 159 000 | = 210 000 ⇒ Stocks = 28 000 |
| Disponibilités | 5 000 | |
| Emprunt | – 190 000 | |
| Fournisseurs | – 112 000 | |

**2 ▶** Écritures

| Compte | Libellé | Débit | Crédit |
|---|---|---|---|
| | 01/01/N | | |
| 45611 | Actionnaires, apports en nature | 210 000 | |
| 45615 | Actionnaires, apports en numéraire | 270 000 | |
| 1012 | Capital, appelé, non versé | | 480 000 |
| | *D'après statuts* | | |
| | 25/01/N | | |
| 2… | Immobilisations | 320 000 | |
| 3… | Stocks | 28 000 | |
| 411 | Clients | 159 000 | |
| 512 | Banque | 5 000 | |
| 164 | Emprunt | | 190 000 |
| 401 | Fournisseurs | | 112 000 |
| 45611 | Actionnaires, apports en nature | | 210 000 |
| | *Apports en nature* | | |
| | 25/01/N | | |
| 512 | Banque | 270 000 | |
| 45615 | Actionnaires, apports en numéraire | | 270 000 |
| | *Libération des apports en numéraire* | | |
| | 28/01/N | | |
| 201 | Frais d'établissement | 5 174 | |
| 44562 | T.V.A. sur immobilisations | 426 | |
| 512 | Banque | | 5 600 |
| | *Virement du capital versé* | | |
| | 01/09/N | | |
| 1012 | Capital, appelé, non versé | 480 000 | |
| 1013 | Capital, appelé, versé | | 480 000 |
| | *Virement du capital versé* | | |

**3 ▶** La facture de frais de notaire peut être comptabilisée en charges ou directement en frais d'établissement.

**4 ▶** Si la facture a été comptabilisée en charges, il faudra activer la charge en utilisant le compte 791 Transfert de charges d'exploitation.
Dans les deux cas, il faudra ensuite amortir les frais d'établissement sur 3 à 5 ans, sans *prorata temporis* la première année (toujours des annuités complètes).

# 11

# L'évaluation des titres

Le problème de l'évaluation se pose lorsque l'entreprise a besoin de financer sa croissance.

Lors de la constitution de la société, les parts ou actions (suivant le type de société) sont émises à une certaine valeur (leur valeur nominale). Lors de l'évolution de la société, la valeur des titres évolue également. Comment ? Tout dépend de l'optique adoptée par celui qui entreprend cette évaluation et de son but.

L'évaluation peut être faite en fonction des bénéfices, en fonction du patrimoine ou en fonction du prix attribué par le marché (capitalisation boursière pour les sociétés cotées).

## 1. Valeurs fonctions des bénéfices

• La valeur financière représente la capitalisation des dividendes à un taux donné.

$$\text{V.F.} = \frac{\text{Dividende}}{i}$$

• La valeur de rendement représente la capitalisation du résultat à un taux donné (elle est indépendante de la politique de distribution des bénéfices).

$$\text{V.R.} = \frac{\text{Résultat par action (ou part)}}{i}$$

**Ces deux valeurs peuvent être calculées avoir fiscal compris ou non compris.**

## 2. Valeurs fonctions du patrimoine

• La valeur mathématique (comptable) représente la part de l'**actif net** revenant à chaque action (actif net = capitaux propres – actifs fictifs).
Sont considérés comme de l'actif fictif les frais d'établissement, les charges à répartir sur plusieurs exercices et les primes de remboursement des obligations.
Pour calculer l'actif net, on retient toujours les **valeurs nettes** portées au bilan.

$$\textbf{V.M.C.} = \frac{\textbf{Actif net comptable}}{\textbf{Nombre d'actions (ou parts)}}$$

Cette valeur peut être calculée coupon attaché ou coupon détaché ; dans le premier cas, le calcul est fait à partir d'un bilan avant affectation du résultat.

$$\textbf{V.M.C. coupon attaché} = \textbf{V.M.C. coupon détaché} + \textbf{Dividende}$$

• La valeur mathématique intrinsèque est une V.M.C. qui tient compte des plus ou moins-values latentes.

$$\textbf{V.M.I.} = \frac{\textbf{Actif net comptable + P.V. et M.V. latentes}}{\textbf{Nombre d'actions (ou parts)}}$$

## 3. Valeur fonction du marché

Les titres des sociétés cotées en Bourse sont évalués tous les jours d'ouverture de la Bourse, en continu, en fonction de l'offre et de la demande.

# Énoncés des exercices

**11.1** La balance par soldes, après répartition des bénéfices, de la S.A.R.L. GAUTHIER au 31/12/N se présente comme suit :

| S.A.R.L. GAUTHIER | | |
|---|---|---|
| | **Soldes débiteurs** | **Soldes créditeurs** |
| Amortissement dérogatoire | | 4 250,00 |
| Amortissement des constructions | | 52 000,00 |
| Amortissement des frais d'établissement | | 19 000,00 |
| Amortissement du matériel de bureau | | 6 352,00 |
| Amortissement du matériel industriel | | 15 896,00 |
| Banque | | 30 884,00 |
| Capital (120 parts) | | 480 000,00 |
| Charges à répartir sur plusieurs exercices | 8 400,00 | |
| Clients | 36 358,00 | |
| Constructions | 560 000,00 | |
| Emprunt auprès d'établissement de crédit | | 112 900,00 |
| Fournisseurs | | 49 500,00 |
| Frais d'établissement | 28 500,00 | |
| Matériel de bureau | 26 580,00 | |
| Matériel industriel | 71 548,00 | |
| Report à nouveau | | 256,00 |
| Réserve légale | | 6 300,00 |
| Réserve statutaire | | 8 940,00 |
| Stocks de marchandises | 54 892,00 | |
| Total | 786 278,00 | 786 278,00 |

▶ Calculer la valeur mathématique de la part GAUTHIER.

**11.2** Le bilan simplifié de la société VEDORY se présente ainsi après répartition :

| Actif | Brut | Amort/Prov | Net | Passif | Net |
|---|---|---|---|---|---|
| Capital souscrit non appelé | 750 000 | | 750 000 | Capital (dont versé 4 250 000) | 5 000 000 |
| Frais d'établissement | 32 000 | 24 000 | 8 000 | Réserves | 312 000 |
| Immobilisations corporelles | 6 523 000 | 1 238 000 | 5 285 000 | Dettes financières | 1 582 000 |
| Actif circulant | 3 212 000 | 34 000 | 3 178 000 | Autres dettes | 2 345 000 |
| Disponibilités | 18 000 | | 18 000 | | |
| Total actif | 10 535 000 | 1 296 000 | 9 239 000 | Total passif | 9 239 000 |

Le capital se compose de 25 000 actions dont 10 000 actions d'apport et 15 000 actions libérées de 75 %. Toutes les actions ont la même valeur nominale.

▶ Calculer la valeur mathématique de l'action d'apport et celle de l'action en numéraire.

**11.3** Au 31/12/N, le bilan de la S.A. MICHEL se présente ainsi :

| Actif | Brut | Amort/Prov | Net | Passif | Net |
|---|---|---|---|---|---|
| Capital souscrit non appelé | 2 000 000 | | 2 000 000 | Capital (dont versé 6 000 000) | 8 000 000 |
| Frais d'établissement | 150 000 | 120 000 | 30 000 | Réserve légale | 395 000 |
| Fonds commercial | 260 000 | | 260 000 | Autres réserves | 1 723 000 |
| Constructions | 6 523 000 | 1 238 000 | 5 285 000 | Report à nouveau | 31 000 |
| Matériel industriel | 2 369 000 | 698 000 | 1 671 000 | Résultat de l'exercice | 158 000 |
| Matériel de transport | 284 000 | 36 000 | 248 000 | **Total I** | **10 307 000** |
| Matériel de bureau et mat. informatique | 332 000 | 85 000 | 247 000 | Provisions pour risques | 15 000 |
| Titres immobilisés | 88 000 | 12 000 | 76 000 | **Total II** | **15 000** |
| **Total I** | **12 006 000** | **2 189 000** | **9 817 000** | | |
| | | | | Dettes financières | 562 000 |
| Stocks | 236 000 | 3 000 | 233 000 | Dettes d'exploitation | 744 000 |
| Créances | 1 493 000 | 39 000 | 1 454 000 | Autres dettes | 258 000 |
| V.M.P. | 235 000 | 8 000 | 227 000 | Produits constatés d'avance | 38 000 |
| Disponibilités | 125 000 | | 125 000 | **Total III** | **1 602 000** |
| Charges constatées d'avance | 26 000 | | 26 000 | | |
| **Total II** | **2 115 000** | **50 000** | **2 065 000** | | |
| Charges à répartir | 42 000 | | 42 000 | | |
| **Total actif** | **14 163 000** | **2 239 000** | **11 924 000** | **Total passif** | **11 924 000** |

Le capital est composé d'actions de 2 000 €.

Le fonds de commerce peut être évalué à 650 000 €.

Les dividendes distribués au cours de l'année N + 1 seront de 30 000 €.

**1 ▶** Calculer la valeur mathématique intrinsèque, coupon attaché, coupon détaché de l'action MICHEL.

**2 ▶** Calculer la valeur financière au taux de 6 %.

**3 ▶** Calculer la valeur de rendement au taux de 6 %.

**11.4** Le bilan simplifié, avant répartition des bénéfices, de la société anonyme NELLY se présente comme suit au 31/12/N.

| Actif | Brut | Amort/Prov | Net | Passif | Net |
|---|---|---|---|---|---|
| Frais d'établissement | 350 000 | 140 000 | 210 000 | Capital (dont versé 12 000 000) | 12 000 000 |
| Fonds commercial | 400 000 | | 400 000 | Réserve légale | 128 000 |
| Terrains | 1 250 000 | | 1 250 000 | Autres réserves | 361 000 |
| Constructions | 5 500 000 | 1 457 000 | 4 043 000 | Report à nouveau | 14 000 |
| Matériel industriel | 3 562 000 | 1 254 000 | 2 308 000 | Résultat de l'exercice | 409 000 |
| Matériel de transport | 456 000 | 102 000 | 354 000 | **Total I** | **12 912 000** |
| Matériel informatique | 354 000 | 85 000 | 269 000 | | |
| Titres de participation | 1 602 000 | | 1 602 000 | Provisions pour risques | 32 000 |
| Titres immobilisés | 345 000 | 12 000 | 333 000 | **Total II** | **32 000** |
| **Total I** | **13 819 000** | **3 050 000** | **10 769 000** | | |
| | | | | Dettes financières | 652 000 |
| Stocks | 987 000 | 82 000 | 905 000 | Dettes d'exploitation | 577 000 |
| Créances | 1 879 000 | 102 000 | 1 777 000 | Autres dettes | 154 000 |
| V.M.P. | 615 000 | 8 000 | 607 000 | Produits constatés d'avance | 21 000 |
| Disponibilités | 99 000 | | 99 000 | **Total III** | **1 404 000** |
| Charges constatées d'avance | 101 000 | | 101 000 | | |
| **Total II** | **3 681 000** | **192 000** | **3 489 000** | | |
| Charges à répartir | 90 000 | | 90 000 | | |
| **Total actif** | **17 590 000** | **3 242 000** | **14 348 000** | **Total passif** | **14 348 000** |

Celui de la société anonyme THERY, après répartition, est le suivant :

| Bilan après répartition THERY | | | | | |
|---|---|---|---|---|---|
| **Actif** | **Brut** | **Amort/Prov** | **Net** | **Passif** | **Net** |
| Capital souscrit non appelé | 400 000 | | 400 000 | Capital (dont versé 1 200 000) | 1 600 000 |
| Frais d'établissement | 20 000 | 16 000 | 4 000 | Réserve légale | 335 000 |
| Terrains | 400 000 | | 400 000 | Autres réserves | 402 000 |
| Constructions | 1 250 000 | 195 000 | 1 055 000 | Report à nouveau | 8 000 |
| Matériel industriel | 878 000 | 147 000 | 731 000 | **Total I** | **2 345 000** |
| Matériel de transport | 85 000 | 12 000 | 73 000 | Provisions pour risques | 14 000 |
| Matériel informatique | 141 000 | 35 000 | 106 000 | **Total II** | **14 000** |
| **Total I** | **3 174 000** | **405 000** | **2 769 000** | Dettes financières | 1 187 000 |
| Stocks | 352 000 | 75 000 | 277 000 | Dettes d'exploitation | 421 000 |
| Créances | 1 025 000 | 54 000 | 971 000 | Autres dettes | 201 000 |
| V.M.P. | 63 000 | 4 000 | 59 000 | **Total III** | **1 809 000** |
| Disponibilités | 84 000 | | 84 000 | | |
| **Total II** | **1 524 000** | **133 000** | **1 391 000** | | |
| Charges à répartir | 12 000 | 4 000 | 8 000 | | |
| **Total actif** | **4 710 000** | **542 000** | **4 168 000** | **Total passif** | **4 168 000** |

Le capital de la société NELLY est composé d'actions de 1 000 € émises lors de la constitution. La société décide de verser un dividende de 28 € par action et de mettre en réserve statutaire 36 550 €.
La société NELLY détient 55 % du capital de la société THERY et ce sont les seuls titres de participation qu'elle possède.
Le capital de la société THERY est composé d'actions de nominal 500 €.
Le fonds de commerce de la société THERY est évalué à 220 000 €. Les terrains ont été estimés 1 500 000 € au 31/12/N.

1 ▶ Calculer la valeur financière et la valeur de rendement de la société NELLY au taux de 7 %.

2 ▶ Établir le projet de répartition du bénéfice de la société NELLY.

3 ▶ Calculer les valeurs mathématiques intrinsèques des titres THERY et NELLY.

## 11.5

Reprendre l'exercice **11.4**, en utilisant le nouveau bilan de l'entreprise THERY :

| Actif | Brut | Amort/Prov | Net | Passif | Net |
|---|---|---|---|---|---|
| Capital souscrit non appelé | 400 000 | | 400 000 | Capital (dont versé 1 200 000) | 1 600 000 |
| Frais d'établissement | 20 000 | 16 000 | 4 000 | Réserve légale | 335 000 |
| Terrains | 400 000 | | 400 000 | Autres réserves | 402 000 |
| Constructions | 385 000 | 95 000 | 290 000 | Report à nouveau | 8 000 |
| Matériel industriel | 655 000 | 147 000 | 508 000 | **Total I** | **2 345 000** |
| Matériel de transport | 85 000 | 12 000 | 73 000 | | |
| Matériel informatique | 141 000 | 35 000 | 106 000 | Provisions pour risques | 14 000 |
| Titres de participation | 1 224 000 | 36 000 | 1 188 000 | **Total II** | **14 000** |
| **Total I** | **3 310 000** | **341 000** | **2 969 000** | | |
| | | | | Dettes financières | 1 187 000 |
| Stocks | 252 000 | 75 000 | 177 000 | Dettes d'exploitation | 421 000 |
| Créances | 925 000 | 54 000 | 871 000 | Autres dettes | 201 000 |
| V.M.P. | 63 000 | 4 000 | 59 000 | **Total III** | **1 809 000** |
| Disponibilités | 84 000 | | 84 000 | | |
| **Total II** | **1 424 000** | **133 000** | **1 191 000** | | |
| Charges à répartir | 12 000 | 4 000 | 8 000 | | |
| **Total actif** | **4 646 000** | **478 000** | **4 168 000** | **Total passif** | **4 168 000** |

Les titres de participation détenus par l'entreprise THERY sont exclusivement des titres NELLY achetés 1 020 €.

▶ Calculer les valeurs intrinsèques des titres NELLY et THERY.

# Corrigés des exercices

**11.1** ▸ **Calcul de l'actif net comptable** : Capitaux propres – Actif fictif.

**Capital + Report à nouveau + Réserves + Provisions réglementées**

| | | | |
|---|---|---|---|
| Capitaux propres | = 480 000 + 256 + 6 300 + 8 940 + 4 250 | = | 499 746,00 |
| Actif fictif | = (28 500 – 19 000) + 8 400 | = | – 17 900,00 |
| Actif net | | = | 481 846,00 |
| **V.M.C.** | **= Actif net / nombre de parts = 481 846 / 120** | **=** | **4 015,38** |

**Valeur nette des frais d'établissement**

Vérification de l'actif net comptable (Actif réel de l'entreprise – Dettes) :

| | | |
|---|---|---|
| Actif réel | Constructions | 508 000,00 |
| | Matériel industriel | 55 652,00 |
| | Matériel de bureau | 20 228,00 |
| | Stocks de marchandises | 54 892,00 |
| | Clients | 36 358,00 |
| | Total | 675 130,00 |
| Dettes | Emprunt auprès d'établissement de crédit | 112 900,00 |
| | Fournisseurs | 49 500,00 |
| | Banque | 30 884,00 |
| | Total | 193 284,00 |
| | **Actif net** | **481 846,00** |

**11.2** ▸ L'actif net est toujours calculé sur les **valeurs nettes** du bilan.

Actif net = Capitaux propres – Actif fictif.

Actif net = 5 000 000 – 750 000 + 312 000 – 8 000 = 4 554 000.

Les actions d'apport sont entièrement libérées par définition alors que les actions en numéraire ne sont libérées qu'à 75 %. Les actions ont une valeur nominale de 5 000 000 / 25 000 = 200.

Les actions en numéraire ont une valeur inférieure de 50 € (25 % de 200) aux actions d'apport.

Soit *aa* la valeur d'une action d'apport et *an* la valeur d'une action en numéraire,

$$an = aa - 50.$$

L'actif net appartient aux actionnaires :

$$4\,554\,000 = 10\,000\,aa + 15\,000\,an$$

en remplaçant *an* par sa valeur ⇒ $4\,554\,000 = 10\,000\,aa + 15\,000\,(aa - 50)$

$$4\,554\,000 = 25\,000\,aa - 750\,000$$

$$aa = 212{,}16$$

$$an = 162{,}16.$$

| | *aa* | *an* | Total |
|---|---|---|---|
| Droit sur le capital | 2 000 000 | 2 250 000 | 4 250 000 |
| Droit sur les réserves | 121 600 | 182 400 | 304 000 |
| Total | 2 121 600 | 2 432 400 | 4 554 000 |
| Valeur de l'action | 212,16 | 162,16 | |

Rappel : les droits sur les réserves sont les mêmes pour toutes les catégories d'action (les frais d'établissement sont imputés sur les réserves).

Autre raisonnement possible : si les actions étaient entièrement libérées, l'actif net serait de 4 554 000 + 750 000 = 5 304 000 et toutes les actions auraient la même valeur, soit : 5 304 000 / 25 000 = 212,16.

On en déduit donc que les actions d'apport ont une valeur de 212,16 € et les actions de numéraire une valeur de 212,16 € – 50 € = 162,16 €.

## 11.3

**1 ▶** V.M.I. coupon attaché, puis coupon détaché.

| | |
|---|---|
| Actif net avant répartition | |
| = Capitaux propres – Capital souscrit non appelé (10 307 000 – 200 000) | = 8 307 000 |
| – Frais d'établissement | – 30 000 |
| – Charges à répartir | – 42 000 |
| | 8 235 000 |

| | |
|---|---|
| Actif net corrigé | 8 235 000 |
| Plus-value sur fonds de commerce (650 000 – 260 000) | 390 000 |
| | 8 625 000 |

**Dividende unitaire payé 30 000 / 4 000**

V.M.I. coupon attaché 8 625 000/4 000 = 2 156,25

V.M.I. coupon détaché 2 156,25 – 7,50 = 2 148,75

Vérification

Actif net après répartition 8 205 000 (8 235 000 – 30 000)

Actif net corrigé après répartition 8 595 000 ⇒ V.M.I. coupon détaché = 8 595 000 / 4 000 = 2 148,75

**2 ▶** Valeur financière au taux de 6 %

Dividende unitaire = 7,50 ; $V.F. = \frac{7{,}50}{0{,}06} = 125{,}00.$

**3 ▶** Valeur de rendement au taux de 6 %

$\frac{\text{Résultat}}{\text{Action}} = \frac{158\,000}{4\,000} = 39{,}50$ ; $V.R. = \frac{39{,}50}{0{,}06} = 658{,}33.$

**11.4** **1 ▶ Valeur financière et valeur de rendement au taux de 7 % de la société NELLY** :

Dividende = 28 € ;

Valeur financière = 28 / 0,07 = 400 € ;

Résultat = 409 000 / 12 000 = 34,08 ;

Valeur de rendement = 34,08 / 0,07 = 486,90 €.

**2 ▶ Projet de répartition du bénéfice** :

| | |
|---|---|
| Répartition du bénéfice | 409 000 |
| Réserve légale 409 000 × 5 % = | 20 450 |
| | 388 550 |
| Report à nouveau | 14 000 |
| | 402 550 |
| Réserve statutaire | 36 550 |
| Dividende | 336 000 |
| Report à nouveau | 30 000 |

**3 ▶ V.M.I. de THERY** :

Capital souscrit non appelé → 400 000 ; Frais d'établissement (valeur nette) → 4 000 ; Charges à répartir (valeur nette) → 8 000

| | | |
|---|---|---|
| Actif net | = 2 345 000 – 400 000 – 4 000 – 8 000 | = 1 933 000 |
| Plus-value sur fonds de commerce | | 220 000 |
| Plus-value sur terrain (1 500 000 – 400 000) | | 1 100 000 |
| Actif net corrigé | | 3 253 000 |

V.M.I. THERY = 3 253 000 / 3 200 = 1 017.

**V.M.I. de NELLY** :

| | |
|---|---|
| Actif net NELLY | 10 674 000 |
| + 1 760 actions THERY (1 760 × 1 017 = 1 789 150) | 1 789 150 |
| | 12 463 150 |

V.M.I. NELLY = 12 463 150 / 12 000 = 1 038,60.

**11.5** ▶ Le capital de NELLY est composé de 12 000 actions, le capital de THERY de 3 200 actions.

Actif net NELLY 10 674 000 + 1 760 actions THERY
Actif net THERY 2 065 000 + 1 200 actions NELLY

↑

**3 253 000 – 1 188 000 (titres NELLY au bilan)**

Soit $X$ la V.M.I. de l'action NELLY
et $Y$ la V.M.I. de l'action THERY :

$$12\,000\,X = 10\,674\,000 + 1\,760\,Y$$
$$3\,200\,Y = 2\,065\,000 + 1\,200\,X$$

THERY détient 1 224 000 / 1 020 = 1 200 titres NELLY

↑ **Prix d'achat total** ↑ **Prix d'achat unitaire**

D'où : $X = \dfrac{10\,674\,000 + 1\,760\,Y}{12\,000}$

et : $3\,200\,Y = 2\,065\,000 + 1\,067\,400 + 176\,Y$

$3\,024\,Y = 3\,132\,400$

ainsi : $Y = 1\,035{,}85$

et : $X = 1\,041{,}42$.

# 12

# Les augmentations de capital

Pour accompagner la croissance de l'entreprise, on peut procéder à une augmentation de capital soit par apports en numéraire (ou en nature), soit par incorporation de réserves, ou encore par conversion de créances en actions.

## 1. Augmentation de capital simple

Le bilan simplifié de l'entreprise Morel se présente comme suit :

| | | | |
|---|---|---|---|
| Terrains | 830 000 | Capital (15 000 actions) | 3 000 000 |
| Constructions | 1 560 000 | Réserve légale | 120 000 |
| Matériel industriel | 2 320 000 | Autres réserves | 890 000 |
| Matériel de transport | 650 000 | Report à nouveau | 70 000 |
| Matériel informatique | 230 000 | Total I | 4 080 000 |
| Total I | 5 590 000 | Provisions pour risques | 20 000 |
| Stocks | 620 000 | Total II | 20 000 |
| Créances | 1 690 000 | Dettes financières | 2 600 000 |
| V.M.P. | 30 000 | Dettes d'exploitation | 1 200 000 |
| Disponibilités | 370 000 | Autres dettes | 400 000 |
| Total II | 2 710 000 | Total III | 4 200 000 |
| Total actif | 8 300 000 | Total passif | 8 300 000 |

Le fonds de roulement net global de l'entreprise est faible, aussi l'entreprise Morel envisage-t-elle plusieurs mesures pour remédier partiellement à cette situation et envisager de nouveaux investissements.

**Augmentation par apports de numéraire nouveau**

Première hypothèse : le 01/07/N, la société décide d'augmenter son capital par émission de 5 000 actions nouvelles à 225 € (les fonds sont libérés immédiatement).

↑

**225 € est le prix d'émission des actions nouvelles**

**Prime d'émission** = **Prix d'émission** – **Valeur nominale**

Nominal d'une action : $\frac{3\ 000\ 000\ €}{15\ 000} = 200\ €$.

Prime d'émission : 225 – 200 = 25 € par action.

Cette augmentation de capital ne doit pas léser le propriétaire d'actions anciennes. À chaque action ancienne est attaché un droit préférentiel de souscription (*ds*) que le propriétaire pourra :

– soit exercer pour acquérir de nouvelles actions ;

– soit vendre.

Valeur mathématique de l'action avant augmentation (pas d'actif fictif) :

$\frac{4\ 080\ 000}{15\ 000} = 272\ €$.

Calcul de la V.M. après augmentation de capital :

| | | |
|---|---|---|
| **15 000 actions anciennes** | 272,00 | 4 080 000,00 |
| **5 000 actions nouvelles** | 225,00 | 1 125 000,00 |
| **Total : 20 000 actions** | 260,25 | 5 205 000,00 |

Pour cette augmentation de capital par apports en numéraire, le rapport de souscription est de $\frac{15\ 000}{5\ 000} = 3$, soit 1 action nouvelle pour 3 actions anciennes moyennant le paiement de 225 €. Le droit de souscription est tel que : $225\ € + 3\,ds = 260{,}25\ €$ $\Rightarrow 3\,ds = 260{,}25 - 225 = 35{,}25 \Rightarrow ds = 11{,}75\ €$.

On vérifie que la valeur de ce droit est bien la compensation de la perte de valeur de l'action ancienne : 272 – 260,25 = 11,75 €.

Comptabilisation de cette augmentation de capital :

| | | | |
|---|---|---|---|
| | 01/07/N | | |
| 512 | Banque | 1 125 000 | |
| 4563 | Actionnaires, versements reçus sur augmentation de capital | | 1 125 000 |
| | *Versements des actionnaires* | | |
| | 01/07/N | | |
| 4563 | Actionnaires, versements reçus sur augmentation de capital | 1 125 000 | |
| 1013 | Capital souscrit, appelé, versé | | 1 000 000 |
| 1041 | Prime d'émission (25 × 5 000) | | 125 000 |
| | *Capitalisation des apports* | | |

Extrait de bilan après l'augmentation de capital :

| | |
|---|---|
| **Capital (20 000 actions)** | 4 000 000 |
| **Prime d'émission** | 125 000 |
| **Réserve légale** | 120 000 |
| **Autres réserves** | 890 000 |
| **Report à nouveau** | 70 000 |
| **Total I** | 5 205 000 |

*N.B. :* lors d'une augmentation de capital, si l'assemblée générale prévoit une libération progressive des actions, le premier versement est au minimum égal à la prime d'émission + le quart du nominal.

## 2. Incorporation de réserves

Autre hypothèse : les réserves étant importantes, l'entreprise MOREL souhaite incorporer une partie de ses réserves (200 000) au capital.

| | |
|---|---|
| **Capital (15 000 actions)** | 3 000 000 |
| **Réserve légale** | 120 000 |
| **Autres réserves** | 890 000 |
| **Report à nouveau** | 70 000 |
| **Total I** | 4 080 000 |

Elle doit donc émettre $\frac{200\,000}{200} = 1\,000$ actions nouvelles.

Calcul de la V.M. après cette augmentation de capital :

| | | |
|---|---|---|
| **15 000 actions anciennes** | 272,00 | 4 080 000,00 |
| **1 000 actions nouvelles gratuites** | | |
| **Total : 16 000 actions** | 255,00 | 4 080 000,00 |

Pour cette augmentation de capital par incorporation de réserves, le rapport d'attribution est de 1/15. Tout détenteur de 15 actions anciennes a droit à une action nouvelle, qui vaut 255 €.

$15\,da = 255\text{ €} \Rightarrow da = \frac{255}{15} = 17\text{ €}$, correspondant à la perte de valeur de l'action ancienne.

Comptabilisation :

| | 01/07/N | | |
|---|---|---|---|
| 1068 | Autres réserves | 200 000 | |
| 1013 | Capital souscrit, appelé, versé | | 200 000 |
| | *Incorporation des réserves* | | |

| | |
|---|---|
| **Capital (15 000 actions)** | 3 200 000 |
| **Réserve légale** | 120 000 |
| **Autres réserves** | 690 000 |
| **Report à nouveau** | 70 000 |
| **Total I** | 4 080 000 |

**Seul le capital et les autres réserves sont modifiés.**

**Conversion de créances**

Troisième hypothèse : deux fournisseurs auprès desquels l'entreprise a respectivement des dettes de 450 000 € et 300 000 € acceptent de prendre part au capital de MOREL. Après négociation avec chacun d'eux, ils ont respectivement accepté l'extinction de leur créance contre remise de 1 500 et 950 actions nouvelles de la société MOREL.

Écritures comptables

| | Courant N | | |
|---|---|---|---|
| 401 | Fournisseurs | 750 000,00 | |
| 1013 | Capital souscrit, appelé, versé | | 490 000,00 |
| 1041 | Prime d'émission | | 260 000,00 |
| | *Conversion de créances en actions* | | |

Le passif du bilan est alors modifié comme suit :

| | | |
|---|---|---|
| **Capital (17 450 actions)** | 3 490 000 | **3 000 000 + 490 000** |
| **Réserve légale** | 120 000 | |
| **Autres réserves** | 1 150 000 | **890 000 + 260 000** |
| **Report à nouveau** | 70 000 | |
| **Total I** | 4 830 000 | |
| **Provisions pour risques** | 20 000 | |
| **Total II** | 20 000 | |
| **Dettes financières** | 2 600 000 | |
| **Dettes d'exploitation** | 450 000 | |
| **Autres dettes** | 400 000 | |
| **Total III** | 3 450 000 | |
| **Total passif** | 8 300 000 | |

## 3. Double augmentation de capital

L'entreprise MOREL veut d'une part faire une augmentation en numéraire (5 000 actions nouvelles à 225 €) et d'autre part incorporer une fraction de ses réserves (200 000 €).

### A. Les deux opérations sont simultanées

Valeur mathématique avant augmentation(s) : 272 €.

Calcul de la V.M. après cette augmentation de capital :

| | | |
|---|---|---|
| **15 000 actions anciennes** | 272,00 | 4 080 000,00 |
| **5 000 actions nouvelles** | 225,00 | 1 125 000,00 |
| **1 000 actions nouvelles gratuites** | | |
| **Total : 21 000 actions** | 247,86 | 5 205 000,00 |

*da* : $\frac{247,86}{15} = 16,52$ € (1 action nouvelle pour 15 *da*)

*ds* : 225,00 + 3 *ds* = 247,86 d'où *ds* = 7,62 €.

*da* + *ds* (16,52 + 7,62) attachés à une action représente la perte de valeur de l'action ancienne soit :

272,00 € – 247,86 € = 24,14 €.

## B. Les deux opérations sont successives

L'entreprise Morel réalise d'abord l'augmentation en numéraire le 01/07/N puis incorpore les réserves au capital le 01/11/N.

La première augmentation est traitée dans le 1.

Deuxième augmentation :

| | | |
|---|---|---|
| **20 000 actions anciennes** | 260,25 | 5 205 000,00 |
| **1 000 actions nouvelles gratuites** | | |
| **Total : 21 000 actions** | 247,86 | 5 205 000,00 |

Une action nouvelle pour 20 actions anciennes

⇒ 20 *da* = 247,86 ; *da* = 12,39.

Le droit d'attribution correspond à la perte de valeur de l'action entre le 01/07/N (260,25) et le 01/11/N (247,86).

# Énoncés des exercices

**12.1** Le bilan de la société anonyme VOYEL, après répartition, se présente comme suit :

| Actif | Brut | Amort/Prov | Net | Passif | Net |
|---|---|---|---|---|---|
| Frais d'établissement | 25 000 | 10 000 | 15 000 | Capital | 900 000 |
| Fonds commercial | 120 000 | | 120 000 | Réserve légale | 90 000 |
| Matériel industriel | 890 000 | 123 000 | 767 000 | Autres réserves | 258 000 |
| Matériel de transport | 212 000 | 48 000 | 164 000 | Report à nouveau | 15 000 |
| Matériel informatique | 125 000 | 65 000 | 60 000 | **Total I** | **1 263 000** |
| **Total I** | **1 372 000** | **246 000** | **1 126 000** | Provisions pour risques | 18 000 |
| Stocks | 256 000 | 14 000 | 242 000 | **Total II** | **18 000** |
| Créances | 784 000 | 65 000 | 719 000 | Dettes financières | 425 000 |
| V.M.P. | 32 000 | 2 000 | 30 000 | Dettes d'exploitation | 346 000 |
| Disponibilités | 63 000 | | 63 000 | Autres dettes | 128 000 |
| **Total II** | **1 135 000** | **81 000** | **1 054 000** | **Total III** | **899 000** |
| **Total actif** | **2 507 000** | **327 000** | **2 180 000** | **Total passif** | **2 180 000** |

Ayant des projets d'investissements nouveaux, la S.A. VOYEL décide de procéder à une double augmentation de capital :
– incorporation au capital de 225 000 € de réserves puis,
– émission de 500 actions nouvelles de même nominal que les anciennes, soit 1 800 € au prix de 1 920 €.
*N.B. :* les provisions pour risques correspondent à un litige en cours, à la suite duquel l'entreprise VOYEL sera condamnée à payer.

**1 ▶** Calculer la valeur du droit d'attribution et du droit de souscription.

**2 ▶** Comptabiliser ces opérations (appel et versement du capital le 30 janvier ; les actions sont libérées de moitié lors de l'augmentation).

**3 ▶** Présenter le bilan après cette double augmentation de capital.

**12.2** Reprendre l'exercice **12.1**, dans l'hypothèse où l'émission d'actions nouvelles précède l'attribution d'actions gratuites.

▶ Calculer la valeur du droit d'attribution et du droit de souscription.

**12.3** Reprendre l'exercice 12.1, dans l'hypothèse où les deux opérations sont simultanées.

▶ Calculer la valeur du droit d'attribution et du droit de souscription.

**12.4** La S.A. ATHENA installée dans la Gard est une entreprise qui fabrique à la commande des cuisines sur mesure ainsi que quelques meubles dans le style des cuisines présentées.

Durant l'exercice N, l'entreprise a procédé à une double augmentation de capital, par incorporation de la réserve statutaire et par émission de 500 titres de nominal 1 000 €. Les frais d'augmentation de capital s'élèvent à 16 500 €.

▶ À l'aide des extraits de bilan qui vous sont fournis, compléter les nombres manquants et reconstituer les écritures concernant l'augmentation de capital en N.

| Passif (après répartition) | Exercice N – 1 | Passif (avant répartition) | Exercice N |
|---|---|---|---|
| Capital (dont versé 180 000) | 180 000,00 | Capital (dont versé : 350 000) | 350 000,00 |
| Prime d'émission | | Prime d'émission | 24 000,00 |
| Réserve légale | 9 000,00 | Réserve légale | ? |
| Réserve statutaire | 56 000,00 | Réserve statutaire | 6 000,00 |
| Réserve réglementée | 4 500,00 | Réserve réglementée | ? |
| Report à nouveau | 12 500,00 | Report à nouveau | ? |
| | | Résultat de l'exercice | 43 000,00 |
| Total 1 | 262 000,00 | Total 1 | ? |

# Corrigés des exercices

**12.1** **1 ▸** Calcul du droit d'attribution et du droit de souscription :

Calcul de la valeur mathématique de l'action avant toute augmentation de capital :
Actif net = Total 1 – frais d'établissement = 1 263 000 – 15 000 = 1 248 000 €.

Le capital est composé de : $\frac{900\,000}{1\,800} = 500$ actions.

$\text{V.M.} = \frac{1\,248\,000}{500} = 2\,496$ €.

**Première opération :** incorporation de 225 000 € de réserves au capital, soit une émission de :

$\frac{225\,000}{1\,800} = 125$ actions nouvelles.

V.M. des 625 actions après cette première opération : $\frac{1\,248\,000}{625} = 1\,996{,}80$ €.

Le rapport d'attribution est de 500 / 125 = 4. Il faut donc détenir 4 actions anciennes pour obtenir une action nouvelle gratuite.

$da = \frac{1\,996{,}80}{4} =$ **499,20 €**.

On vérifie que le *da* est bien la compensation de la perte de valeur de l'action ancienne à la suite de la première augmentation de capital :
2 496 € – 1 996,80 € = 499,20 €.

**Deuxième opération :** émission de 500 actions nouvelles à 1 920 €.
Le capital est composé après cette deuxième opération de 625 + 500 = 1 125 actions.
Actif net après émission : 1 248 000 + 960 000 = 2 208 000 €.

V.M. après augmentation en numéraire : $\frac{2\,208\,000}{1\,125} = 1\,962{,}67$ €.

Le rapport de souscription est de 625/500 = 5/4.
Il faut donc détenir 5 actions anciennes pour obtenir 4 actions nouvelles moyennant le paiement de $4 \times 1\,920$ € = 7 680 €.
D'où $7\,680 + 5\,ds = 4 \times 1\,962{,}67$ ; $7\,680 + 5\,ds = 7\,850{,}68$ ;
$5\,ds = 7\,850{,}68 - 7\,680$ ; $5\,ds = 170{,}68$
$\Rightarrow ds = 34{,}13$ €.
On vérifie que le *ds* est bien la compensation de la perte de valeur de l'action ancienne à la suite de la deuxième augmentation de capital : 1 996,80 € – 1 962,67 € = 34,13 €.
*da* + *ds* = 499,20 € + 34,13 € = 533,33 € ; c'est la diminution totale de la valeur de l'action ancienne liée aux augmentations de capital.

**2 ▶** Écritures :

| | | | |
|---|---|---|---|
| | Janvier N | | |
| 1068 | Autres réserves | 225 000 | |
| 1013 | Capital souscrit, appelé, versé | | 225 000 |
| | 30/01/N | | |
| 512 | Banque | 510 000 | |
| 4563 | Actionnaires, versements reçus sur augmentation de capital | | 510 000 |
| | 30/01/N | | |
| 4563 | Actionnaires, versements reçus sur augmentation de capital | 510 000 | |
| 1013 | Capital souscrit, appelé, versé | | 450 000 |
| 1041 | Prime d'émission (500 × 120) | | 60 000 |
| | 30/01/N | | |
| 109 | Actionnaires, capital souscrit non appelé | 450 000 | |
| 1011 | Capital souscrit, non appelé | | 450 000 |
| | *Part non appelée de l'augmentation de capital* | | |

**3 ▶** Bilan après les deux augmentations de capital :

| Actif | Brut | Amort/Prov | Net | Passif | Net |
|---|---|---|---|---|---|
| Capital souscrit non appelé | 450 000 | | 450 000 | Capital | 2 025 000 |
| Frais d'établissement | 25 000 | 10 000 | 15 000 | Prime d'émission | 60 000 |
| Fonds commercial | 120 000 | | 120 000 | Réserve légale | 90 000 |
| Matériel industriel | 890 000 | 123 000 | 767 000 | Autres réserves | 33 000 |
| Matériel de transport | 212 000 | 48 000 | 164 000 | Report à nouveau | 15 000 |
| Matériel informatique | 125 000 | 65 000 | 60 000 | **Total I** | **2 223 000** |
| **Total I** | **1 372 000** | **246 000** | 1 126 000 | Provisions pour risques | 18 000 |
| Stocks | 256 000 | 14 000 | 242 000 | **Total II** | **18 000** |
| Créances | 784 000 | 65 000 | 719 000 | Dettes financières | 425 000 |
| V.M.P. | 32 000 | 2 000 | 30 000 | Dettes d'exploitation | 346 000 |
| Disponibilités | 573 000 | | 573 000 | Autres dettes | 128 000 |
| **Total II** | **1 645 000** | **81 000** | 1 564 000 | **Total III** | **899 000** |
| **Total actif** | **3 467 000** | **327 000** | **3 140 000** | **Total passif** | **3 140 000** |

## 12.2 ▶ **Première opération :** apport en numéraire.

Calcul de la V.M. après augmentation par apport en numéraire :

| | | |
|---|---|---|
| **500 actions anciennes** | 2 496,00 | 1 248 000,00 |
| **500 actions nouvelles** | 1 920,00 | 960 000,00 |
| **1 000 actions** | 2 208,00 | 2 208 000,00 |

Le rapport de souscription est de 500/500 = 1. Il faut donc détenir une action ancienne pour obtenir une action nouvelle moyennant le paiement de 1 920 €.
D'où 1 920 + *ds* = 2 208 ⇒ *ds* = 288 €.
On vérifie que le *ds* compense la perte de valeur de l'action ancienne :
2 496 € – 2 208 € = 288 €.

**Deuxième opération :** incorporation de réserves.
Calcul de la V.M. après incorporation de réserves :

| | | |
|---|---|---|
| **1 000 actions anciennes** | 2 208,00 | 2 208 000,00 |
| **125 actions nouvelles** | | |
| **1 125 actions** | 1962,67 | 2 208 000,00 |

Le rapport d'attribution est de 1 000/125 = 8, soit une action nouvelle gratuite pour 8 anciennes.
D'où 8*da* = 1 962,67 ⇒ *da* = 1 962,67 / 8 = 245,33 €.
On vérifie que le *da* compense la perte de valeur de l'action ancienne :
2 208,00 € – 1 962,67 € = 245,33 €.

*da* + *ds* = 288 € + 245,33 € = 533,33 € = 2 480,00 € – 1 962,67 € ; c'est la perte de valeur totale de l'action ancienne à la suite de ces deux augmentations de capital.

**12.3** ► Les deux opérations sont réalisées simultanément.

Calcul de la V.M. après l'augmentation de capital :

| | | |
|---|---|---|
| **500 actions anciennes** | 2 496,00 | 1 248 000,00 |
| **500 actions nouvelles** | 1 920,00 | 960 000,00 |
| **125 actions nouvelles** | | |
| **1 125 actions** | 1 962,67 | 2 208 000,00 |

Le rapport de souscription est de 1 (500/500) et le rapport d'attribution est de 4 (500/125). Autrement dit, on émet une action nouvelle en numéraire pour une action ancienne et on attribue une action gratuite pour 4 anciennes.
1 920 + *ds* =1 962,67 ⇒ *ds* = 42,67 €.
4*da* = 1 962,67 ⇒ *da* = 490,67 €.
Vérification :
*da* + *ds* = 533,34 € (différence de 0,01 liée aux arrondis) = 2 496,00 € – 1 962,67 €.

**12.4** ► Bilan après répartition N – 1 et avant répartition N : pas de modification des réserves et du report à nouveau entre ces deux documents puisque la répartition du bénéfice N n'a pas encore été effectuée.

Donc dans le bilan avant répartition N :

| | |
|---|---|
| Réserve légale | 9 000,00 |
| Réserve réglementée | 4 500,00 |
| Report à nouveau | 12 500,00 |
| et Total 1 = | 449 000,00 |

Augmentation de capital :

– par incorporation de réserves de 50 000 (diminution de la réserve statutaire de 50 000) ;

– par apport en numéraire de 120 000 + 24 000 de prime d'émission.

**350 000 – 180 000 – 50 000 = 120 000**

Écritures :

| | | | |
|---|---|---|---|
| | Courant N | | |
| 1063 | Réserve statutaire | 50 000 | |
| 1013 | Capital souscrit, appelé, versé | | 50 000 |
| | Courant N | | |
| 512 | Banque | 144 000 | |
| 4563 | Actionnaires, versements reçus sur augmentation de capital | | 144 000 |
| | Courant N | | |
| 4563 | Actionnaires, versements reçus sur augmentation de capital | 144 000 | |
| 1013 | Capital souscrit, appelé, versé | | 120 000 |
| 1041 | Prime d'émission | | 24 000 |

# 13

# La variation de la trésorerie d'exploitation

La trésorerie joue un rôle prépondérant pour l'entreprise puisqu'elle lui permet de financer son activité et d'assurer sa pérennité. Elle est un indicateur-clé de sa solvabilité et de sa flexibilité financière.

La variation de la trésorerie est la résultante de toutes les opérations financières réalisées au cours d'un exercice. Elle correspond par ailleurs à la différence entre la variation du F.R.N.G. et la variation du B.F.R.

On retrouve dans le tableau de financement du P.C.G. la relation :

$$\Delta \text{ F.R.N.G.} = \Delta \text{ B.F.R.} + \Delta \text{ T.N.}$$

à partir de laquelle on peut calculer la variation de la trésorerie nette sans pour autant expliquer sa destination.

Lorsque les analystes et les banquiers réalisent le diagnostic financier de l'entreprise, ils établissent désormais un tableau de flux de trésorerie qui permet d'identifier l'origine et l'affectation de tous les flux de trésorerie dégagés au cours d'un exercice. Il existe de nombreux modèles de tableaux de flux qui se différencient principalement par la nature des soldes calculés.

## 1. Origine de la variation de la trésorerie

La variation de la trésorerie peut s'expliquer par l'ensemble des flux de liquidités générés par les opérations :
- d'exploitation,
- d'investissement,
- de financement.

La réalisation de ces opérations se traduit par des flux résumés dans le tableau suivant :

| |
|---|
| **Opération d'exploitation**<br>Produits d'exploitation encaissés<br>– Charges décaissées<br>**= Flux de trésorerie provenant (ou affectés à) de l'exploitation (1)** |
| **Opération d'investissement**<br>Acquisitions d'immobilisations<br>– Cessions d'immobilisations encaissées<br>**= Flux de trésorerie provenant (ou affectés aux) des opérations d'investissement (2)** |
| **Opérations de financement**<br>Augmentation de capital<br>+ Augmentation des emprunts<br>– Remboursement des emprunts<br>**= Flux de trésorerie provenant (ou affectés aux) des opérations de financement (3)** |
| Variation de la trésorerie nette = 1 – 2 + 3 |

Les flux de trésorerie ont été présentés dans ce tableau selon la fonction à laquelle ils se rapportent.

Cette approche est intéressante dans la mesure où les différents flux de trésorerie dégagés vont permettre d'évaluer la contribution de chaque fonction à la variation de trésorerie disponible de l'entreprise. Quelle que soit la fonction, le principe consiste à retenir exclusivement les flux monétaires effectivement réalisés.

## 2. L'excédent de trésorerie d'exploitation (E.T.E.)

### A. Principe et définition

La capacité d'autofinancement de l'exercice évalue le surplus de ressources dégagé par l'entreprise sans toutefois prendre en compte les éléments qui n'ont pas été traduits par un flux de trésorerie. En effet, tous les produits ne sont pas encaissés, toutes les charges ne sont pas décaissées et, par ailleurs, la production immobilisée, les transferts de charges et les variations de stocks ne correspondent pas à des flux de trésorerie.

L'excédent de trésorerie consiste à déterminer les encaisses supplémentaires dégagées par l'entreprise au cours d'un exercice à partir de différentes opérations réalisées.

En considérant uniquement les flux d'exploitation, l'excédent de trésorerie d'exploitation (E.T.E.), ou encore variation de la trésorerie d'exploitation, est le surplus d'encaisses dégagé par les opérations d'exploitation au cours d'un exercice. Sont exclues les opérations à caractère financier et exceptionnel.

L'E.T.E. est ce qui reste dans l'entreprise une fois dénouées toutes les opérations d'exploitation génératrices de flux de trésorerie. C'est un outil qui permet d'isoler les flux monétaires passés par la trésorerie de l'entreprise du fait de sa seule activité d'exploitation et, dans ce sens, il est plus pertinent que la CAF.

## B. Modalités de calcul

Les documents comptables (grand livre, compte de résultat et bilan) mélangent les flux de toute nature et ne permettent pas de mesurer directement les flux d'encaisses issus des opérations d'exploitation.

L'E.T.E. est donc calculé à partir :

- des flux réels d'exploitation (achats et ventes) qui sont susceptibles d'entraîner une variation de la trésorerie ;
- des variations des décalages de trésorerie liés aux encaissements et aux décaissements.

On peut écrire :

**E.T.E.** = **Encaissements d'exploitation de l'exercice** – **Décaissements d'exploitation de l'exercice**

**E.T.E. de la période (N)** =
**Produits d'exploitation encaissables**
**– Charges d'exploitation décaissables**
**+ Créances d'exploitation fin de période (N – 1)**
**– Créances d'exploitation fin de période (N)**
**– Dettes d'exploitation fin de période (N – 1)**
**+ Dettes d'exploitation fin de période (N)**

Une autre formulation est souvent utilisée : elle consiste à calculer l'E.T.E. à partir de l'E.B.E. et de la variation du B.F.R.E.

**E.T.E.** = **E.B.E.** – **Variation du B.F.R.E.**

## C. Intérêt de l'E.T.E.

L'E.T.E. présente un intérêt majeur dans la gestion de l'entreprise, car il permet au chef d'entreprise de connaître la contribution de l'exploitation à l'amélioration de la trésorerie de l'entreprise.

Une exploitation doit être rentable et pour cela elle doit dégager une trésorerie suffisante pour :

- payer les autres charges courantes (charges financières), les impôts et la rémunération du capital ;
- financer en partie les investissements.

*Remarque :* lorsque l'E.T.E. est négatif, on parle alors d'insuffisance de trésorerie d'exploitation (I.T.E.).

# Énoncés des exercices

**13.1** L'entreprise Carre, située dans la région de Toulouse, fabrique des emballages destinés aux vendeurs de produits informatiques.

On vous communique :

- Les bilans des années N – 1 et N ;
- Les comptes de résultat des années N – 1 et N ;
- Différentes informations.

On vous demande de :

**1 ▶** Calculer les soldes intermédiaires de gestion pour l'exercice N (conformément aux prescriptions du P.C.G.).

**2 ▶** Calculer la capacité d'autofinancement pour l'exercice N.

**3 ▶** Déterminer le besoin en fonds de roulement d'exploitation pour les années N – 1 et N.

**4 ▶** Calculer l'E.T.E. de l'année N.

- Détail de certains postes :

| | Année N | Année N – 1 |
|---|---|---|
| • Reprise de provisions et transferts de charges<br>Transferts de charges | 1 322 | |
| • Produits exceptionnels en capital<br>Produit de cession | 157 | |
| • Autres créances (créances sur cessions d'immobilisations) | | |
| • Autres dettes (concernent le hors exploitation) | | |
| • Autres emprunts N<br>Emprunt | 647 | 1 368 |
| • Les charges constatées d'avance sont considérées comme des charges d'exploitation | | |
| • Le résultat de l'exercice N – 1 a été totalement mis en réserve | | |
| • Provisions pour clients | 714 | 258 |

## BILAN (avant répartition) en k€ - Entreprise CARRE

| ACTIF | Brut | Amort. prov. | Net Ex. N | Net Ex. N – 1 |
|---|---|---|---|---|
| Capital souscrit, non appelé | | | | |
| Immobilisations incorporelles : | | | | |
| Frais d'établissement | | | | |
| Frais de recherche et de développement | | | | |
| Concessions, brevets, licences | | | | |
| Fonds commercial | | | | |
| Autres | | | | |
| Avances et acomptes | | | | |
| Immobilisations corporelles : | | | | |
| Terrains | 720 | | 720 | 720 |
| Constructions | 6 234 | 3 358 | 2 876 | 3 314 |
| Installations techniques, matériels et outillages industriels | 565 | 338 | 227 | 173 |
| Autres | 20 425 | 11 897 | 8 528 | 4 880 |
| Immobilisations corporelles en cours | 1 320 | | 1 320 | 4 |
| Avances et acomptes | 46 | | 46 | |
| Immobilisations financières : | | | | |
| Participations | 55 | 49 | 6 | 55 |
| Créances rattachées à des participations | | | | |
| Autres titres immobilisés | | | | |
| Prêts | 126 | 126 | | |
| Autres | 210 | | 210 | 162 |
| **TOTAL (I)** | **29 701** | **15 768** | **13 933** | **9 308** |
| Matières premières et autres approvisionnements | 342 | | 342 | 410 |
| En-cours de production | | | | |
| Produits intermédiaires et finis | | | | |
| Marchandises | | | | |
| Avances et acomptes versés sur commandes | 18 | | 18 | 13 |
| Créances clients et comptes rattachés | 10 573 | 714 | 9 859 | 5 830 |
| Autres créances | 1 808 | 316 | 1 493 | |
| Valeurs mobilières de placement : | | | | |
| Actions propres | 1 308 | | 1 308 | 2 732 |
| Disponibilités | 277 | | 277 | 644 |
| Charges constatées d'avance | 162 | | 162 | 252 |
| **TOTAL (II)** | **14 489** | **1 030** | **13 459** | **9 882** |
| **TOTAL GÉNÉRAL (I + II + III + IV + V)** | **44 190** | **16 798** | **27 392** | **19 190** |

| PASSIF | Exercice N | Exercice N – 1 |
|---|---|---|
| Capital [dont versé 2 740 ] | 2 740 | 1 820 |
| Primes d'émission, de fusion, d'apport | | |
| Écarts de réévaluation | | |
| Réserves : | | |
| Réserve légale | 175 | 114 |
| Réserves statutaires | 1 828 | 1 589 |
| Réserves réglementées | | |
| Autres | | |
| Report à nouveau | | |
| Résultat de l'exercice | 1 458 | 1 219 |
| Subventions d'investissement | 7 | 12 |
| Provisions réglementées | | |
| **TOTAL (I)** | **6 208** | **4 754** |
| Provisions pour risques | | |
| Provisions pour charges | 318 | 688 |
| **TOTAL (II)** | **318** | **688** |
| Dettes financières : (1) | | |
| Emprunts obligataires convertibles | | |
| Autres emprunts obligataires | | |
| Emprunts et dettes auprès des établissements de crédit (6) | 8 968 | 6 692 |
| Emprunts et dettes financières divers | 686 | 1 405 |
| Avances et acomptes reçus sur commandes en cours (1) | | |
| Dettes fournisseurs et comptes rattachés | 5 275 | 1 501 |
| Dettes fiscales et sociales | 4 907 | 3 569 |
| Dettes sur immobilisations | 684 | 7 |
| Dettes fiscales (impôts sur les bénéfices) | 347 | 574 |
| Produits constatés d'avance | | |
| **TOTAL (III)** | **20 867** | **13 748** |
| Écarts de conversion - Passif (IV) | | |
| **TOTAL GÉNÉRAL (I + II + III + IV)** | **27 392** | **19 190** |
| (6) dont concours bancaires ccourants et soldes créditeurs de banques | 780 | 546 |

| Compte de résultat (en k€) - Entreprise CARRE | | |
|---|---|---|
| **Postes** | **Année N** | **Année N – 1** |
| *Produits d'exploitation* | | |
| Production vendue | 36 420 | 28 121 |
| *Montant net du chiffre d'affaires* | 36 420 | 28 121 |
| Reprises sur provisions (et amortissements) et tranferts de charges | 2 076 | 91 |
| Autres produits | 364 | 233 |
| **Total produits d'exploitation** | **38 860** | **28 445** |
| *Charges d'exploitation* | | |
| Achats matières premières | 3 572 | 2 802 |
| Variation des stocks d'approvisionnements | 68 | 84 |
| Autres achats et charges externes | 11 725 | 7 552 |
| Impôts, taxes et versements assimilés | 1 448 | 1 074 |
| Salaires et traitements | 9 310 | 7 024 |
| Charges sociales | 4 030 | 3 076 |
| Dotations aux amortissements sur immobilisations | 3 586 | 2 780 |
| Dotations provisions sur immobilisations | 49 | 0 |
| Dotations aux provisions sur actif circulant | 535 | 22 |
| Dotations aux provisions pour risques et charges | 305 | 449 |
| Autres charges | 6 | 37 |
| **Total charges d'exploitation** | **34 634** | **24 899** |
| *Produits financiers* | | |
| Autres intérêts et produits assimilés | 54 | 26 |
| Produits nets sur cessions de valeurs mobilières de placement | 12 | 0 |
| **Total produits financiers** | **66** | **26** |
| *Charges financières* | | |
| Dotations aux provisions | 126 | 0 |
| Intérêts et charges assimilées | 949 | 869 |
| Charges nettes sur cessions de valeurs mobilières de placement | 0 | 7 |
| **Total charges financières** | **1 075** | **876** |
| *Produits exceptionnels* | | |
| Sur opérations de gestion | 106 | 17 |
| Sur opérations en capital | 162 | 7 |
| **Total des produits exceptionnels** | **268** | **24** |
| *Charges exceptionnelles* | | |
| Sur opérations de gestion | 164 | 66 |
| Sur opérations en capital | 1 038 | 19 |
| Dotations aux amortissements et aux provisions | 316 | 0 |
| **Total des charges exceptionnelles** | **1 518** | **85** |
| **Impôts sur les bénéfices** | **1 038** | **1 174** |
| **Total des produits** | **39 194** | **28 495** |
| **Total des charges** | **38 265** | **27 034** |
| **Bénéfice** | **929** | **1 462** |

**13.2** On vous communique ci-dessous le compte de résultat et certains extraits des bilans d'ouverture et de clôture de l'entreprise ALICAR ainsi que divers renseignements annexes :

| Compte de résultat 01/01/N au 31/12/N (en euros) | | | |
|---|---|---|---|
| **Débit** | | **Crédit** | |
| Charges d'exploitation | | Produits d'exploitation | |
| Achats de marchandises | 700 000 | Ventes de marchandises | 1 500 000 |
| Variation de stock | - 20 000 | | |
| Autres achats et charges externes | 200 000 | | |
| Impôts et taxes | 20 000 | | |
| Salaires et traitements | 110 000 | | |
| Charges sociales | 40 000 | | |
| Dotations aux amortissements | 40 000 | | |
| Dotations aux provisions | 22 000 | Reprises sur provisions | 8 000 |
| **Total I** | **1 112 000** | **Total I** | **1 508 000** |
| Charges financières | | Produits financiers | |
| Intérêts | 50 000 | Produits nets sur cessions de V.M.P. | 3 000 |
| **Total II** | **50 000** | **Total II** | **3 000** |
| Charges exceptionnelles | | Produits exceptionnels | |
| Valeur comptable des éléments d'actif cédés | 35 000 | Produits des cessions d'éléments d'actif | 32 000 |
| **Total III** | **35 000** | **Total III** | **32 000** |
| **Total des charges** | **1 197 000** | **Total des produits** | **1 543 000** |
| **Solde créditeur = bénéfice** | **346 000** | **Solde débiteur = perte** | |
| **Total général** | **1 543 000** | **Total général** | **1 543 000** |

| Extraits du bilan au : | 31/12/N – 1 | 31/12/N |
|---|---|---|
| Stock de marchandises | 80 000 | 100 000 |
| Créances clients | 28 000 | 32 000 |
| Valeurs mobilières de placement | 52 000 | 28 000 |
| Dettes fournisseurs (de marchandises) | 24 000 | 16 000 |
| Autres dettes d'exploitation | 12 000 | 21 000 |

Renseignements divers :

- Par simplification, il est fait abstraction de la T.V.A. et de l'impôt sur les sociétés.
- Les intérêts de l'exercice N concernent un emprunt à échéance du 31 décembre remboursable par annuités constantes de 80 000 €.
- Aucune acquisition de valeurs mobilières de placements n'a été effectuée au cours de l'exercice.
- Le seul mouvement de l'exercice concernant les immobilisations est une cession de matériel de transport.

**1 ▶** Calculer l'excédent brut d'exploitation.

**2 ▶** Calculer la capacité d'autofinancement de l'exercice à partir du résultat de l'exercice et à partir de l'excédent brut d'exploitation.

**3 ▶** Calculer à partir de sa définition l'excédent de trésorerie d'exploitation et vérifier la relation qui existe avec l'excédent brut d'exploitation.

# Corrigés des exercices

13.1 **1 ▶ Soldes intermédiaires de gestion** :

| Soldes intermédiaires de gestion - Entreprise CARRE | |
|---|---|
| **Années** | **N** |
| Ventes de marchandises | 0 |
| – Coût d'achat des marchandises vendues | 0 |
| = **Marge commerciale** (1) | **0** |
| Production vendue | 36 420 |
| + Production stockée | 0 |
| + Production immobilisée | 0 |
| = **Production de l'exercice** (2) | **36 420** |
| Achats de matières premières et autres approvisionnements | 3 572 |
| + Variation des stocks | 68 |
| + Autres achats et charges externes | 11 725 |
| = *Consommation en provenance des tiers* (3) | *15 365* |
| **Valeur ajoutée** (4) = (1) + (2) – (3) | **21 055** |
| + Subvention d'exploitation | 0 |
| – Impôts et taxes | 1 448 |
| – Charges de personnel | 13 340 |
| = **Excédent brut d'exploitation** (5) | **6 267** |
| + Reprises sur amortissements et provisions et transferts de charges | 2 076 |
| + Autres produits | 364 |
| – Dotations aux amortissements et provisions | 4 475 |
| – Autres charges | 6 |
| = **Résultat d'exploitation** (6) | **4 226** |
| + Produits financiers | 66 |
| – Charges financières | 1 075 |
| = **Résultat courant** (7) | **3 217** |
| Produits exceptionnels | 268 |
| – Charges exceptionnelles | 1 518 |
| = **Résultat exceptionnel** (8) | **– 1 250** |
| Participation des salariés (9) | 0 |
| Impôts sur les bénéfices (10) | 1 038 |
| **Résultat de l'exercice** (11) = (7) + (8) – (9) – (10) | **929** |

| | |
|---|---|
| Produits des cessions d'éléments d'actif | 157 |
| – Valeur comptable des éléments cédés | 0 |
| = **Plus-values et moins-values sur cessions d'éléments d'actif** | **157** |

**2 ▶ Capacité d'autofinancement** :

• Calcul à partir de l'E.B.E. :

| | N |
|---|---|
| **Excédent (ou insuffisance) brut(e) d'exploitation** | 6 267 |
| + Transferts de charges (d'exploitation) | 1 322 |
| + Autres produits d'exploitation | 364 |
| – Autres charges d'exploitation | **– 6** |
| + Produits financiers | 66 |
| – Charges financières | **– 949** |
| + Produits exceptionnels | 106 |
| – Charges exceptionnelles | **– 1 202** |
| – Impôts sur les bénéfices | **– 1 038** |
| **= capacité d'autofinancement de l'exercice** | **4 930** |

• Calcul à partir du résultat net :

| | | N |
|---|---|---|
| **Résultat net de l'exercice** | | 929 |
| + Dotations aux amortissements et aux provisions : | | |
| d'exploitation | | 4 475 |
| financières | | 126 |
| exceptionnelles | | 316 |
| – Reprises sur amortissements et provisions : | | |
| d'exploitation | 2076 – 1 322 | **– 754** |
| financières | | |
| exceptionnelles | | |
| – Subventions d'investissement virées au résultat | | **– 5** |
| – Produits des cessions d'éléments d'actif | | **– 157** |
| + Valeur comptable des éléments immobilisés et financiers cédés | | 0 |
| **= capacité d'autofinancement de l'exercice** | | **4 930** |

**1 322 ne représente pas une reprise mais un transfert de charge**

**3 ▶ Besoin en fonds de roulement** :

| | Année N | Année N – 1 |
|---|---|---|
| Stocks | 342 | 410 |
| Avances et acomptes | 18 | 13 |
| Clients | 10 573 | 6 088 ← |
| Charges constatées d'avance | 162 | 252 |
| **Total des besoins d'exploitation** | **11 095** | **6 763** |
| Dettes fournisseurs | 5 275 | 1 501 |
| Dettes fiscales | 4 907 | 3 569 |
| **Total des ressources d'exploitation** | **10 182** | **5 070** |
| **B.F.R.E.** | **913** | **1 693** |

**5 830 + 258 (valeurs nettes + provisions de l'année N – 1)**

**4 ▶ Calcul de l'E.T.E.** :

E.T.E. = E.B.E. – Δ B.F.R.E.

Variation du B.F.R.E. = 913 – 1 693

= – 780

E.T.E. = 6 267 – (– 780) ; **E.T.E. = 7 047**.

**13.2** **1 ▶ Calcul de l'excédent brut d'exploitation (E.B.E.)** :

| | | |
|---|---|---|
| Ventes de marchandises | | 1 500 000 |
| Achats de marchandises | 700 000 | |
| Variation de stock | – 20 000 | |
| – Coût d'achat des marchandises vendues | 680 000 | 680 000 |
| **= Marge commerciale** | | **820 000** |
| Production de l'exercice | | néant |
| Marge commerciale | | 820 000 |
| + Production de l'exercice | | néant |
| – Consommation de l'exercice en provenance de tiers | | 200 000 |
| **= Valeur ajoutée** | | **620 000** |
| Valeur ajoutée | | 620 000 |
| + Subventions d'exploitation | | néant |
| – Impôts et taxes | | – 20 000 |
| Salaires et traitements | 110 000 | |
| Charges sociales | 40 000 | |
| – Charges de personnel | – 150 000 | – 150 000 |
| **= Excédent brut d'exploitation** | | **450 000** |

**2 ▶ Calcul de la capacité d'autofinancement de l'exercice** :

• À partir du résultat net :

| | |
|---|---|
| Résultat net : | 346 000 |
| + Dotations aux amortissements : | + 40 000 |
| + Dotations aux provisions : | + 22 000 |
| – Reprises sur provisions : | – 8 000 |
| – P.C.E.A. : | – 32 000 |
| + V.C.E.A.C. : | + 35 000 |
| **Capacité d'autofinancement :** | **403 000** |

• À partir de l'E.B.E. :

| | |
|---|---|
| E.B.E. : | 450 000 |
| + Produits financiers : | + 3 000 |
| – Charges financières : | – 50 000 |
| **Capacité d'autofinancement :** | **403 000** |

**3 ▶ Calcul de l'excédent de trésorerie d'exploitation et relation avec l'excédent brut d'exploitation** :

Excédent de trésorerie d'exploitation
= produits d'exploitation encaissés – charges d'exploitation décaissées.

Les créances clients au 31/12/N représentent une fraction des ventes de marchandises de l'exercice N qui ne seront encaissées qu'au cours de l'exercice suivant ; symétriquement, les créances clients au 01/01/N représentent la fraction des ventes de marchandises de l'exercice précédent qui sera encaissée en N.

D'où :

**Produits d'exploitation encaissés = 1 500 000 – 32 000 + 28 000 = 1 496 000 €**.

Le raisonnement est identique pour ce qui concerne les charges d'exploitation décaissées :

| | |
|---|---|
| Décaissements des achats de marchandises : 700 000 – 16 000 + 24 000 = | 708 000 |
| Décaissements des autres achats : 200 000 - 21 000 + 12 000 = | 191 000 |
| Impôts et taxes : | 20 000 |
| Salaires et traitements : | 110 000 |
| Charges sociales : | 40 000 |
| **Charges d'exploitation décaissées :** | **1 069 000** |

**E.T.E. = 1 496 000 – 1 069 000 = 427 000 €**.

À titre de vérification, il est possible de calculer l'E.T.E. à partir de la relation suivante :

E.T.E. = E.B.E. – Variation du B.F.R.E.

| | 01/01/N | 31/12/N | Variation |
|---|---|---|---|
| **Emplois d'exploitation** | | | |
| Stock de marchandises | 80 000 | 100 000 | |
| Créances clients | 28 000 | 32 000 | |
| **Total (1)** | **108 000** | **132 000** | |
| **Ressources d'exploitation** | | | |
| Dettes fournisseurs | 24 000 | 16 000 | |
| Autres dettes d'exploitation | 12 000 | 21 000 | |
| **Total (2)** | **36 000** | **37 000** | |
| **B.F.R.E. (1) – (2)** | **72 000** | **95 000** | **+ 23 000** |

E.T.E. = E.B.E. – Variation du B.F.R.E.

**E.T.E. = 450 000 – 23 000 = 427 000 €**.

# 14

# Le tableau de flux de l'Ordre des experts-comptables

## 1. Présentation du tableau des flux de trésorerie

La présentation d'un tableau des flux de trésorerie doit conduire à classer les flux de trésorerie en trois catégories :

– flux de trésorerie liés à l'activité ;

– flux de trésorerie liés aux opérations d'investissement ;

– flux de trésorerie liés aux opérations de financement.

La variation de trésorerie analysée dans le tableau de trésorerie doit être justifiée, en pied de tableau, par différence entre la trésorerie à la clôture et la trésorerie à l'ouverture de l'exercice.

## 2. Modèle de tableau

**Tableau des flux de trésorerie de l'Ordre des experts-comptables**

| | N |
|---|---|
| **Flux de trésorerie liés à l'activité**<br>Résultat d'exploitation<br>*Élimination des éléments sans incidence sur la trésorerie ou non liés à l'activité :*<br>• Amortissements et provisions (1)<br>• Transfert de charges | |
| Résultat brut d'exploitation | |
| • Moins : variation du besoin en fonds de roulement d'exploitation<br>Stocks<br>Créances d'exploitation<br>Dettes d'exploitation | |
| ***Flux net de trésorerie d'exploitation*** | |
| *Autres encaissements et décaissements liés à l'activité*<br>• Frais financiers<br>• Produits financiers<br>• Impôt sur les sociétés, hors impôt sur les plus-values de cession<br>• Charges et produits exceptionnels liés à l'activité<br>• Autres créances liées à l'activité<br>• Autres dettes liées à l'activité | |
| ***Flux net de trésorerie généré par l'activité*** | |
| **Flux de trésorerie liés aux opérations d'investissement**<br>Acquisitions d'immobilisations<br>Cessions d'immobilisations, nettes d'impôt<br>Réduction d'immobilisations financières<br>Variation des dettes et créances sur immobilisations | |
| ***Flux de trésorerie liés aux opérations d'investissement*** | |
| **Flux net de trésorerie liés aux opérations de financement**<br>Dividendes versés<br>Incidence des variations de capital<br>Émissions d'emprunts<br>Remboursements d'emprunts<br>Subventions d'investissements reçus | |
| ***Flux net de trésorerie liés aux opérations de financement*** | |
| **Variation de trésorerie** | |
| Trésorerie d'ouverture<br>Trésorerie de clôture | |

**Attention ! cette variation ne correspond pas à la variation du B.F.R.E. du P.C.G., ici il faut calculer la variation à partir des valeurs nettes et non brutes.** (→ Moins : variation du besoin en fonds de roulement d'exploitation)

**Disponibilités (N) – C.B.C. et S.C.B. (N) + V.M.P. (N)** (→ Trésorerie de clôture)

**Disponibilités (N – 1) – C.B.C. et S.C.B. (N – 1) + V.M.P. (N – 1)** (→ Trésorerie d'ouverture)

(1) À l'exclusion des provisions sur actif circulant.

## 3. Commentaires

### A. Flux de trésorerie liés à l'activité

Le flux de trésorerie lié à l'activité fournit une indication essentielle sur la capacité de l'entreprise à rembourser les emprunts, payer les dividendes et procéder à de nouveaux investissements, sans faire appel à des sources de financement externes.

Les flux de trésorerie liés à l'activité comprennent l'ensemble des flux non liés aux opérations d'investissement ou de financement, à savoir :

– Les flux de trésorerie d'exploitation correspondant aux charges et aux produits d'exploitation monétaires, tels que les sommes encaissées auprès des clients (ventes) et les sommes versées aux fournisseurs et aux salariés (achats et frais de personnel).

– Les autres encaissements et décaissements qu'il est possible de rattacher à l'activité, tels que les flux de trésorerie correspondant aux charges et produits financiers, aux charges et produits exceptionnels, à la participation des salariés et à l'impôt sur les sociétés.

*Remarque :* la variation du besoin en fonds de roulement lié à l'activité est obtenue par comparaisons des valeurs nettes de provisions figurant à l'actif du bilan.

### B. Flux de trésorerie liés aux opérations d'investissement

Les flux de trésorerie liés aux opérations d'investissement fournissent une mesure des sommes affectées au renouvellement et au développement de l'activité en vue de préserver ou d'accroître le niveau des flux futurs de trésorerie.

### C. Flux de trésorerie liés aux opérations de financement

La présentation distincte des flux liés aux opérations de financement permet d'identifier les sources de financement :

– Augmentation du capital.
– Nouveaux emprunts.
– Subventions d'investissement.

Et les décaissements y afférents :

– Distribution de dividendes.
– Remboursements d'emprunts…

### D. Avantages du tableau des flux de trésorerie

Le tableau des flux de trésorerie présente l'avantage :

– de faciliter la comparaison des états financiers de l'entreprise avec ceux d'autres entreprises ;
– de donner une information sur la capacité de l'entreprise à générer de la trésorerie d'exploitation et sur l'incidence de ses décisions d'investissement et de financement ;
– d'être adapté à une analyse tant rétrospective que prévisionnelle.

# Énoncés des exercices

**14.1** La société MOUGINTOP est spécialisée dans le négoce de matériels et fournitures industriels.

La société établit chaque année un tableau de flux de trésorerie conformément aux prescriptions de l'Ordre des experts-comptables.

Vous disposez :

– des annexes 1, 2, 3, et 4 ;

– du tableau des flux de l'O.E.C. pour les années N – 1 et N.

**1 ►** Retrouvez l'ensemble des flux pour l'année N.

**2 ►** Commenter sous forme d'une note de synthèse l'évolution de la situation de la société.

**Annexe 1 :**

• Capitaux propres :

– Au 1er janvier N – 1, le capital social était composé de 30 000 actions identiques libérées d'une valeur nominale unitaire de 1 000 €.

– Le 1er juillet N, la société a procédé à une augmentation de capital par émission de 10 000 actions de numéraire :

Prix d'émission unitaire : 3 000 €.

Valeur nominale unitaire : 1 000 €.

• Dividendes versées au cours de l'année N : 6 600 k€.

• Cessions :

Au cours de l'exercice N, l'entreprise a réalisé les cessions suivantes :

| Éléments cédés | Prix de cession H.T. | Valeurs comptables |
|---|---|---|
| • Terrain | 15 000 000 | 10 000 000 |
| • Matériels techniques | 800 000 | 1 000 000 |
| • Titres de participation (détenus depuis plus de 2 ans) | 12 100 000 | 5 000 000 |
| Total | 27 900 000 | 16 000 000 |

• Dettes financières :

– Le 1er juillet N, la société a contracté un nouvel emprunt bancaire de 5 000 k€, remboursable par amortissements constants à compter du 1er juillet N + 1, au taux annuel d'intérêt de 6 %.

– L'entreprise a remboursé un emprunt : montant 7 375 k€.

• Autres :

– Les soldes créditeurs de banque correspondent à des découverts momentanés.

– Les charges constatées d'avance sont liées à l'exploitation et les produits constatés d'avance sont considérés comme hors exploitation.

## Annexe 2 :

### BILAN au 31/12/N (avant répartition) en k€ - Société MOUGINTOP

| ACTIF | Brut | Amort. prov. | Net Ex. N | Net Ex. N – 1 |
|---|---|---|---|---|
| Capital souscrit, non appelé | | | | |
| Immobilisations incorporelles : | | | | |
| Frais d'établissement | | | | |
| Frais de recherche et de développement | | | | |
| Concessions, brevets, licences | | | | |
| Fonds commercial | | | | |
| Autres | 8 000 | | 8 000 | 8 000 |
| Avances et acomptes | 720 | 680 | 40 | 150 |
| Immobilisations corporelles : | | | | |
| Terrains | 16 255 | | 16 255 | 26 255 |
| Constructions | 22 000 | 4 100 | 17 900 | 2 500 |
| Installations techniques, matériels et outillages industriels | 7 000 | 2 500 | 4 500 | 1 500 |
| Autres | 13 000 | 11 000 | 2 000 | 4 000 |
| Immobilisations corporelles en cours | | | | 4 000 |
| Avances et acomptes | | | | |
| Immobilisations financières : | | | | |
| Participations | 96 000 | | 96 000 | |
| Créances rattachées à des participations | | | | 55 000 |
| Autres titres immobilisés | | | | |
| Prêts | | | | |
| Autres | 202 | | 202 | 200 |
| **TOTAL (I)** | **163 177** | **18 280** | **144 897** | **101 605** |
| Stocks et en-cours | | | | |
| Matières premières et autres approvisionnements | | | | |
| En-cours de production | 1 200 | | 1 200 | 800 |
| Produits intermédiaires et finis | | | | |
| Marchandises | 23 500 | 250 | 23 250 | 19 850 |
| Avances et acomptes versés sur commandes | 1 200 | | 1 200 | 625 |
| Créances d'exploitation | | | | |
| Créances clients et comptes rattachés | 40 862 | 1 420 | 39 442 | 37 225 |
| Autres créances | 3 140 | | 3 140 | 2 430 |
| Créances diverses | | | | |
| Capital souscrit, appelé, non versé | | | | |
| Valeurs mobilières de placement : | | | | |
| Actions propres | | | | |
| Autres titres | | | | |
| Instruments de trésorerie | | | | |
| Disponibilités | | | 4 400 | 2 292 |
| Charges constatées d'avance | 1 423 | | 1 423 | 526 |
| **TOTAL (II)** | **71 325** | **1 670** | **74 055** | **63 748** |
| Charges à repartir sur plusieurs exercices (III) | | | | |
| Primes de remboursement des obligations (IV) | | | | |
| Écart de conversion - Actif (V) | | | | |
| **TOTAL GÉNÉRAL (I + II + III + IV + V)** | **234 502** | **19 950** | **218 952** | **165 353** |

| PASSIF | Exercice N | Exercice N – 1 |
|---|---|---|
| Capital [dont versé ] | 40 000 | 30 000 |
| Primes d'émission, de fusion, d'apport | 24 000 | 4 000 |
| Écarts de réévaluation | | |
| Réserves : | | |
| Réserve légale | 3 000 | 3 000 |
| Réserves statutaires | | |
| Réserves réglementées | 1 200 | 1 200 |
| Autres | 52 121 | 39 184 |
| Report à nouveau | 199 | 229 |
| Résultat de l'exercice | 21 842 | 19 507 |
| Subventions d'investissement | | |
| Provisions réglementées | 4 850 | 3 556 |
| **TOTAL (I)** | **147 212** | **100 676** |
| Provisions pour risques | | |
| Provisions pour charges | 352 | 150 |
| **TOTAL (II)** | **352** | **150** |
| Dettes financières : (1) | | |
| Emprunts obligataires convertibles | | |
| Autres emprunts obligataires | | |
| Emprunts et dettes auprès des établissements de crédit (2) | 27 550 | 28 000 |
| Emprunts et dettes financières divers (3) | 1 725 | 2 100 |
| Avances et acomptes reçus sur commandes en cours (1) | 760 | 450 |
| Dettes d'exploitation (1) | | |
| Dettes fournisseurs et comptes rattachés | 25 856 | 23 120 |
| Dettes fiscales et sociales | 8 676 | 7 118 |
| Autres | 109 | 125 |
| Dettes diverses (1) | | |
| Dettes sur immobilisations | | |
| Dettes fiscales (impôts sur les bénéfices) | 5 000 | |
| Autres | | 2 100 |
| Instruments de trésorerie | | |
| Produits constatés d'avance (1) | 1 712 | 1 514 |
| **TOTAL (III)** | **71 388** | **64 527** |
| Écarts de conversion - Passif (IV) | | |
| **TOTAL GÉNÉRAL (I + II + III + IV)** | **218 952** | **165 353** |
| (1) dont à plus d'un an dont à moins d'un an | | |
| (2) dont concours bancaires ccourants et soldes créditeurs de banques | 1 550 | 0 |
| (3) dont emprunts participatifs | | |

**Annexe 3** :

## COMPTE DE RÉSULTAT en k€ - Société MOUGINTOP

| CHARGES (hors taxes) | Exercice N | Exercice N – Totaux partiels | Exercice N – 1 |
|---|---|---|---|
| **Charges d'exploitation** | | | |
| **Coût d'achat des marchandises vendues dans l'exercice** | | 81 020 | 64 800 |
| Achats de marchandises | 84 320 | | |
| Variation des stocks de marchandises | -3 300 | | |
| **Consommations de l'exercice en provenance des tiers** | | 9 314 | 8 289 |
| Achat stockés d'approvisionnements | | | |
| – Matières premières | 2 630 | | |
| – Autres approvisionnements | | | |
| Variation des stocks d'approvisionnements | | | |
| Achats de sous traitances | | | |
| Achats non stockés de matières et fournitures | | | |
| Services extérieurs | | | |
| – Personnel extérieur | | | |
| – Loyers en crédit bail | | | |
| – Autres | 6 684 | | |
| **Impôts, taxes et versements assimilés** | | 1 169 | 1 113 |
| Sur rémunérations | 1 169 | | |
| Autres | | | |
| **Charges de personnel** | | 8 708 | 8 215 |
| Salaires et traitements | 5 000 | | |
| Charges sociales | 3 708 | | |
| **Dotations aux amortissements et aux provisions** | | 6 927 | 3 340 |
| Sur immobilisations : dot aux amortissements | 5 830 | | |
| Sur immobilisations : dot aux provisions | | | |
| Sur actif circulant : dot aux provisions | 745 | | |
| Pour risques et charges : dotations aux provisions | 352 | | |
| **Autres charges** | | 425 | 390 |
| TOTAL | | **107 563** | **86 147** |
| **Charges financières** | | | |
| Dotations aux amortissements et aux provisions | | | |
| Intérêts et charges assimilées | | 6 022 | 3 638 |
| Différences négatives de change | | | |
| Charges nettes sur cessions de valeurs mobilières de placement | | | |
| TOTAL | | **6 022** | **3 638** |
| **Charges exceptionnelles** | | | |
| Sur opérations de gestion | | | 1 345 |
| Sur opérations en capital | | 16 000 | |
| – Valeurs comptables des éléments immobilisés et financiers cédés | 16 000 | | |
| – Autres | | | |
| Dotations aux amortissements et aux provisions : | | 3 890 | |
| – Dotations aux provisions réglementées | 3 890 | | |
| – Dotations aux amortissements et aux autres provisions | | | |
| TOTAL | | **19 890** | **1 345** |
| **Participation des salariés aux fruits de l'expansion** | | | |
| **Impôts sur les bénéfices** | | **7 795** | **9 471** |
| **Solde créditeur = bénéfice** | | **21 842** | **19 507** |
| TOTAL | | **163 112** | **120 108** |

| PRODUITS (hors taxes) | Exercice N | Exercice N – Totaux partiels | Exercice N – 1 |
|---|---|---|---|
| **Produits d'exploitation :** | | | |
| Ventes de marchandises | | 112 740 | 104 500 |
| Production vendue | | 7 260 | 6 600 |
| Ventes | 7 260 | | |
| Travaux | | | |
| Prestations de services | | | |
| **Montant net du chiffre d'affaires** | | 120 000 | 111 100 |
| Production stockée | | 400 | 250 |
| En cours de production de biens | | | |
| En cours de production de services | | | |
| Produits | 400 | | |
| Production immobilisée | | 2 000 | 2 000 |
| Subventions d'exploitation | | | |
| Reprises sur provisions (et amortissements) | | 300 | 200 |
| Tranferts de charges | | 2 000 | |
| Autres produits | | 700 | 720 |
| TOTAL | | **125 400** | **114 270** |
| **Produits financiers** | | | |
| De participations | | | |
| D'autres valeurs mobilières et créances de l'actif immobilisé | | | |
| Autres intérêts et produits assimilés | | 6 606 | 5 323 |
| Reprises sur provisions et transferts de charges financières | | | |
| Différences positives de change | | | |
| Produits nets sur cessions de valeurs mobilières de placement | | | |
| TOTAL | | **6 606** | **5 323** |
| **Produits exceptionnels** | | | |
| Sur opérations de gestion | | 2 100 | 515 |
| Sur opérations en capital : | | 27 900 | |
| – Produits des cessions d'éléments d'actif | 27 900 | | |
| – Subventions d'investissements virées au résultat de l'exercice | | | |
| – Autres | | | |
| Reprises sur provisions et transferts de charges exceptionnelles | | 1 106 | |
| TOTAL | | **31 106** | **515** |
| **Solde débiteur = perte** | | | |
| TOTAL GÉNÉRAL | | **163 112** | **120 108** |

**Dont 2 949 k€ d'impôt sur les plus-values de cession**

**Annexe 4** :

| TABLEAU DES IMMOBILISATIONS en k€ - Société MOUGINTOP (exercice N) | | | | | |
|---|---|---|---|---|---|
| | A | B | C | | D |
| Rubriques | Valeur brute à l'ouverture de l'exercice | Augmentations | Diminutions | | Valeur brute à la clôture de l'exercice |
| | | | par virement de poste à poste | par cession à des tiers | |
| Immobilisations incorporelles | | | | | |
| Frais d'établissement, | | | | | |
| de recherche et de développement | | | | | 0 |
| Autres immobilisations incorporelles | 8 600 | 120 | | | 8 720 |
| Immobilisations corporelles | 53 255 | 23 000 | 4 000 | 14 000 | 58 255 |
| Immobilisations financières | 55 200 | 46 002 | 0 | 5 000 | 96 202 |
| | | | | | 0 |
| **TOTAL** | **117 055** | **69 122** | **4 000** | **19 000** | **163 177** |

| TABLEAU DES AMORTISSEMENTS en k€ - Société MOUGINTOP (exercice N) | | | | |
|---|---|---|---|---|
| | A | B | C | D |
| Rubriques | Amortissements cumulés au début de l'exercice | Augmentations dotations de l'exercice | Diminutions | Amortissements cumulés à la fin de l'exercice |
| Immobilisations incorporelles | 450 | 230 | | 680 |
| Immobilisations corporelles | 15 000 | 5 600 | 3 000 | 17 600 |
| Immobilisations financières | 0 | | | 0 |
| **TOTAL** | **15 450** | **5 830** | **3 000** | **18 280** |

| TABLEAU DES PROVISIONS en k€ - Société MOUGINTOP (exercice N) | | | | |
|---|---|---|---|---|
| | A | B | C | D |
| Rubriques | Provisions au début de l'exercice | Augmentations | Diminutions | Provisions à la fin de l'exercice |
| Provisions réglementées | | | | |
| (amortissement dérogatoire) | 3 556 | 3 890 | 1 106 | 6 340 |
| Provisions pour risques | 0 | 0 | 0 | 0 |
| Provisions pour charges | 150 | 352 | 150 | 352 |
| Provisions pour dépréciations | 1 075 | 745 | 150 | 1 670 |
| **TOTAL** | **4 781** | **4 987** | **1 406** | **8 362** |

**Annexe 5** :

**Tableau des flux de trésorerie de l'ordre des experts-comptables** (en milliers d'euros)

| | **N** | **N – 1** |
|---|---|---|
| **Flux de trésorerie liés à l'activité** | | |
| Résultat d'exploitation | 16 347 | 28 123 |
| *Élimination des éléments sans incidence sur la trésorerie ou non liés à l'activité :* | | |
| • Amortissements et provisions (1) | 6 032 | 2 352 |
| • Transfert de charges | | |
| Résultat brut d'exploitation | **22 379** | **30 475** |
| • Moins : variation du besoin en fonds de roulement d'exploitation | | |
| Stocks | – 3 800 | – 1 300 |
| Créances d'exploitation | – 4 399 | – 306 |
| Dettes d'exploitation | 4 588 | 215 |
| ***Flux net de trésorerie d'exploitation*** | **18 768** | **29 084** |
| *Autres encaissements et décaissements liés à l'activité* | | |
| • Frais financiers | – 6 022 | – 3 638 |
| • Produits financiers | 6 606 | 5 323 |
| • Impôt sur les sociétés, hors impôt sur les plus-values de cession | – 4 846 | – 9 471 |
| • Charges et produits exceptionnels liés à l'activité | 2 100 | – 830 |
| • Autres créances liées à l'activité | | |
| • Autres dettes liées à l'activité | – 1 902 | |
| ***Flux net de trésorerie généré par l'activité*** | **14 704** | **20 468** |
| **Flux de trésorerie liés aux opérations d'investissement** | | |
| Acquisitions d'immobilisations | – 65 122 | – 8 024 |
| Cessions d'immobilisations, nettes d'impôt | 24 951 | 548 |
| Réduction d'immobilisations financières | | |
| Variation des dettes et créances sur immobilisations | 5 000 | |
| ***Flux de trésorerie liés aux opérations d'investissement*** | **– 35 171** | **– 7 476** |
| **Flux net de trésorerie liés aux opérations de financement** | | |
| Dividendes versés | – 6 600 | – 6 000 |
| Incidence des variations de capital | 30 000 | |
| Émissions d'emprunts | 5 000 | |
| Remboursements d'emprunts | – 7 375 | – 7 000 |
| Subventions d'investissements reçus | | |
| ***Flux net de trésorerie liés aux opérations de financement*** | **21 025** | **– 13 000** |
| **Variation de trésorerie** | **558** | **– 8** |
| Trésorerie d'ouverture | 2 292 | 2 300 |
| Trésorerie de clôture | 2 850 | 2 292 |

(1) À l'exclusion des provisions sur actif circulant.

# Corrigés des exercices

**14.1** 1 ▶

**Tableau des flux de trésorerie de l'ordre des experts-comptables**
(en milliers d'euros)

| | N | N – 1 |
|---|---|---|
| **Flux de trésorerie liés à l'activité** | | |
| Résultat d'exploitation (125 400 – 109 053) | 16 347 | 28 123 |
| *Élimination des éléments sans incidence sur la trésorerie ou non liés à l'activité :* | | |
| • Amortissements et provisions (1) (5 830 + 352 - 150) | 6 032 | 2 352 |
| • Transfert de charges | | |
| Résultat brut d'exploitation | **22 379** | **30 475** |
| • Moins : variation du besoin en fonds de roulement d'exploitation | | |
| Stocks (1 200 + 23 250) – (800 + 19 850) | – 3 800 | – 1 300 |
| Créances d'exploitation (1 200 + 39 442 + 3 140 + 1 423) – (625 + 37 225 + 2 430 + 526) | – 4 399 | – 306 |
| Dettes d'exploitation (25 856 + 760 + 8 676 + 109) – (23 120 + 450 + 7 118 + 125) | 4 588 | 215 |
| ***Flux net de trésorerie d'exploitation*** | **18 768** | **29 084** |
| *Autres encaissements et décaissements liés à l'activité* | | |
| • Frais financiers | – 6 022 | – 3 638 |
| • Produits financiers | 6 606 | 5 323 |
| • Impôt sur les sociétés, hors impôt sur les plus-values de cession (7 795 – 2 949) | – 4 846 | – 9 471 |
| • Charges et produits exceptionnels liés à l'activité | 2 100 | – 830 |
| • Autres créances liées à l'activité | | |
| • Autres dettes liées à l'activité (1 712) – (2 100 + 1 514) | – 1 902 | |
| ***Flux net de trésorerie généré par l'activité*** | **14 704** | **20 468** |
| **Flux de trésorerie liés aux opérations d'investissement** | | |
| Acquisitions d'immobilisations (69 122 – 4 000) | – 65 122 | – 8 024 |
| Cessions d'immobilisations, nettes d'impôt (27 900 – 2 949) | 24 951 | 548 |
| Réduction d'immobilisations financières | | |
| Variation des dettes et créances sur immobilisations (5000 – 0) | 5 000 | |
| ***Flux de trésorerie liés aux opérations d'investissement*** | **– 35 171** | **– 7 476** |
| **Flux net de trésorerie liés aux opérations de financement** | | |
| Dividendes versés (*cf.* énoncé) | – 6 600 | – 6 000 |
| Incidence des variations de capital (10 000 × 1 k€) | 30 000 | |
| Émissions d'emprunts (*cf.* énoncé) | 5 000 | |
| Remboursements d'emprunts (*cf.* énoncé) | – 7 375 | – 7 000 |
| Subventions d'investissements reçus | | |
| ***Flux net de trésorerie liés aux opérations de financement*** | **21 025** | **– 13 000** |
| **Variation de trésorerie** | **558** | **– 8** |
| Trésorerie d'ouverture | 2 292 | 2 300 |
| Trésorerie de clôture (4 400 – 1 550) | 2 850 | 2 292 |

(1) À l'exclusion des provisions sur actif circulant.

| | | |
|---|---|---|
| Vérification (Trésorerie de clôture = Disponibilités moins concours bancaires courants et soldes créditeurs de banques) | 2 850 | 2 292 |

**2 ▸** La progression du chiffre d'affaires de N – 1 à N (+ 8 %) s'est faite au prix d'une baisse de la marge commerciale
(marge commerciale N – 1 : 104 500 – 64 800 = 39 700, soit un taux de marge de 38 % ; marge commerciale de N : 112 740 – 81 020 = 31 720, soit un taux de marge de 28 %) d'où une perte au niveau de la trésorerie.
Le besoin en fonds de roulement d'exploitation à progresser :
3 800 + 4 399 – 4 588 = + 3 616 k€, cette progression s'explique par l'augmentation du chiffre d'affaires.
On constate que le flux de trésorerie généré par l'activité ne représente que 14 704 k€, alors qu'en N – 1 ce flux était égal à 20 468 k€.
L'entreprise a réalisé des investissements importants (65 122 k€). Ces investissements ont été financés par :
– la trésorerie d'activité ;
– des apports externes, appel aux actionnaires pour un montant de 30 000 k€ ;
– des cessions d'actifs.
L'entreprise a une politique assez régulière en matière de dividendes : 6 000 k€ en N – 1, 6 600 k€ en N.
L'exercice N se solde par une faible augmentation de la trésorerie + 558 k€.

La trésorerie de l'entreprise semble assez satisfaisante, mais on peut s'interroger sur la pertinence de la politique commerciale de l'entreprise, l'augmentation du chiffre d'affaires avec une marge réduite.

# 15

# Le fonds de roulement normatif

Le fonds de roulement normatif est la valeur prévisionnelle du fonds de roulement dont devrait disposer l'entreprise pour couvrir les besoins de financement liés à son cycle d'exploitation et avoir par conséquent une trésorerie équilibrée.
Évaluer ce fonds de roulement normatif implique de bien connaître les composantes du besoin à financer. Ce besoin à financer est le besoin en fonds de roulement. Le besoin en fonds de roulement comprend deux composantes, l'une liée à l'exploitation (B.F.R.E.) et l'autre non (B.F.R.H.E.). La prévision des besoins de financement va se limiter au besoin de financement du cycle d'exploitation.
Le besoin en fonds de roulement d'exploitation est directement lié à la durée du crédit client, la durée du crédit fournisseur, la durée de stockage, d'où l'idée d'exprimer ce B.F.R.E. en durée.

## 1. Détermination du B.F.R.E. prévisionnel

Il s'agit d'exprimer le B.F.R.E. par rapport à une donnée caractérisant l'activité, le chiffre d'affaires hors taxes.

$$\textbf{B.F.R.E. en jours de ventes hors taxes} = \frac{\textbf{B.F.R.E.}}{\textbf{C.A.H.T.}} \times 360$$

Cette méthode repose sur trois hypothèses :

- On considère que l'activité de l'entreprise est également répartie sur la durée de l'exercice.
- Le B.F.R.E. est directement proportionnel au C.A.H.T.
- Chacun des postes constituant le B.F.R.E. est lui-même directement proportionnel au C.A.H.T.

On peut donc écrire :

$$\frac{\text{B.F.R.E.}}{\text{C.A.H.T.}} \times 360 = \frac{\text{Stock}}{\text{C.A.H.T.}} \times 360 + \frac{\text{Créances}}{\text{C.A.H.T.}} \times 360 - \frac{\text{Dettes}}{\text{C.A.H.T.}} \times 360$$

Chaque poste du besoin (stocks, créances, dettes) doit être analysé selon les facteurs de causalité de ce besoin :

- La durée moyenne d'écoulement (facteur temps).
- Le coefficient de structure (facteur prix, quantités…).

**Un élément du B.F.R.E. en jours de C.A.H.T. = Durée moyenne d'écoulement × Coefficient de structure**

Décomposition du B.F.R.E. normatif.

| Élément du B.F.R.E. | Durée moyenne d'écoulement | Coefficient de structure |
|---|---|---|
| Stock de matières premières | (Stock moyen / Coût d'achat des matières consommées) × 360 | Coût d'achat des matières consommées / C.A.H.T. |
| Stock de produits finis | (Stock moyen / Coût de production des produits vendus) × 360 | Coût de production des produits vendus / C.A.H.T. |
| Stock en-cours | (Stock moyen en-cours / Coût de production des en-cours ) × 360 | Coût de production des en-cours / C.A.H.T. |
| Clients | [(Clients + Effets à recevoir + E.E.N.E. – Avances obtenues) / C.A.T.T.C.] × 360 | C.A.T.T.C. / C.A.H.T. |
| T.V.A. collectée | 15 jours + délai de paiement de la T.V.A. | T.V.A. collectée de l'exercice / C.A.H.T. |
| Fournisseurs | [(Fournisseurs + Effets à payer – Avances accordées) / achats T.T.C.] × 360 | Achats T.T.C. / C.A.H.T. |
| T.V.A. déductible | 15 jours + Délai de paiement de la T.V.A. | T.V.A. déductible de l'exercice / C.A.H.T. |

*Remarques :* Le nombre de jours d'activité de l'exercice est en général de 360 jours. Si l'entreprise ferme un mois, on prendra $30 \times 11 = 330$ jours.

$$\text{Stock moyen} = \frac{\text{Stock initial + Stock final}}{2}$$

Coût d'achat des matières consommées
= Coût d'achat des matières achetées + Stock initial – Stock final.

Coût de production des produits vendus
= Coût de production des produits fabriqués + Stock initial – Stock final.

## 2. Utilisation du modèle

• **Calcul du fonds de roulement normatif**

Lorsque le besoin en fonds de roulement d'exploitation a été exprimé en jours de chiffre d'affaires hors taxes, il peut être converti en francs en fonction de la valeur du jour de chiffre d'affaires, permettant ainsi d'évaluer le fonds de roulement nécessaire pour le couvrir.

$$\text{Fonds de roulement normatif} = \text{B.F.R.E. en jours de C.A.H.T.} \times \frac{\text{C.A.H.T.}}{360}$$

• **Tests d'hypothèses**

L'intérêt de la méthode est de faire ressortir des éléments qui sont des variables d'actions, c'est-à-dire des points sur lesquels les responsables peuvent agir pour améliorer le B.F.R.E. (réduction des durées de stockage, modification des durées de crédit accordées aux clients…).

# Énoncés des exercices

**15.1** La société BAMU fabrique des pièces détachées utilisées dans les centrales thermiques. Le dirigeant désire mettre en place un calcul du besoin en fonds de roulement par la méthode normative.

Informations relatives au cycle d'exploitation :

• Les achats de matières premières représentent 40 % du chiffre d'affaires hors taxes. Ces achats sont soumis à la T.V.A. de 19,6 %.

• La main-d'œuvre de production représente 25 % du chiffre d'affaires hors taxes.

• La durée moyenne de stockage des matières premières est de 25 jours.

• La durée du processus de production est de 6 jours.

• Coût de production des en-cours :

- 100 % matières premières ;
- 60 % main-d'œuvre de production ;
- 40 % autres charges de production.

• La durée moyenne de stockage des produits finis est de 15 jours.

• Les autres charges de production représentent 5 % du chiffre d'affaires hors taxes. Ces charges sont soumises à la T.V.A. de 19,6 %.

• Le crédit accordé aux clients est de 45 jours en moyenne.

• Le crédit fournisseurs est de 60 jours.

• Le crédit obtenu pour les autres charges de production est de 30 jours.

• La société est soumise à la T.V.A. au régime de droit commun et la T.V.A. est réglée le 24 du mois suivant.

Le chiffre d'affaires prévisionnel pour l'année N est estimé à 3 600 k€.

**1 ▸** Évaluer le B.F.R.E. en jours de chiffre d'affaires H.T. (arrondi en nombre entier).

**2 ▸** Calculer le B.F.R.E.

**15.2** La société R&B a pour activité la fabrication de cafetières électriques et des expressos. Elle désire lancer un nouveau produit « le combiné cafetière », comprenant une cafetière et un expresso.

L'entreprise souhaite connaître le besoin en fonds de roulement d'exploitation (B.F.R.E.) résultant de cette nouvelle activité. Une étude préalable a permis d'établir les prévisions suivantes.

**Éléments du coût de revient prévisionnel** :

• Charges proportionnelles unitaires (montant hors taxes, ces charges sont assujetties à la T.V.A.) :

| | |
|---|---|
| - Composants | 80 € |
| - Autres charges de production | 2 € |
| - Charges de distribution | 3 € |

**Conditions d'exploitation prévues pour l'année N + 1** :

| | |
|---|---|
| • Production annuelle vendue | 14 233 unités |
| • Prix de vente unitaire | 159 € |
| • Durée moyenne de stockage | |
| - Matières premières | 15 jours |
| - Produits finis | 20 jours |
| - En-cours : 35 minutes, peut être donc négligé. | |
| • Crédits accordés aux clients : | |
| - Petits distributeurs indépendants, 50 % du chiffre d'affaires | 30 jours |
| - Grandes surfaces, 20 % du chiffre d'affaires | 90 jours |
| - CAMIF, La Redoute... : 25 % du chiffre d'affaires | 45 jours |
| - Export (vers la Pologne) : 5 % | 60 jours |

• Les fournisseurs de matières premières sont réglés à 40 jours.
• Les crédits sur les frais de production sont en moyenne de 30 jours.
• Les frais de distribution sont réglés pour 1/4 au comptant et pour 3/4 à 35 jours.
• Le taux de T.V.A. est de 19,6 % ; la T.V.A. est réglée le 15 de chaque mois.
• L'entreprise R&B est fermée au mois d'août.

1 ▶ Déterminer le B.F.R.E. pour l'année N + 1, en jours de chiffre d'affaires hors taxes et en euros (les coefficients de structure seront exprimés avec 2 décimales).

2 ▶ L'entreprise souhaitant disposer d'une trésorerie égale en moyenne à 5 jours de chiffre d'affaires hors taxes, déterminer le fonds de roulement normatif.

# Corrigés des exercices

## 15.1 Détermination du B.F.R.E.

| Postes | Durées | Coefficients de structure | Jours de C.A.H.T. | |
|---|---|---|---|---|
| | | | Besoins | Ressources |
| Matières premières | 25 | 40 / 100 | 10,00 | |
| Produits finis | 15 | (0,40 + 0,25 + 0,05) = 0,70 | 10,50 | |
| En-cours | 6 | (0,40 + 0,60 × 0,25 + 0,40 × 0,05) = 0,57 | 3,42 | |
| Clients | 45 | 1,196 | 53,82 | |
| T.V.A. déductible | 15 + 24 = 39 | (0,40 + 0,05) × 0,196 = 0,0882 | 3,42 | |
| Fournisseurs | 60 | 0,40 × 1,196 = 0,4784 | | 28,70 |
| Autres fournisseurs | 30 | 0,05 × 1,196 = 0,0598 | | 1,79 |
| T.V.A. collectée | 15 + 24 = 39 | 0,196 | | 7,64 |
| | | | 81,16 | 38,13 |
| | | | 43,03 | |

1 ▸ Le B.F.R.E. représente 43 jours de chiffre d'affaires hors taxes.

2 ▸ B.F.R.E. = 3 600 k€ × $\frac{43}{360}$ = 430 k€.

## 15.2 B.F.R.E.

| Postes | Durées | Coefficients de structure | Jours de C.A.H.T. | |
|---|---|---|---|---|
| | | | Besoins | Ressources |
| Matières premières | 15 | 80 / 159 = 0,50 | 7,50 | |
| Produits finis | 20 | (80 + 2) / 159 = 0,52 | 10,40 | |
| Clients | | | | |
| - Petits distributeurs | 30 | [(159 × 0,50) × 1,196] / 159 = 0,60 | 18,00 | |
| - Grandes surfaces | 90 | [(159 × 0,20) × 1,196] / 159 = 0,24 | 21,60 | |
| - CAMIF, La Redoute | 45 | [(159 × 0,25) × 1,196] / 159 = 0,30 | 13,50 | |
| - Export | 60 | (159 × 0,05) / 159 = 0,05 | 3 | |
| T.V.A. déductible | 30 | [(80 + 2 + 3) × 0,196] / 159 = 0,10 | 3 | |
| Fournisseurs mat. prem. | 40 | (80 × 1,196) / 159 = 0,60 | | 24,00 |
| Fourni. charges de prod. | 30 | (2 × 1,196) / 159 = 0,02 | | 0,60 |
| Fourni. Charges de distri. | 35 | [(3 × 3/4) × 1,196)] / 159 = 0,02 | | 0,70 |
| T.V.A. collectée | 30 | [(159 × 0,95) × 0,196)] / 159 = 0,19 | | 5,70 |
| | | | 77 | 30,90 |
| | | | 46,10 | |

**1 ▶** B.F.R.E. = 46 jours de chiffre d'affaires hors taxes.

B.F.R.E. total = $46 \times \dfrac{14\,233 \times 159}{330} = 315\,455{,}04$ €.

**2 ▶** Fonds de roulement normatif :

Le fonds de roulement doit couvrir le B.F.R.E. plus la trésorerie.

Soit 46 + 5 = 51 jours de C.A.H.T.

$51 \times \dfrac{14\,233 \times 159}{330} = 349\,743{,}63$ €.

# 16

# Le coût des différentes formes de crédit

Pour mener à bien leur activité courante, les entreprises ont souvent besoin de trouver de la trésorerie pour faire face aux dépenses courantes (paiement des fournisseurs, paiement des salaires et des charges sociales, paiement des impôts, etc.) alors que les encaissements peuvent être différés, notamment du fait des crédits accordés à leurs clients.

Cette trésorerie peut être trouvée auprès d'organismes financiers ou de sociétés spécialisées ou auprès de partenaires commerciaux (fournisseurs).

Les banques peuvent proposer divers modes de financement parmi lesquels :

- le découvert ou la facilité de caisse ;
- l'escompte de L.C.R. papier ;
- l'escompte de L.C.R. magnétique ;
- la loi Dailly ;
- etc.

Ces crédits, tous accordés pour de courtes durées, sont de natures différentes et peuvent avoir des coûts très différents, à l'intérieur d'une même banque et d'une banque à une autre.

Il est donc très important de savoir calculer précisément le coût de ces crédits, très souvent utilisés. De mauvais choix dans ce domaine peuvent dégrader profondément le résultat financier de l'entreprise et par conséquent le résultat courant.

## 1. Les crédits à court terme sont accordés à intérêts simples

Ces crédits sont accordés à moins d'un an : c'est le principe de l'intérêt simple qui s'applique.

### A. Définition

Capital de départ

Intérêt de la période → $I = C\,t\,n$ ← Nombre de périodes (ou fraction de période, exprimé dans la même unité que le taux)

Taux de la période (la période étant le plus souvent l'année)

Valeur acquise à l'issue du placement : $C + I$.

### B. Taux réel d'une opération de découvert

Le taux annoncé par l'organisme financier n'est pas le taux de revient réel de l'opération pour l'entreprise. Il faut tenir compte des diverses commissions (commission du plus fort découvert, commission de mouvement) et des minima appliqués. En cas de découvert de faible montant, les banques facturent un minimum en fonction de leurs tarifs qui correspond à un taux réel très élevé.
Il est donc préférable de négocier les découverts avec la banque de façon à éviter ces surcoûts.

### C. L'escompte

C'est le nom donné à **l'opération de financement** réalisée par la banque lorsque l'entreprise mobilise des créances commerciales matérialisées par du « papier » (L.C.R. ou B.O.R.) ou par des L.C.R. magnétiques.
C'est aussi le montant de **l'intérêt** facturé par la banque sur cette opération de financement.

L'escompte est calculé à intérêts simples sur la valeur nominale des effets.
La valeur actuelle d'un effet est égale à la différence entre valeur nominale et escompte.

### D. Les agios

Les agios sont l'ensemble des frais prélevés par la banque lors d'une opération d'escompte : outre l'intérêt, ils comportent un certain nombre de commissions fixes ou proportionnelles.
Les commissions proportionnelles au temps sont assimilées à des charges financières et non soumises à T.V.A., les autres sont des services bancaires soumis à T.V.A.
La valeur nette d'un effet est égale à la valeur nominale – Agios.

### E. Taux réel d'escompte

C'est le taux, qui, appliqué au nominal *prorata temporis*, permet d'obtenir les agios.

## 2. Les crédits à moyen et long terme sont négociés à intérêts composés

### A. Capitalisation et actualisation

La **valeur acquise** à la fin de chaque période de capitalisation (capital + intérêts de la période) portera intérêts à la période suivante.

***Exemple :*** une somme de 3 200 € placée à 4,5 % l'an à intérêts composés pendant 5 ans aura une valeur acquise au bout de 5 ans de :

| Année | Capital | Intérêt | Valeur acquise |
|---|---|---|---|
| 1 | 3 200,00 | 144,00 | 3 344,00 |
| 2 | 3 344,00 | 150,48 | 3 494,48 |
| 3 | 3 494,48 | 157,25 | 3 651,73 |
| 4 | 3 651,73 | 164,33 | 3 816,06 |
| 5 | 3 816,06 | 171,72 | 3 987,78 |

$$\textbf{Valeur acquise} = C(1+i)^n$$

Dans notre exemple : $C = 3\ 200$, $i = 4{,}5\ \%$ et $n = 5$.

Les valeurs acquises sont en progression géométrique de raison $(1 + i)$.

Les intérêts sont également en progression géométrique de raison $(1 + i)$ soit 1,045 dans l'exemple ci-dessus.

La **valeur actuelle** au taux de 4,5 % d'une somme $C'$ qui vaudra 3 816,06 € dans 4 ans est de 3 200 €.

$$\textbf{Valeur actuelle} = \frac{C'}{(1+i)^n} = C'(1+i)^{-n}$$

Ces deux notations sont équivalentes.

Les notions de capitalisation et d'actualisation permettent de comparer des sommes non disponibles aux mêmes dates.

### B. Taux équivalents, taux proportionnels

Les calculs à intérêts composés peuvent être faits sur différentes périodicités (mois, trimestre, semestre, année, etc.), autrement dit on peut capitaliser les intérêts tous les mois, les trimestres, etc.

Le taux, qui sert au calcul des intérêts doit, par conséquent, être exprimé dans la même périodicité :

– taux mensuel pour une capitalisation (ou une actualisation) mensuelle ;

– taux trimestriel pour une capitalisation (ou une actualisation) trimestrielle.

Deux taux peuvent être utilisés :

• Le taux proportionnel (le plus souvent utilisé par les organismes financiers) :

3 % par semestre est le taux proportionnel à 6 % l'an (pour une période, le taux proportionnel au taux annuel est obtenu en divisant le taux annuel par le nombre de périodes incluses dans une année).

• Le taux équivalent : deux taux sont équivalents, si un capital placé à intérêts composés, pendant une même durée, à ces deux taux, a même valeur acquise.

Soit un capital de 6 854 € placé à 5,20 % pendant deux ans.

Sa valeur acquise est de $6\,854 \times 1{,}052^2 = 7585{,}35$

À quel taux trimestriel aurait-il fallu placer ce capital pour obtenir même valeur acquise ?

Le capital sera placé pendant 8 trimestres :

$6\,854 \times (1 + i)^8 = 7\,585{,}35 \Rightarrow (1 + i)^8 = 1{,}1067 \Rightarrow 1 + i = 1{,}1067^{1/8}$

$\Rightarrow i = 1{,}1067^{1/8} - 1$

$i = 1{,}275\ \%$.

Ou si on raisonne sur l'année simplement puisque le taux donné était annuel :

$i = 1{,}052^{1/4} - 1 = 1{,}275\ \%$

différent du taux proportionnel de $\dfrac{5{,}2\ \%}{4} = 1{,}3\ \%$.

# Énoncés des exercices

**16.1** Le 15/05/N, l'entreprise KOLNA remet à l'escompte à la BANQUE DE L'OUEST un effet de 2 320 € ayant pour échéance le 30/06/N.
Les conditions bancaires sont les suivantes :
- taux d'escompte : 8 % l'an ;
- commission d'endos : 0,6 % l'an ;
- commission de manipulation : 5 € H.T. ;
- jours de banque : 2.

**1 ▶** Quel est le montant porté sur le compte de KOLNA ?

**2 ▶** Quel est le taux réel d'escompte pratiqué par la banque ?

**3 ▶** Ce taux serait-il identique si KOLNA avait remis à l'escompte 10 effets de 232 € ?

**16.2** L'entreprise LEROY détient trois effets de valeur nominale 560 €, 1 265 € et 2 100 €, dont les échéances respectives sont le 13 juillet, le 14 août et le 30 septembre sur le client Dupré qui ne pourra faire face à sa première échéance. LEROY propose à Dupré de remplacer les 3 effets par un effet unique au 31 août. LEROY et Dupré se sont mis d'accord sur un taux de 9 % et une date d'équivalence au 13 juillet.

**1 ▶** Quel est le montant du nouvel effet ?

**2 ▶** Comptabiliser cette opération le 10 juillet.

**16.3** Le 15 avril, le portefeuille de la société VANLOU contient :

| N° | Tiré | Montant | Échéance |
|---|---|---|---|
| 412 | Bonnas | 7 895,56 | 20/05 |
| 414 | Bonlieu | 3 605,38 | 31/05 |
| 418 | Amar | 9 432,54 | 31/05 |
| 419 | Loué | 8 478,35 | 10/06 |
| 422 | Bonnas | 6 457,34 | 10/06 |
| 423 | Masson | 7 321,10 | 20/06 |

**Annexe 1 :** Extrait de balance établie au 15 avril

| N° | Intitulés des comptes | Mouvements débit | Mouvements crédit |
|---|---|---|---|
| 413 | Clients, effets à recevoir | 456 327,58 | *T* |
| 5113 | Effets à l'encaissement | 213 478,36 | *Z* |
| 5114 | Effets à l'escompte | *X* | *Y* |

**Annexe 2 :** Extrait du budget de trésorerie

| | | |
|---|---|---|
| Avril : | Solde début | 4 200 |
| | Encaissements | 12 000 |
| | – Décaissements | 31 000 |
| | Solde au 15/04 | – 14 800 |

**1 ▶** Sachant qu'il n'y avait aucun effet en portefeuille au 1er janvier et que la société VANLOU n'endosse jamais d'effet au profit de tiers (autres que la banque), déterminer le montant *X* des effets escomptés portés au débit de la balance au 15/04.

**2 ▶** Quel est le montant *Y* porté au crédit du compte 5114, dans cette même balance sachant que la banque met 3 jours pour envoyer les décomptes d'agios et que le comptable de la société VANLOU a porté les effets 408 et 409 de montants respectifs 6 489,56 et 12 698,41 à l'escompte le 14 avril ?

**3 ▶** Cette remise à l'escompte est-elle suffisante pour couvrir les échéances du 15/04 ?

**4 ▶** Les échéances étant le 10, 20, 30 ou 31 de chaque mois, le comptable porte les effets à l'encaissement à la banque 2 jours avant et la banque envoie le décompte dans les 2 jours ouvrés qui suivent. Quel est le montant *Z* dans la balance au 15 avril ?

**5 ▶** Déterminer le montant *T* ?

**6 ▶** Comptabiliser l'opération du 14 avril.

**7 ▶** L'entreprise VANLOU doit-elle craindre des problèmes de trésorerie dans les mois à venir ?

**16.4** La société MERLIN dispose de 5 effets dont les caractéristiques sont les suivantes :

| Nom | Montant | Échéance | Domiciliation |
|---|---|---|---|
| Lionel | 452 | 31/08 | Société Générale |
| Julien | 659 | 31/08 | BNP |
| Henri | 1 236 | 15/09 | Crédit Agricole |
| Laurent | 547 | 15/09 | BNP |
| Violette | 965 | 20/09 | Crédit Lyonnais |

La société MERLIN est en relation avec trois banques dont les conditions d'escompte sont les suivantes :

| | Crédit Mutuel | Paribas | BNP |
|---|---|---|---|
| Taux d'escompte | 6,8 % | 7 % | 7 % |
| Commission d'endos | 0,6 % | 0,6 % | 0,6 % |
| Commission de manipulation | 0,32 € | 0,26 € | 0,4 € |
| Jours de banque | 2 | 0 | 1 |
| Escompte minimum | 20 € | 40 € | 12 € |

Le 12 juillet la société MERLIN escompte tous ses effets.

**1 ▸** Réaliser sur tableur le bordereau d'escompte suivant (pour chacune des banques).
(Remarquer que les différences de dates sont possibles comme pour les nombres en format standard).

**Montant × Nombre de jours**

CRÉDIT MUTUEL

Bordereau des effets remis à l'escompte le 12/07/02

| N° d'effet | Montant | Échéance | Nombres |
|---|---|---|---|
| 1 | 452,00 | 31-août | 23 504 |
| 2 | 659,00 | 31-août | 34 268 |
| 3 | 1 236,00 | 15-sept | 82 812 |
| 4 | 547,00 | 15-sept | 36 649 |
| 5 | 965,00 | 20-sept | 69 480 |
| **Totaux** | **3 859,00** | | **246 713** |

| | |
|---|---|
| Escompte | 46,60 |
| Endos | 4,11 |
| Manipulation | 1,60 |
| Agios H.T. | 52,31 |
| T.V.A. | 0,31 |
| Total T.T.C. | 52,62 |
| Valeur nette des effets escomptés | **3 806,38** |

**1,60 × 19,6 %**

**5 × 0,32**

**246 713 × 0,6 % × 1/360**

**246 713 × 6,8 % × 1/360**

**12/07 au 31/08 = 50 jours + 2 jours de banque au total 52 jours. 52 × 452 = 23 504**

**2 ▸** Quelle banque la société MERLIN va-t-elle retenir pour l'opération du 12 juillet ?

**3 ▸** Quel est le taux réel d'escompte dans les trois cas ?

# Corrigés des exercices

**16.1** **1 ▶**

**BANQUE DE L'OUEST** 15/05 au 30/06 = 46 jours + 2 jours de banque au total 48 jours. 48 × 2 320 = 111 360

Bordereau des effets remis à l'escompte le 15-mai

| N° d'effet | Montant | Échéance | Jours |
|---|---|---|---|
| 1 | 2 320,00 | 30-juin | 111 360 |
| **Totaux** | **2 320,00** | | **111 360** |

| | | |
|---|---|---|
| Escompte | 24,75 | ← 111 360 × 8 % × 1/360 |
| Endos | 1,86 | ← 111 360 × 0,6 % × 1/360 |
| Manipulation | 5,00 | |
| Agios H.T. | 31,60 | |
| T.V.A. | 0,98 | ← 5 × 19,6 % |
| Total T.T.C. | 32,58 | |
| Valeur nette des effets escomptés | **2 287,42** | |

**2 ▶** Le montant porté sur le compte Banque de KOLNA est de 2 287,42 €.

Le taux réel d'escompte $t'$ est de : $2\,320 \times t' \times \frac{46}{360} = 31{,}60$

$t' = 10{,}66\ \%$ contre les 8 % annoncés.

**3 ▶** Le taux serait bien supérieur si KOLNA avait remis à la banque 10 effets puisque la commission de manipulation serait de 50 € et l'agio total de 76,61 €, soit un taux de revient de 25,85 % !

**16.2** **1 ▶** Date d'équivalence : 13 juillet (à intérêts simples, la date d'équivalence est unique).

| **Calcul de la valeur nominale de l'effet équivalent** (en utilisant la fonction valeur cible) | | | | | |
|---|---|---|---|---|---|
| Date d'équivalence 13/07/02 | | | | | |
| **Valeur nominale** | **Échéance** | **Jours** | **Escompte** | **Valeur actuelle** | |
| 560 | 13/07/02 | 0 | 0,00 | 560,00 | 3 873,41 |
| 1265 | 14/08/02 | 32 | 10,12 | 1 254,88 | |
| 2100 | 30/09/02 | 79 | 41,48 | 2 058,53 | |
| **3 921,45** | 31/08/02 | 49 | 48,04 | 3 873,41 | |

Il est possible de résoudre l'équation qui de la même façon donne un résultat de 3 921,45 €.

2 ▶ Comptabilisation :

| | | | |
|---|---|---|---|
| | 10/07/N | | |
| 411 | Clients | 3 925,00 | |
| 413 | Clients, effets à recevoir | | 3 925,00 |
| | *Annulation des 3 effets* | | |
| | 10/07/N | | |
| 413 | Clients, effets à recevoir | 3 921,45 | |
| 665 | Escomptes accordés | 3,55 | |
| ou 668 | Autres charges financières | | |
| 411 | Clients | | 3 925,00 |
| | *Création du nouvel effet : paiement anticipé de l'effet au 30/09 qui entraîne une charge financière pour* LEROY *(assimilable à un escompte net de taxes)* | | |

**16.3** Montant des traites en portefeuille au 15/04 : 43 190,27 €. Ces traites ont déjà été comptabilisées au débit du compte 413 au fur et à mesure de leur acceptation par les clients.

Depuis le début de l'année, les clients ont accepté pour un montant total de : 456 327,58 € de traites.

Ce montant se décompose en effets remis à l'encaissement, effets remis à l'escompte ou effets encore en portefeuille, puisqu'un effet ne peut « sortir » autrement du portefeuille.

$$456\,327{,}58 \begin{cases} 213\,478{,}36 & \text{à l'encaissement} \\ 43\,190{,}27 & \text{en portefeuille} \\ 199\,658{,}95 & \text{escomptés} \end{cases}$$

1 ▶ $X = 199\,658{,}95$

2 ▶ Les effets 408 et 409 n'ont pas encore été payés par la banque : ils ne figurent donc pas encore au crédit du compte 5114.

$$Y = 199\,658{,}95 - 6\,489{,}56 - 12\,698{,}41 = 180\,470{,}98.$$

3 ▶ Le découvert prévisionnel au 15/04 est de 14 800, la remise de ces 2 effets de nominal 19 187,97 suffit largement à couvrir les paiements (peut-être la remise aurait-elle dû être faite deux ou trois jours plus tôt pour éviter un solde débiteur de banque).

4 ▶ Aucun effet n'est en cours d'encaissement donc $Z = 213\,478{,}36$ autrement dit, tous les effets portés à l'encaissement ont été payés ou annulés (en cas d'impayé) par le débit du compte 411.

5 ▶ Le compte 413 est crédité à chaque fois qu'un effet est porté à l'encaissement ou à l'escompte ou annulé. Au crédit du compte 413, on a donc tous les effets créés depuis le début de l'année, sauf ceux qui sont encore en portefeuille.

D'où $T = 456\,327{,}58 - 43\,190{,}27 = 413\,137{,}31$.

**6 ▶** Comptabilisation :

| | 14/04/N | | |
|---|---|---|---|
| 5114 | Effets à l'escompte | 19 187,97 | |
| 413 | Clients, effets à recevoir | | 19 187,97 |
| | *Remise des effets 408 et 409 à l'escompte* | | |

**7 ▶** Si la banque continue à accepter l'escompte de L.C.R. papier (fort peu risqué pour elle car bien garanti), la société VANLOU a une bonne marge de sécurité puisqu'il lui reste en portefeuille 43 190,27, ce qui semble représenter 3 semaines de décaissements (si ceux-ci sont également répartis sur le mois : 31 000 pour 15 jours).

## 16.4

**1 ▶**

**BNP**

| | |
|---|---|
| Escompte | 47,22 |
| Endos | 4,05 |
| Manipulation | 2,00 ← **5 × 0,4** |
| Agios H.T. | 53,27 |
| T.V.A. | 0,39 |
| Total T.T.C. | 53,66 |
| Valeur nette des effets escomptés | **3 805,34** |

**PARIBAS**

| | |
|---|---|
| Escompte | 46,67 |
| Endos | 3,98 |
| Manipulation | 1,30 ← **5 × 0,26** |
| Agios H.T. | 51,75 |
| T.V.A. | 0,25 |
| Total T.T.C. | 52,00 |
| Valeur nette des effets escomptés | **3 807,00** |

**2 ▶** Léger avantage pour PARIBAS en raison surtout de la différence sur les jours de banque.

**3 ▶** Taux réel d'escompte

| | CRÉDIT MUTUEL | PARIBAS | BNP |
|---|---|---|---|
| Agios H.T. | 52,31 | 51,75 | 53,27 |
| Nombre corrigé des jours de banque | 238 995 | 238 995 | 238 995 |
| Taux réel d'escompte = agios H.T./Nombre corrigé × 360 | 7,88 % | 7,80 % | 8,02 % |
| *La T.V.A. n'est pas un coût pour l'entreprise : le montant de la commission a été pris H.T.* | | | |

# 17
# Le recours à l'emprunt

Le crédit à court terme ne doit financer que des déséquilibres passagers. Il est trop onéreux pour y avoir recours de façon durable. Si l'entreprise a de nouveaux besoins de financement, elle pourra éventuellement décider d'avoir recours à l'emprunt.

## 1. Les différents types d'emprunt

Les deux grandes modalités d'emprunt sont :

– les emprunts indivis, accordés par une seule personne physique ou morale ;

– les emprunts obligataires, qui font appel à l'épargne publique.

Un emprunt obligataire est un emprunt matérialisé par un grand nombre de titres, les obligations, d'égale valeur (le nominal). Ces titres sont émis au prix d'émission, qui peut être inférieur au nominal, et sont remboursés au prix de remboursement, qui peut être supérieur au nominal.

Si le prix d'émission (et/ou le prix de remboursement) est égal au nominal, on dit que l'émission (et/ou le remboursement) se fait au pair.

Les obligations donnent droit à un intérêt annuel, appelé coupon :

**Coupon** = **Nominal** × **Taux d'intérêt nominal**

Les coupons sont payés tous les ans.

Seules les sociétés cotées en Bourse, peuvent émettre des emprunts obligataires.

## 2. Les modalités de remboursement des emprunts

Quel que soit le type d'emprunt, le remboursement de l'emprunt peut se faire par annuités constantes, amortissements constants ou in fine.

### A. Remboursement par annuités constantes

L'annuité est la somme versée périodiquement pour le service de l'emprunt. C'est la somme de l'intérêt et de l'amortissement (de l'emprunt ! ou remboursement).
En actualisant au moment de l'emprunt, il y a équivalence entre le montant emprunté et les annuités à verser.

***Exemple :*** emprunt de 120 000 € remboursable en 4 annuités constantes au taux de 6 % l'an.

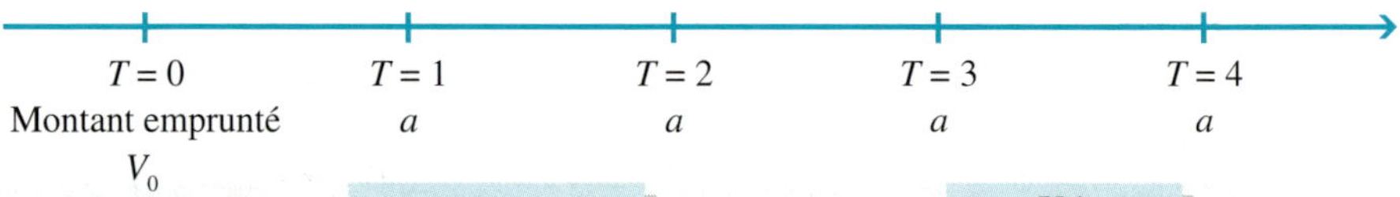


$$V_0 = a \times \frac{1-(1+i)^{-n}}{i} \qquad a = \frac{V_0 i}{1-(1+i)^{-n}}$$

$$a = \frac{120\,000 \times 6\ \%}{1 - 1{,}06^{-4}} = 34\,630{,}98\ €.$$

Notez que les fonctions intégrées (calculatrice et tableur) donnent toujours le versement de signe contraire au montant de l'emprunt.
Tableau d'amortissement de l'emprunt :

| Années | Capital restant dû | Intérêt | Amortissement | Annuité |
|---|---|---|---|---|
| 1 | 120 000,00 | 7 200,00 | 27 430,98 | 34 630,98 |
| 2 | 92 569,02 | 5 554,14 | 29 076,84 | 34 630,98 |
| 3 | 63 492,18 | 3 809,53 | 30 821,45 | 34 630,98 |
| 4 | 32 670,73 | 1 960,24 | 32 670,73 | 34 630,98 |

**Intérêt** = **Capital restant dû** × **Taux**

**Amortissement** = **Annuité** – **Intérêt**

**Capital restant dû année N** = **Capital restant dû année N – 1** – **Amortissement année N – 1**

Le capital est intégralement remboursé lors du paiement de la dernière annuité.

### B. Remboursement par amortissements constants

Les amortissements sont égaux, seuls les intérêts varient.

| Années | Capital restant dû | Intérêt | Amortissement | Annuité |
|---|---|---|---|---|
| 1 | 120 000,00 | 7 200,00 | 30 000,00 | 37 200,00 |
| 2 | 90 000,00 | 5 400,00 | 30 000,00 | 35 400,00 |
| 3 | 60 000,00 | 3 600,00 | 30 000,00 | 33 600,00 |
| 4 | 30 000,00 | 1 800,00 | 30 000,00 | 31 800,00 |

### C. Remboursement in fine

Remboursement du capital en une seule fois lors du paiement de la dernière annuité (cas très fréquent pour les emprunts obligataires)

| Années | Capital restant dû | Intérêt | Amortissement | Annuité |
|---|---|---|---|---|
| 1 | 120 000,00 | 7 200,00 | | 7 200,00 |
| 2 | 120 000,00 | 7 200,00 | | 7 200,00 |
| 3 | 120 000,00 | 7 200,00 | | 7 200,00 |
| 4 | 120 000,00 | 7 200,00 | 120 000,00 | 127 200,00 |

## 3. Le T.E.G. ou taux effectif global

Comme pour les crédits à court terme, le coût de l'emprunt ne se limite pas au taux d'intérêt : il faut tenir compte de divers frais (frais de dossier, assurance, etc.).

Le taux effectif global est le taux calculé qui tient compte de tous les surcoûts.

Les banques le calculent en proportionnel ; la directive européenne conseille l'utilisation d'un taux équivalent aussi appelé taux actuariel.

***Exemple :*** le taux effectif global de l'emprunt de 120 000 (remboursable par 48 mensualités constantes) est de 7,20 %.

Quel est le montant des mensualités ?

• T.E.G. proportionnel

taux mensuel : 0,6 %

mensualité : 2 884,70 soit $\dfrac{120\,000 \times 0{,}6\ \%}{1 - 1{,}006^{-48}}$.

• T.E.G. actuariel

taux mensuel équivalent : $1{,}072^{1/12} - 1 = 0{,}5811\ \%$ et une annuité de 2872,03.

# Énoncés des exercices

**17.1** Un emprunt indivis d'un montant de 400 000 € au taux de 6 % l'an est remboursé à amortissements constants par 5 annuités, la première un an après la mise à disposition des fonds.

**1 ▶** Réaliser, éventuellement à l'aide d'un tableur, le tableau d'amortissement.

**2 ▶** Quelle loi mathématique suivent les annuités ?

**17.2** Pour financer l'acquisition d'un terrain, le notaire vous propose les modalités suivantes :

Emprunt de 50 000 € sur 9 ans remboursable par 9 annuités constantes, la première 1 ans après la mise à disposition des fonds. Le taux progressif est de 4 % les 3 premières années, 5 % les 3 années suivantes et 7 % les 3 dernières années.

Vous hésitez avec une proposition de votre banquier qui vous propose un emprunt de même montant sur 9 ans au taux de 5,35 %.

**1 ▶** Dans le premier cas, quel est le montant de l'annuité ?

**2 ▶** Présenter le tableau d'amortissement de cet emprunt.

**3 ▶** Quelle solution retenez-vous ?

**17.3** Un achat de 3 000 € est payé par un emprunt au T.E.G. de 9 % (proportionnel). Cinq mensualités, la première un mois après la mise à disposition des fonds, de 300 €, 400 €, 500 €, 600 €, 700 € sont prévues. Deux possibilités sont envisagées pour solder le compte :

– un versement initial lors de l'achat ;

– une sixième mensualité.

▶ Quel serait le montant du versement initial ? Quel serait le montant de la dernière mensualité ?

**17.4** Une grande banque propose un crédit au taux effectif global proportionnel (T.E.G.) de 8,4% l'an pour l'achat d'un véhicule. Les modalités de cet emprunt sont les suivantes : 36 mensualités constantes, la première mensualité est versée un mois après le déblocage des fonds.

**1 ▶** Calculer le taux actuariel de l'emprunt proposé.

**2 ▶** Un client achète un véhicule 22 000 € et dispose d'un apport personnel de 5 000 €. En utilisant le taux mensuel, calculer le montant des mensualités.

**3 ▶** 12 mois après, les taux ayant baissé, le client demande à sa banque la « renégociation » de son emprunt.

**a.** Quel est le capital restant dû après le versement de la 12$^{e}$ mensualité ?

**b.** Un taux (T.E.G.) proportionnel de 6,4 % lui est alors consenti. Quel sera le montant des nouvelles mensualités ?

**c.** Des frais de 130 € sont facturés au moment de la renégociation. La renégociation est-elle rentable au taux d'actualisation de 0,4 % par mois ?

**17.5** La société anonyme ROCAV est une entreprise en pleine croissance, dont l'objet social est le retraitement des déchets. Elle réalise chaque année des investissements nouveaux sur l'ensemble du territoire. Elle cherche à diversifier ses financements. Elle a eu recours, entre autres, aux emprunts suivants :

• Un emprunt obligataire, dont le taux de revient est, pour l'entreprise ROCAV, une donnée indispensable afin d'opérer des comparaisons pertinentes entre les différents modes de financement. C'est ce coût que vous êtes chargé de reconstituer.
L'annexe 1 présente les caractéristiques de cet emprunt.

• Un emprunt indivis contracté en N – 3, que la société souhaite renégocier, à la suite d'une baisse substantielle des taux d'intérêt de ces dernières années. L'établissement financier lui a fait une proposition qui prendrait effet le 1$^{er}$ octobre N + 1, après le remboursement de la quatrième annuité.
L'annexe 2 regroupe toutes les informations disponibles.

**1 ▶** Emprunt obligataire

**a.** Déterminer le prix de remboursement des obligations.

**b.** Compléter les lignes du tableau d'amortissement correspondant aux années N + 1, N + 5, N + 10.

**2 ▶** Emprunt indivis

Sachant que le capital restant dû après le versement de la quatrième annuité s'élève à 17 290,72 € :

**a.** Retrouver le taux d'intérêt annuel dans la proposition de l'établissement financier.

**b.** Après avoir actualisé au 1$^{er}$ octobre N + 1, les flux de sortie de l'emprunt initial et ceux correspondant à la proposition de l'établissement financier, indiquer, parmi les deux formules proposées, celle qui est la plus favorable à l'entreprise.

**Annexe 1 : Caractéristiques de l'emprunt obligataire de la société Rocav**

| | |
|---|---|
| Date de jouissance : | 1er juillet N |
| Prix d'émission : | 150 € |
| Frais d'émission : | 5 000 € |
| Valeur nominale : | à déterminer |
| Nombre d'obligations émises : | 1 200 |
| Intérêt annuel : | 6 % payable le 1er juillet de chaque année |
| Durée : | 10 ans |
| Amortissement au pair en deux fractions égales : | 600 obligations le 1er juillet N + 5<br>et 600 obligations le 1er juillet N + 10 |

Renseignements complémentaires

• Le compte 16883, « Intérêts courus non échus sur autres emprunts obligataires », présente un solde créditeur (au 31 décembre N) de 5 400 €.

• Les exercices comptables de la société Rocav coïncident avec l'année civile.

Extrait du tableau d'amortissement (à compléter)

| Date de remboursement | Capital restant dû | | Intérêts à 6 % l'an | Amortissements | |
|---|---|---|---|---|---|
| | Nombre d'obligations | Montant | | Nombre d'obligations amorties | Montant |
| 01/07/N + 1<br>01/07/N + 5<br>01/07/N + 10 | | | | | |

**Annexe 2 : Emprunt indivis dans la société Rocav**

1 - Caractéristiques de l'emprunt initial

| | |
|---|---|
| Date de souscription | 1er octobre N – 3 |
| Capital emprunté | 30 000 € |
| Durée | 8 ans |
| Taux d'intérêt | 8 % l'an |
| Remboursement en 8 annuités constantes, la première le 1er octobre N – 2 | |

2 - Proposition de l'établissement financier de révision du taux d'intérêt

– Dette résiduelle : emprunt initial restant dû.

– Frais de dossier : 120 € (paiement comptant).

– Remboursement par 4 annuités constantes de 5 081,69 € chacune, à partir du 1er octobre N + 2.

– Amortissement l'avant dernière année : 4 455,19 €.

3 - Taux d'actualisation annuel : 6,5 %.

# Corrigés des exercices

**17.1** **1 ▶**

| Années | Capital restant dû | Intérêt | Amortissement | Annuité |
|---|---|---|---|---|
| 1 | 400 000 | 24 000 | 80 000 | 104 000 |
| 2 | 320 000 | 19 200 | 80 000 | 99 200 |
| 3 | 240 000 | 14 400 | 80 000 | 94 400 |
| 4 | 160 000 | 9 600 | 80 000 | 89 600 |
| 5 | 80 000 | 4 800 | 80 000 | 84 800 |

**2 ▶** Les annuités sont en progression arithmétique de raison –4 800.

$A_n = A_{n-1} - 4\,800.$

Puisque le montant des intérêts à payer diminuent chaque année de 80 000 (fraction de capital remboursée l'année précédente ) × 6 %.

**17.2** **1 ▶** Il s'agit de déterminer l'annuité constante d'un emprunt indivis dont le taux est progressif.

Il y a équivalence entre le capital emprunté et la somme des valeurs actuelles des 9 remboursements :

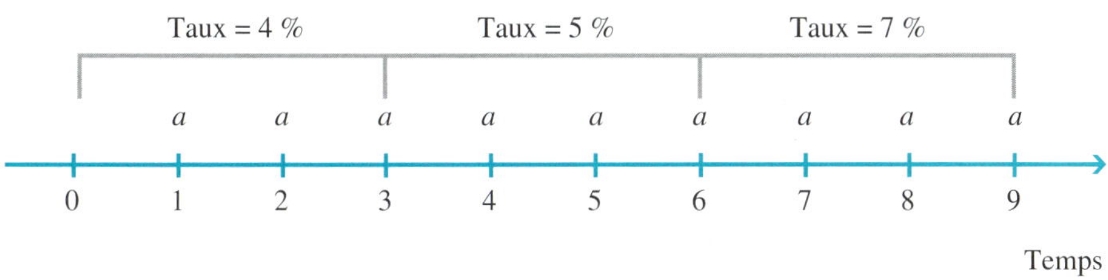


$$50\,000 = a \times \frac{1 - 1{,}04^{-3}}{0{,}04} + a \times \frac{1 - 1{,}05^{-3}}{0{,}05} \times 1{,}04^{-3}$$

$$+ a \times \frac{1 - 1{,}07^{-3}}{0{,}07} \times 1{,}05^{-3} \times 1{,}04^{-3}$$

$50\,000 = a \times [2{,}775091 + 2{,}4202576 + 2{,}0153385]$

$50\,000 = 7{,}2113881\, a$

$\Rightarrow\ a = 6\,933{,}48.$

**2 ▶** Emprunt notarial

| Années | Capital restant dû | Intérêt | Amortissement | Annuité |
|---|---|---|---|---|
| 1 | 50 000,00 | 2 000,00 | 4 933,48 | 6 933,48 |
| 2 | 45 066,52 | 1 802,66 | 5 130,82 | 6 933,48 |
| 3 | 39 935,70 | 1 597,43 | 5 336,05 | 6 933,48 |
| 4 | 34 599,65 | 1 729,98 | 5 203,50 | 6 933,48 |
| 5 | 29 396,15 | 1 469,81 | 5 463,67 | 6 933,48 |
| 6 | 23 932,48 | 1 196,62 | 5 736,86 | 6 933,48 |
| 7 | 18 195,62 | 1 273,69 | 5 659,79 | 6 933,48 |
| 8 | 12 535,84 | 877,51 | 6 055,97 | 6 933,48 |
| 9 | 6 479,86 | 453,59 | 6 479,86 | 6 933,46 |

Intérêt calculé à 4 % (année 1)

Intérêt calculé à 5 % (année 5)

Intérêt calculé à 7 % (année 8)

**3 ▶** Emprunt bancaire : $a = 50\,000 \times \dfrac{0{,}0535}{1 - 1{,}0535^{-9}} = 7\,144{,}56$ €.

L'emprunt proposé par le notaire est plus intéressant, car $7\,144{,}56 > 6\,933{,}48$.

Autre solution : $50\,000 = 6\,933{,}48 \times \dfrac{1-(1+t)^{-9}}{t} \Rightarrow t = 4{,}68\ \%$.

($4{,}68\ \% < 5{,}35\ \%$), l'emprunt proposé par le notaire est plus intéressant.

## 17.3

| Mensualités | Nominal | Valeur actuelle |
|---|---|---|
| 1 | 300 | 297,77 |
| 2 | 400 | 394,07 |
| 3 | 500 | 488,92 |
| 4 | 600 | 582,33 |
| 5 | 700 | 674,33 |
| | | 2 437,41 |
| | | |
| **Versement initial** | | 562,59 |
| | | |
| **Sixième mensualité** | | |
| 6 | 588,39 | 562,59 |

Somme des valeurs actuelles des 5 mensualités (2 437,41)

3 000 – 2 437,41 (562,59)

Valeur acquise par 562,59 au bout de 6 mois au taux mensuel proportionnel de 0,75 % (588,39)

**17.4** **1 ▶** Soit $t$ le taux mensuel réel de l'emprunt et $i$ le taux actuariel.

Le taux mensuel réel $t = 8{,}4\ \% / 12 = 0{,}7\ \%$.

Et $i$ le taux annuel équivalent $i = 1{,}007^{12} - 1 = 8{,}7311\ \%$ taux actuariel.

**2 ▶** Emprunt de 17 000 € au taux $t$ remboursable en 36 mensualités.

$$A = \frac{17\,000 \times 0{,}007}{1 - 1{,}007^{-36}} = 535{,}86\ €.$$

**3 ▶** **a.** Capital restant dû = Valeur actuelle des 24 mensualités restant à payer.

$$D = 535{,}86 \times \frac{1 - 1{,}007^{-24}}{0{,}007} = 11\ 800{,}52\ €.$$

**b.** T.E.G. = 6,4 % $\Rightarrow$ $t = 0{,}5333\ \%$

$$A = \frac{11800{,}52 \times 0{,}5333}{1 - 1{,}005333^{-24}} = 525{,}14\ €$$ montant des nouvelles mensualités

**c.** Pour décider si la négociation est rentable ou non, il faut comparer au jour de la renégociation les valeurs actuelles des sommes à décaisser.

24 mensualités de 535,86 ou 130 de frais immédiatement et 24 mensualités de 525,14.
Au taux mensuel de 0,4 %, la valeur actuelle :

– des 24 mensualités de 535,86 € est égale à 12 239,33 € $\left(535{,}86 \times \frac{1 - 1{,}004^{-24}}{0{,}004}\right)$ ;

– des 24 mensualités de 525,14 € + 130 € de frais est de 12 124,46 €

$$\left(525{,}14 \times \frac{1 - 1{,}004^{-24}}{0{,}004} + 130\right).$$

À ce taux d'actualisation, la renégociation est rentable.

**17.5** **1 ▶** Emprunt obligataire

**a.** Le prix de remboursement est égal au nominal puisque le remboursement se fait au pair (*cf.* annexe 1 : amortissement au pair en 2 fractions égales).

La valeur cherchée est donc le nominal.

Les informations connues sont : le taux d'intérêt, le montant des coupons et le nombre d'obligations émises. On en déduit donc le nominal d'une obligation.

En effet, le compte 16883 comptabilise les intérêts courus non échus (intérêts du 01/07/N au 31/12/N) : ils sont égaux à 5 400 €.

Le coupon annuel est donc de $5\,400 \times 2 = 10\,800$ € pour 12 mois.

Coupon = Nombre d'obligations × Nominal × Taux d'intérêt

$$\text{Nominal} = \frac{\text{Coupon}}{\text{Nombre d'obligations} \times \text{Taux d'intérêt}} = \frac{10\,800}{1\,200 \times 6\ \%} = 150\ €.$$

**b.**

| Date de remboursement | Capital restant dû | | Intérêts à 6 % l'an | Amortissements | |
|---|---|---|---|---|---|
| | Nombre d'obligations | Montant Nominal = 150 | | Nombre d'obligations amorties | Montant Prix de rembt = 150 |
| 01/07/N | 1 200 | 180 000 | 10 800 | 0 | 0 |
| 01/07/N + 5 | 1 200 | 180 000 | 10 800 | 600 | 90 000 |
| 01/07/N + 10 | 600 | 90 000 | 5 400 | 600 | 90 000 |

**2 ▶** Emprunt indivis

**a.** Le taux d'intérêt annuel peut être trouvé de plusieurs façons différentes

on connaît : la dette initiale : 17 290,72 ;
le nombre de remboursements : 4 ;
le montant de l'annuité : 5 081,69.

Tableur, calculatrice ou table financière donne un taux de 6,80 % (attention sur tableur : penser à entrer l'annuité comme un nombre négatif).

Mais la solution n'est pas « très mathématique » et exige une aide extérieure.

Comment retrouver ce taux sans outil ?

Soit $i$ le taux cherché et $m_i$ l'amortissement inclus dans une annuité.

La dernière annuité $a_8 = a = m_8(1 + i)$.

*Rappel :* dans un emprunt indivis, les amortissements sont en progression géométrique de raison $(1 + i)$. On a donc : $m_8 = m_7(1 + i)$.

On connaît $a$ et $m_7$, il est possible de calculer $i$.

$$\begin{cases} a = m_8(1 + i) = 5\ 081{,}69 \\ m_8 = m_7(1 + i) = 4\ 455{,}19 \times (1 + i) \end{cases} \quad \text{d'où } a = 4\ 455{,}19 \times (1 + i)^2 = 5\ 081{,}69$$

$$(1 + i)^2 = \frac{5\ 081{,}69}{4\ 455{,}19} = 1{,}140623\ ;\ 1 + i = 1{,}068 \Rightarrow i = 6{,}80\ \%.$$

**b.** Formule la plus favorable

Il faut comparer la valeur actuelle, au taux de 6,5 %, des deux modes de paiement au 1er octobre N + 1.

L'annuité de l'emprunt initial n'était pas donnée : $a = V_0 \dfrac{i}{(1 + i)^{-n}}$

$$a = \frac{30\ 000 \times 8\ \%}{1 - 1{,}08^{-8}} = 5\ 220{,}44.$$

Valeur actuelle des 4 annuités restant à payer (emprunt initial) : 17 884,19 €

soit : $5\ 220{,}44 \times \dfrac{1 - 1{,}065^{-4}}{0{,}065}$.

Valeur actuelle des 4 annuités augmentée des frais de dossier :17 528,86 €

soit : $5\ 081{,}69 \times \dfrac{1 - 1{,}065^{-4}}{0{,}065} + 120$.

Au taux d'actualisation de 6,5 % la renégociation est intéressante.

# 18

# Le choix des modes de financement

Une fois le ou les projets d'investissements retenus (*cf.* Top'Exos BTS CGO 1re année, chapitres 22 et 23), les différentes modalités de financement ouvertes à l'entreprise doivent être examinées :
- financement sur fonds propres existants ;
- financement par emprunt ;
- financement par recours au crédit-bail ;
- financement mixte, c'est-à-dire un mélange des options mentionnées ci-dessus.

## 1. Les flux nets trésorerie (F.N.T.) liés au mode de financement

L'évaluation du coût du mode de financement tient compte des seuls flux dus au financement exigible (c'est-à-dire des ressources utilisées hors ressources propres), en supposant implicitement que l'entreprise décaisse le montant de l'investissement.
***Exemple :*** La société Marjolune souhaite investir dans un matériel de production performant d'une valeur d'origine de 60 000 € H.T. amortissable en linéaire sur 4 ans. Elle envisage deux hypothèses de financement, exclusives l'une de l'autre :
• Hypothèse 1 : Financer cet investissement à hauteur de 20 000 € sur fonds propres et contracter un emprunt de 40 000 €.
• Hypothèse 2 : Financer l'intégralité du matériel par un contrat de crédit-bail.

### A. Financement par emprunt (hypothèse 1)

Caractéristiques de l'emprunt : Emprunt de 40 000 € à 9 %, remboursable par amortissements constants sur 4 ans.

**Tableau d'amortissement de l'emprunt** :

| Années | Capital restant dû | Intérêt | Amortissement | Annuité |
|---|---|---|---|---|
| 1 | 40 000 | 3 600 | 10 000 | 13 600 |
| 2 | 30 000 | 2 700 | 10 000 | 12 700 |
| 3 | 20 000 | 1 800 | 10 000 | 11 800 |
| 4 | 10 000 | 900 | 10 000 | 10 900 |

Les annuités versées sont constituées des intérêts et de l'amortissement de l'emprunt :
• Les intérêts sont une charge déductible et entraînent de ce fait une diminution de l'impôt (économie d'I.S.) ; cette économie d'impôt est assimilée à un encaissement car elle représente une diminution de décaissement.
• L'amortissement de l'emprunt constitue une diminution de la dette de la société et n'a aucune incidence sur le résultat comptable et fiscal de l'entreprise.

• **Calcul des F.N.T. relatifs à l'emprunt** :

| Années | 0 (début 1) | 1 | 2 | 3 | 4 |
|---|---|---|---|---|---|
| Encaissements | | | | | |
| Montant emprunté | 40 000 | | | | |
| Économie d'I.S. sur intérêts (1) | | 1 200 | 900 | 600 | 300 |
| Décaissements | | | | | |
| Annuités de l'emprunt | | 13 600 | 12 700 | 11 800 | 10 900 |
| F.N.T. (Enc - Déc) | + 40 000 | – 12 400 | – 11 800 | – 11 200 | – 10 600 |

(1) Intérêts × Taux de l'I.S. année 1 = 3 600 × 33 1/3 % = 1 200.

## B. Financement par crédit-bail (hypothèse 2)

***Exemple :*** La société MARJOLUNE souhaite évaluer les F.N.T. de sa deuxième hypothèse de financement dont les caractéristiques sont les suivantes :
• V.O. du bien financé par crédit-bail : 60 000 €, amortissable en linéaire sur 4 ans ;
• redevances annuelles versées en fin d'années : 19 800 € H.T. ;
• versement d'un dépôt de garantie de 4 800 € remboursé en fin de quatrième année.

Le financement par crédit-bail présente les caractéristiques suivantes :
• le fait d'avoir recours à ce mode de financement a pour première conséquence que l'entreprise n'aura pas à décaisser le montant de l'investissement ; ce non-décaissement s'assimile à un encaissement (fictif) ;
• la société locataire ne peut amortir le bien financé par crédit-bail et perd le bénéfice de l'économie d'I.S. sur amortissements qu'elle aurait eue en acquérant le bien. Cette perte d'économie d'I.S. est considérée comme un décaissement ;
• la société locataire a la possibilité (mais non l'obligation) d'acquérir le bien en fin de contrat pour une valeur convenue à l'avance. Dans le cas où cette option d'achat est exercée, le bien, devenant propriété de la société locataire, ouvre droit à amortissement et entraîne de ce fait des économies d'I.S. sur amortissement (encaissement fictif) ;

• Les redevances, charges déductibles, entraînent une économie d'I.S. assimilée à un encaissement.

• **Calcul des F.N.T. relatifs au crédit-bail** :

| Années | 0 (début 1) | 1 | 2 | 3 | 4 |
|---|---|---|---|---|---|
| Encaissements | | | | | |
| Montant financé par crédit-bail | 60 000 | | | | |
| Économie d'I.S. sur redevances (1) | | 6 600 | 6 600 | 6 600 | 6 600 |
| Remboursement dépôt de garantie | | | | | 4 800 |
| Décaissements | | | | | |
| Redevances de crédit-bail | | 19 800 | 19 800 | 19 800 | 19 800 |
| Versement dépôt de garantie | 4 800 | | | | |
| Perte d'économie d'I.S. sur amortissements (2) | | 5 000 | 5 000 | 5 000 | 5 000 |
| F.N.T. (Enc - Déc) | + 55 200 | – 18 200 | – 18 200 | – 18 200 | – 13 400 |

(1) Redevances × taux de l'I.S. : 19 800 × 33 1/3 % = 6 600.

(2) Dotation aux amortissements × taux de l'I.S. : (60 000 × 25 %) × 33 1/3 % = 5 000.

## 2. Critères de choix des modes de financement

Deux démarches permettent de porter une appréciation sur les modes de financement qui s'offrent à l'entreprise :

• Le calcul de la valeur actuelle nette (V.A.N.) du mode de financement, en actualisant les F.N.T. Le taux retenu correspond au taux de rémunération souhaité des capitaux propres investis dans l'entreprise. Dans l'optique de la recherche de la meilleure rentabilité financière de ses investissements, le financement le plus avantageux sera celui qui dégage la plus forte V.A.N.

• Le calcul du taux de revient du mode de financement retenu ; par définition, ce taux est celui qui rend équivalentes les sommes encaissées et les sommes décaissées. Son calcul consiste donc à rechercher le taux qui rend nulle la somme des F.N.T. actualisés du mode de financement (la démarche est strictement la même que celle suivie pour le calcul du T.I.R. d'un investissement).

Si l'entreprise recherche le mode de financement le moins coûteux (en valeur relative), elle choisira celui dont le taux de revient est le plus faible.

### A. Valeur actuelle nette du mode financement

La société Marjolune actualise ses flux au taux de 8 %.

V.A.N. de l'emprunt :

$$40\,000 - 12\,400 \times 1{,}08^{-1} - 11\,800 \times 1{,}08^{-2} - 11\,200 \times 1{,}08^{-3} - 10\,600 \times 1{,}08^{-4}$$

V.A.N. de l'emprunt : 1 719,68 €.

V.A.N. du crédit-bail :

$$55\,200 - 18\,200 \times 1{,}08^{-1} - 18\,200 \times 1{,}08^{-2} - 18\,200 \times 1{,}08^{-3} - 13\,400 \times 1{,}08^{-4}$$

V.A.N. du crédit-bail : – 1 552,47 €.

L'emprunt est ici le mode de financement de l'investissement le plus avantageux pour la société MARJOLUNE ; le crédit-bail quant à lui a un coût supérieur au taux d'actualisation retenu.

## B. Taux de revient du mode de financement

Taux de revient de l'emprunt :

$$40\,000 = 12\,400(1+t)^{-1} + 11\,800(1+t)^{-2} + 11\,200(1+t)^{-3} + 10\,600(1+t)^{-4}.$$

La valeur de $t$ peut être obtenue par interpolation linéaire, en utilisant les fonctions financières des calculatrices ou à l'aide de la fonction TRI() d'Excel™. Ce taux s'élève ici à 6 %.

*Remarque :* concernant les emprunts, du fait des économies d'I.S. sur intérêts, le taux de revient peut se calculer comme suit :

Taux de revient = Taux d'intérêt × (1 – taux d'I.S.)

6 % = 9 % × (1 – 33 1/3 %)

Taux de revient du crédit-bail :

$$55\,200 = 18\,200(1+t)^{-1} + 18\,200(1+t)^{-2} + 18\,200(1+t)^{-3} + 13\,400(1+t)^{-4}$$

Le taux de revient du crédit-bail est de 9,31 % (résultat obtenu à l'aide de la fonction TRI() d'Excel™).

## C. Évaluation de la rentabilité financière d'un investissement

La rentabilité financière de l'investissement représente la rentabilité qu'il dégage en tenant compte du financement retenu. Elle mesure donc la rentabilité des capitaux propres investis dans le projet.

**Rentabilité financière** = **Rentabilité de l'investissement, rémunération incluse de son financement exigible**

La seule connaissance du coût des différents financements ne suffit pas à choisir entre plusieurs hypothèses car le rapport entre l'endettement et les ressources propres modifie la rentabilité financière du projet. En effet, si la rentabilité économique du projet est supérieure au coût de son financement, le recours à un financement exigible améliore la rentabilité financière de ce dernier (à cet égard, on parle d'effet de levier positif).

*Remarque :* À titre de vérification, la V.A.N. de l'investissement, financement inclus (« V.A.N. financière ») est égale à la somme de la V.A.N. de l'investissement financé sur fonds propres existants (« V.A.N. économique ») et de la V.A.N. de son financement exigible (V.A.N. du mode de financement).

# Énoncés des exercices

**18.1** La société LARUDELLE projette d'investir dans une machine-outil d'une valeur H.T. de 450 000 €, amortissable en linéaire sur 5 ans.
Elle envisage de financer comme suit l'acquisition de sa machine-outil :
- Sur fonds propres pour 50 000 €.
- Par emprunt sur 5 ans pour le reste ; cet emprunt est amortissable par annuités constantes au taux de 8,76 %.

**1 ▶** Calculer les F.N.T. propres au financement par emprunt.

**2 ▶** Calculer le taux de revient de cet emprunt.

**18.2** Une opération de crédit-bail présente les caractéristiques suivantes :
- Durée du contrat : 3 ans.
- V.O. du bien financé : 64 000 €, amortissable en linéaire sur 5 ans.
- 3 redevances annuelles réglées en début d'années : 18 000 € (montant H.T.).
- Dépôt de garantie : 7 500 € versés à la signature du contrat et intégralement remboursés en fin de contrat.
- Option d'achat levée en fin de contrat : le bien est acquis pour sa valeur nette comptable minorée de 30 % et est amorti linéairement sur les deux années restantes.
- Taux d'I.S. retenu : 33 1/3 %.

**1 ▶** Calculer les F.N.T. de cette opération de financement.

**2 ▶** Calculer le taux de revient de cet emprunt.

**18.3** La société ALUBAT est spécialisée dans la production de matériaux de construction. Elle souhaite élargir sa production de profilés en aluminium.
La production de profilés nécessite l'acquisition de divers matériels de production dont les caractéristiques vous sont communiquées ci-dessous :

**Matériel de production** : deux machines-outils identiques d'une V.O. unitaire H.T. de 128 000 €, amortissables en dégressif sur 10 ans (coefficient 2,25). Au bout de cinq années d'utilisation, les machines sont revendues pour leur V.C.N.
Sur la base du dossier que vous lui avez remis relatif à la rentabilité économique de l'investissement projeté, le directeur de la société ALUBAT vous soumet trois propositions de financement regroupées ci-dessous. Le reliquat de financement nécessaire se ferait sur les fonds propres disponibles de la société.
- Proposition 1 : Emprunt de 120 000 € sur 5 ans à 8 % remboursable par amortissements constants.

• Proposition 2 : Emprunt de 200 000 € sur 5 ans à 9,60 % remboursable par amortissements constants.

• Proposition 3 : Acquisition en crédit-bail sur 5 ans d'une des deux machines-outils moyennant règlement en fin de mois de 60 redevances mensuelles de 2 750 € H.T. Un dépôt de garantie de 25 600 € serait réglé en début de contrat et remboursé intégralement en fin de cinquième année.

**1 ▶** Calculer les F.N.T. de chacune des propositions.

**2 ▶** Calculer les taux de revient des emprunts.

**3 ▶** Calculer les V.A.N. à 14 % de chacun des modes de financement envisagés.

**4 ▶** Proposer un choix au directeur de la société ALUBAT.

# Corrigés des exercices

**18.1** 1 ▶ **F.N.T. de l'emprunt** :

• Tableau d'amortissement : $a = \dfrac{V_0 i}{1-(1+i)^{-n}} = \dfrac{400\,000 \times 0{,}0876}{1-1{,}0876^{-5}} = 102\,197$ €.

| Années | Capital restant dû | Intérêts | Amortissements | Annuités |
|---|---|---|---|---|
| 1 | 400 000 | 35 040 | 67 157 | 102 197 |
| 2 | 332 843 | 29 157 | 73 040 | 102 197 |
| 3 | 259 803 | 22 759 | 79 438 | 102 197 |
| 4 | 180 365 | 15 800 | 86 397 | 102 197 |
| 5 | 93 968 | 8 229 | 93 968 | 102 197 |

*Remarque :* la dernière ligne du tableau d'amortissement, du fait des arrondis opérés sur les montants, se construit comme suit :

Amortissement = Capital restant dû     Intérêt = Annuité – Amortissement

• **F.N.T. de l'emprunt** :

| Années | 0 | 1 | 2 | 3 | 4 | 5 |
|---|---|---|---|---|---|---|
| Encaissements | | | | | | |
| Montant emprunté | 400 000 | | | | | |
| Économies d'I.S. sur intérêts (intérêts × 33 1/3 %) | | 11 680 | 9 719 | 7 586 | 5 267 | 2 743 |
| Décaissements | | | | | | |
| Annuités | | 102 197 | 102 197 | 102 197 | 102 197 | 102 197 |
| F.N.T. = Enc. – Déc. | + 400 000 | – 90 517 | – 92 478 | – 94 611 | – 96 930 | – 99 454 |

2 ▶ Taux de revient

Taux de revient = Taux d'intérêt × (1 – taux d'I.S.)

8,76 % × (1 – 33 1/3 %) = 5,84 %

**18.2** 1 ▶ **F.N.T. du crédit-bail** (voir tableau page suivante)

**Détail des calculs** :

• Économie d'I.S. sur redevances : l'I.S. est considéré comme étant un flux de fin de période : le règlement en début de période des redevances n'affecte pas le règlement de l'I.S.

• Économie d'I.S. sur amortissement : l'acquisition du bien en fin de contrat permet son amortissement et entraîne de ce fait des économies d'I.S.

V.C.N. = 64 000 – (64 000 × 20 % × 3) = 25 600 €.

Valeur de rachat = V.C.N. × 70 % = 25 600 × 0,7

= 17 920 €, amortissable sur 2 ans (8 960 € par an).

Économie d'I.S. sur amortissement :

8 960 × 33 1/3 % = 2 987 €.

• Perte d'économie d'I.S. sur amortissement :

(64 000 × 20 %) × 33 1/3 % = 4 267 €.

| Années | 0 | 1 | 2 | 3 | 4 | 5 |
|---|---|---|---|---|---|---|
| Encaissements | | | | | | |
| Montant du crédit-bail | 64 000 | | | | | |
| Économies d'I.S. sur redevances | | 6 000 | 6 000 | 6 000 | | |
| Économies d'I.S. sur amortissement | | | | | 2 987 | 2 987 |
| Remboursement du dépôt | | | | 7 500 | | |
| (1) Total encaissements | 64 000 | 6 000 | 6 000 | 13 500 | 2 987 | 2 987 |
| Décaissements | | | | | | |
| Redevances | 18 000 | 18 000 | 18 000 | | | |
| Versement du dépôt | 7 500 | | | | | |
| Option d'achat | | | | 17 920 | | |
| Perte d'économie d'I.S. sur amortissement | | 4 267 | 4 267 | 4 267 | 4 267 | 4 267 |
| (2) Total décaissements | 25 500 | 22 267 | 22 267 | 22 187 | 4 267 | 4 267 |
| F.N.T. = (1) – (2) | + 38 500 | – 16 267 | – 16 267 | – 8 687 | – 1 280 | – 1 280 |

**2 ▶** Calcul du taux de revient (réalisé sur Excel ™)

| | A | B | C | D | E | F | G | H |
|---|---|---|---|---|---|---|---|---|
| 1 | | | | | | | | |
| 2 | | Années | 0 | 1 | 2 | 3 | 4 | 5 |
| 3 | | F.N.T. | 38 500 | – 16 267 | – 16 267 | – 8 687 | – 1 280 | – 1 280 |
| 4 | | | | | | | | |

Le taux de revient peut s'obtenir en utilisant la fonction TRI() d'Excel ™ :

Syntaxe : =TRI(valeur 0 ;valeur1 ;…).

=TRI(C3 :H3) donne 6,84 %.

18.3 1 ▶ **F.N.T. des modes de financement** :

Proposition 1 :

• Tableau d'amortissement de l'emprunt :

| Années | Capital restant dû | Intérêts | Amortissements | Annuités |
|---|---|---|---|---|
| 1 | 120 000 | 9 600 | 24 000 | 33 600 |
| 2 | 96 000 | 7 680 | 24 000 | 31 680 |
| 3 | 72 000 | 5 760 | 24 000 | 29 760 |
| 4 | 48 000 | 3 840 | 24 000 | 27 840 |
| 5 | 24 000 | 1 920 | 24 000 | 25 920 |

• F.N.T. de l'emprunt :

| Années | 0 | 1 | 2 | 3 | 4 | 5 |
|---|---|---|---|---|---|---|
| Encaissements | | | | | | |
| Montant emprunté | 120 000 | | | | | |
| Économies d'I.S. sur intérêts (intérêts × 33 1/3 %) | | 3 200 | 2 560 | 1 920 | 1 280 | 640 |
| (1) Total encaissements | 120 000 | 3 200 | 2 560 | 1 920 | 1 280 | 640 |
| Décaissements | | | | | | |
| Annuités | | 33 600 | 31 680 | 29 760 | 27 840 | 25 920 |
| (2) Total décaissements | | 33 600 | 31 680 | 29 760 | 27 840 | 25 920 |
| F.N.T. = (1) – (2) | + 120 000 | – 30 400 | – 29 120 | – 27 840 | – 26 560 | – 25 280 |

Proposition 2 :

• Tableau d'amortissement de l'emprunt :

| Années | Capital restant dû | Intérêts | Amortissements | Annuités |
|---|---|---|---|---|
| 1 | 200 000 | 19 200 | 40 000 | 59 200 |
| 2 | 160 000 | 15 360 | 40 000 | 55 360 |
| 3 | 120 000 | 11 520 | 40 000 | 51 520 |
| 4 | 80 000 | 7 680 | 40 000 | 47 680 |
| 5 | 40 000 | 3 840 | 40 000 | 43 840 |

• F.N.T. de l'emprunt :

| Années | 0 | 1 | 2 | 3 | 4 | 5 |
|---|---|---|---|---|---|---|
| Encaissements | | | | | | |
| Montant emprunté | 200 000 | | | | | |
| Économies d'I.S. sur intérêts (intérêts × 33 1/3 %) | | 6 400 | 5 120 | 3 840 | 2 560 | 1 280 |
| Décaissements | | | | | | |
| Annuités | | 59 200 | 55 360 | 51 520 | 47 680 | 43 840 |
| F.N.T. = Enc. – Déc. | + 200 000 | – 52 800 | – 50 240 | – 47 680 | – 45 120 | – 42 560 |

Proposition 3 : F.N.T. du crédit-bail :

| Années | 0 | 1 | 2 | 3 | 4 | 5 |
|---|---|---|---|---|---|---|
| Encaissements | | | | | | |
| Montant du crédit-bail | 128 000 | | | | | |
| Économies d'I.S. sur redevances | | 11 000 | 11 000 | 11 000 | 11 000 | 11 000 |
| Remboursement du dépôt | | | | | | 25 600 |
| (1) Total encaissements | 128 000 | 11 000 | 11 000 | 11 000 | 11 000 | 36 600 |
| Décaissements | | | | | | |
| Versement du dépôt | 25 600 | | | | | |
| Perte d'économie d'I.S. sur amortissement | | 9 600 | 7 440 | 5 766 | 4 469 | 3 463 |
| (2) Total décaissements | 25 600 | 9 600 | 7 440 | 5 766 | 4 469 | 3 463 |
| F.N.T. (hors redevances) = (1) – (2) | + 102 400 | + 1 400 | + 3 560 | + 5 234 | + 6 531 | + 33 137 |

Économies d'I.S. sur redevances : $(12 \times 2\,750) \times 33\ 1/3\ \%$.

Perte d'économie d'I.S. sur amortissement : une seule machine-outil étant financée par crédit-bail, l'entreprise reste propriétaire de l'autre. La perte d'économie d'I.S. ne concerne donc que l'immobilisation dont l'entreprise n'est pas propriétaire, soit :

Perte d'économie d'I.S. sur amortissement

$$= [(\text{Dotation aux amortissements}/2) \times 33\ 1/3\ \%].$$

Les redevances sont des flux mensuels et n'apparaissent pas dans le tableau des F.N.T. (flux annuels) ; elles seront prises en compte dans le calcul de la V.A.N. en les actualisant au taux d'actualisation mensuel équivalent.

**2 ▶ Taux de revient** :

Emprunt de la proposition 1 : $8\ \% \times (1 - 33\ 1/3\ \%) = 5{,}33\ \%$.

Emprunt de la proposition 2 : $9{,}60\ \% \times (1 - 33\ 1/3\ \%) = 6{,}40\ \%$.

**3 ▶ V.A.N. des modes de financement** :

Proposition 1 : $120\,000 - 30\,400 \times 1{,}14^{-1} - \ldots - 25\,280 \times 1{,}14^{-5} = +\ 23\,279{,}95$ €.

Proposition 2 : $200\,000 - 52\,800 \times 1{,}14^{-1} - \ldots - 42\,560 \times 1{,}14^{-5} = +\ 34\,024{,}53$ €.

Proposition 3 : Taux mensuel équivalent : $(1 + m)^{12} = 1{,}14 \Rightarrow m = 1{,}10\ \%$

$$102\,400 + 1\,400 \times 1{,}14^{-1} + \ldots + 33\,137 \times 1{,}14^{-5} - 2\,750 \times \frac{1 - 1{,}011^{-60}}{0{,}011} = +\ 10\,657\ €.$$

**4 ▶ Conclusions** :

L'emprunt de la proposition 1 présente le taux de revient le plus intéressant ; néanmoins, l'emprunt de la proposition 2 dégage la plus forte V.A.N. et améliorerait donc la rentabilité financière de l'investissement projeté.

# 19

# La prévision des ventes

Dans le cadre de la gestion budgétaire, le budget des ventes occupe une place particulière dans la mesure où ce sont le plus souvent les prévisions de ventes qui sont à la base de l'élaboration des autres budgets (production, investissement, approvisionnement, etc.).
Les prévisions de ventes peuvent être effectuées à partir de l'étude des ventes passées et nécessitent la mise en œuvre de diverses techniques étudiées en mathématiques.

## 1. L'ajustement linéaire

Afin d'effectuer des prévisions, il est souvent nécessaire de disposer d'une représentation simplifiée du phénomène étudié. L'ajustement linéaire par la méthode des moindres carrés[1] permet de représenter un nuage de points par une droite.

### A. La droite d'ajustement de y en x

Droite d'ajustement de $y$ en $x$ de la forme $y = ax + b$ avec :

$$a = \frac{\sum_{i=1}^{n} x_i y_i - n\,\overline{x}\,\overline{y}}{\sum_{i=1}^{n} x_i^2 - n\,\overline{x}^{\,2}} \qquad b = \overline{y} - a\overline{x}.$$

*Remarque :* $\overline{x}$ et $\overline{y}$ représentent respectivement les moyennes arithmétiques des $x_i$ et des $y_i$.

(1) « Moindres carrés » car les droites d'ajustement obtenues par cette méthode sont celles pour lesquelles la somme des carrés des écarts entre les points du nuage et les points correspondants de la droite est la plus faible possible.

### B. Le coefficient de corrélation linéaire

Il mesure la qualité de l'ajustement linéaire, c'est-à-dire sa pertinence.

$$r = \frac{\sum_{i=1}^{n} x_i y_i - n\overline{x}\,\overline{y}}{\left(\sum_{i=1}^{n} x_i^2 - n\overline{x}^{\,2}\right)\left(\sum_{i=1}^{n} y_i^2 - n\overline{y}^{\,2}\right)}$$

Par convention, le signe de $r$ est celui de « $a$ ».
Statistiquement, la corrélation linéaire est jugée acceptable pour des valeurs absolues de $r$ supérieures à 0,87.

### C. L'utilisation du tableur (Excel™) et de la calculatrice

La plupart des calculatrices possèdent des fonctions préprogrammées – fonction LR (*Linear regression*) – permettant de calculer les paramètres de la droite d'ajustement de $y$ en $x$ ainsi que le coefficient de corrélation. Les fonctions statistiques suivantes d'Excel™ peuvent également être utilisées :

• =DROITEREG(yi ;xi) renvoie une matrice sur deux cellules horizontales adjacentes contenant respectivement les valeurs « $a$ » et « $b$ ». (Pour entrer une formule matricielle sur un PC, sélectionner les cellules et appuyer simultanément sur les touches <Ctrl> <Maj> <Entr>).

• =COEFFICIENT.CORRELATION(yi ;xi) renvoie la valeur du coefficient de corrélation linéaire.

• =TENDANCE (yi ;xi ; xi recherchés) renvoie une matrice contenant les valeurs des $y_i$ ajustés correspondants aux $x_i$ recherchés.

Une autre possibilité offerte par Excel™ consiste à tracer le nuage de points puis, dans le menu « Graphique », à choisir l'option « Ajouter une courbe de tendance » ; dans l'onglet « options », cocher les cases « afficher l'équation sur le graphique » et « afficher le coefficient de détermination sur le graphique » (le coefficient de détermination est le carré du coefficient de corrélation).

## 2. L'étude des séries chronologiques

### A. Principes

Une série chronologique décrit l'évolution dans le temps d'une variable ; l'étude d'une telle série consiste à dégager la tendance (ou *trend*) à moyen et long terme du phénomène étudié et à mettre en évidence sa saisonnalité.

### B. Recherche de la tendance

La tendance peut être estimée selon diverses méthodes, notamment par :
– les moyennes mobiles (centrées) ;
– l'ajustement linéaire des observations ;
– l'ajustement linéaire des moyennes mobiles.

Les deux dernières méthodes permettent de disposer d'une équation rendant ainsi possible l'utilisation prévisionnelle du modèle.

## C. Application

Le tableau ci-dessous retrace les ventes de boîtes de chocolats de l'entreprise CHOCODAS (en milliers de boîtes) :

| | Trimestre 1 | Trimestre 2 | Trimestre 3 | Trimestre 4 |
|---|---|---|---|---|
| **1999** | 145 | 70 | 115 | 160 |
| **2000** | 153 | 82 | 127 | 182 |
| **2001** | 171 | 92 | 131 | 190 |

En estimant la tendance par les moyennes mobiles (centrées), on obtient les résultats suivants :

| Rang du trimestre | Ventes | Moyennes mobiles (M.M.) | Moyennes mobiles centrées (M.M.C.) | Indices saisonniers (Is) | Série C.V.S. |
|---|---|---|---|---|---|
| 1 | 145 | | | | 122 |
| 2 | 70 | | | | 112 |
| 3 | 115 | 122,5 | 123,5 | 0,931 | 125 |
| 4 | 160 | 124,5 | 126 | 1,270 | 126 |
| 5 | 153 | 127,5 | 129 | 1,186 | 129 |
| 6 | 82 | 130,5 | 133,25 | 0,615 | 132 |
| 7 | 127 | 136 | 138,25 | 0,919 | 138 |
| 8 | 182 | 140,5 | 141,75 | 1,284 | 143 |
| 9 | 171 | 143 | 143,5 | 1,192 | 144 |
| 10 | 92 | 144 | 145 | 0,634 | 148 |
| 11 | 131 | 146 | | | 142 |
| 12 | 190 | | | | 149 |

**• Moyennes mobiles et moyennes mobiles centrées**

La périodicité, c'est-à-dire la fréquence à laquelle le phénomène se reproduit, est égale à 4 ; calculer les moyennes mobiles d'ordre 4 consiste à effectuer les moyennes des observations de quatre trimestres consécutifs (trimestres 1 à 4, puis 2 à 5, etc.). Ce procédé permet de « lisser » la courbe des données observées et de faire ressortir la tendance.

La périodicité du phénomène étant paire, il est nécessaire de « centrer » les moyennes mobiles en calculant la moyenne de deux moyennes mobiles consécutives afin que l'abscisse de cette moyenne soit un nombre entier :

$$M.M._{2,5} = \frac{145 + 70 + 115 + 160}{4} = 122{,}5 \text{ a pour abscisse } \frac{1 + 2 + 3 + 4}{4} = 2{,}5$$

$$M.M._{3,5} = \frac{70 + 115 + 160 + 153}{4} = 124{,}5 \text{ a pour abscisse } \frac{2 + 3 + 4 + 5}{4} = 3{,}5$$

$$M.M.C._3 = \frac{122{,}5 + 124{,}5}{2} = 123{,}5 \text{ a pour abscisse } \frac{2{,}5 + 3{,}5}{2} = 3$$

*Remarque :* il est possible de calculer directement les moyennes mobiles centrées comme suit :

$$M.M.C. = \frac{\frac{y_1}{2} + y_2 + y_3 + y_4 + \frac{y_5}{5}}{4}$$

$$M.M.C._3 = \frac{\frac{145}{2} + 70 + 115 + 160 + \frac{153}{2}}{4} = 123{,}5$$

**• Indices saisonniers et coefficients saisonniers**

Quelle que soit la méthode retenue pour dégager la tendance du phénomène, les indices saisonniers s'obtiennent en faisant le rapport entre l'observation et la valeur correspondante de la tendance :

$$Is = \frac{\text{Observation}}{\text{Tendance}}.$$

$$Is_3 = \frac{115}{123{,}5} = 0{,}931.$$

Le coefficient saisonnier trimestriel est égal à la moyenne des indices saisonniers du trimestre considéré :

| | Trimestre 1 | Trimestre 2 | Trimestre 3 | Trimestre 4 |
|---|---|---|---|---|
| **1999** | | | 0,931 | 1,270 |
| **2000** | 1,186 | 0,615 | 0,919 | 1,284 |
| **2001** | 1,192 | 0,634 | | |
| **Coefficient saisonnier** | 1,189 | 0,625 | 0,925 | 1,277 |
| **Coefficient saisonnier rectifié (C.S.R.)** | 1,184 | 0,623 | 0,921 | 1,272 |

Il est possible de rectifier les coefficients saisonniers afin que leur somme soit égale à la périodicité du phénomène :

$$\text{Coefficient saisonnier rectifié} = \frac{\text{Coefficient saisonnier} \times \text{Périodicité}}{\text{Somme des coefficients saisonniers}}.$$

$$C.S.R._1 = \frac{1{,}189 \times 4}{4{,}016} = 1{,}184$$

## D. Utilisation du modèle : série C.V.S. et prévisions

Pour étudier un phénomène indépendamment de sa saisonnalité, il est nécessaire de « désaisonnaliser » la série, c'est-à-dire de présenter la série « corrigée des variations saisonnières » (série C.V.S.).

$$\text{Série C.V.S.} = \frac{\text{Observation}}{\text{Coefficient saisonnier rectifié}}.$$

$$\text{C.V.S.}_1 = \frac{145}{1,184} = 122.$$

Pour effectuer des prévisions, il est nécessaire de calculer la tendance prévisionnelle (à partir de son équation) puis de la multiplier par les coefficients saisonniers correspondants afin de reproduire la saisonnalité du phénomène.
En supposant que l'équation de la tendance est obtenue par l'ajustement linéaire des observations, les prévisions de ventes trimestrielles de 2002 sont les suivantes :
Équation de la tendance : $y = 3{,}74t + 110$ (équation obtenue en utilisant les fonctions statistiques du tableur) où $t$ représente le rang du trimestre.

| Année 2002 | Trimestre 1 | Trimestre 2 | Trimestre 3 | Trimestre 4 |
|---|---|---|---|---|
| Ventes prévisionnelles | [(3,74 x 13) + 110] × 1,184 = 188 | [(3,74 x 14) + 110] × 0,623 = 101 | [(3,74 x 15) + 110] × 0,921 = 153 | [(3,74 x 16) + 110] × 1,272 = 216 |

# Énoncés des exercices

**19.1** La société Éloïse commercialise des appareils électroménagers qu'elle achète auprès d'un grossiste. Elle vous demande, à partir de l'étude de ses ventes passées, d'élaborer son budget d'approvisionnement en électroménager. Vous disposez ci-dessous du relevé statistique des ventes trimestrielles réalisées au cours des quatre dernières années.

| | Trimestre 1 | Trimestre 2 | Trimestre 3 | Trimestre 4 |
|---|---|---|---|---|
| N – 3 | 79 | 118 | 160 | 143 |
| N – 2 | 84 | 81 | 165 | 132 |
| N – 1 | 62 | 94 | 152 | 121 |
| N | 66 | 88 | 136 | 105 |

Chaque appareil est acheté 240 € H.T. (T.V.A. au taux normal) et la société Éloïse, pour réduire les risques de rupture de stock, commande des quantités correspondant au volume des ventes majoré de 10 % (arrondir les quantités à l'unité supérieure).
En utilisant un tableur :

**1 ▶** Déterminer l'équation de la tendance en tant qu'ajustement linéaire des ventes.

**2 ▶** À partir de la tendance trouvée à la question **1 ▶**, calculer les indices saisonniers et les coefficients saisonniers trimestriels.

**3 ▶** Donner les prévisions de ventes trimestrielles relatives à l'année N + 1.

**4 ▶** Présenter le budget des approvisionnements en électroménager de la société Éloïse pour N + 1.

**19.2** On vous communique les statistiques de ventes trimestrielles de l'entreprise Mia pour les cinq dernières années (milliers d'unités) :

| | Trimestre 1 | Trimestre 2 | Trimestre 3 | Trimestre 4 |
|---|---|---|---|---|
| N – 4 | 98 | 163 | 185 | 95 |
| N – 3 | 112 | 173 | 191 | 97 |
| N – 2 | 118 | 175 | 213 | 91 |
| N – 1 | 124 | 193 | 219 | 109 |
| N | 122 | 195 | 225 | 119 |

**1 ▶** Calculer les moyennes mobiles centrées d'ordre 4.

**2 ▶** Calculer avec trois décimales les indices saisonniers et les coefficients saisonniers trimestriels rectifiés.

**3 ▶** Présenter la série corrigée des variations saisonnières (arrondie au millier d'unités le plus proche).

**4 ▶** Représenter sur un même graphique les ventes et la série corrigée des variations saisonnières. Commenter le niveau des ventes du dernier trimestre.

**5 ▶** Les ventes de N + 1 sont estimées à 672 000 unités ; calculer les ventes trimestrielles prévisionnelles de N + 1.

# Corrigés des exercices

**19.1** **1 ▶** et **2 ▶** **Équation de la tendance** : $y = -0{,}779t + 118{,}25$

**Paramètres** : Cellules B2 et C2 (formule matricielle) :

{=DROITEREG(B5 :B20 ;A5 :A20)}

**Tendance** : Cellules C5 à C20 (formule matricielle) :

{=ARRONDI(TENDANCE(B5 :B20 ;A5 :A20 ;A5 :A20) ;0)}

**Indices saisonniers** : Cellule D5 : =ARRONDI(B5/C5 ;3) recopié vers le bas jusqu'en D20.

**Coefficients saisonniers** : Cellule B27 : =ARRONDI(MOYENNE(B23 :B26);3) recopié à droite jusqu'en E27.

| | A | B | C | D | E |
|---|---|---|---|---|---|
| 1 | | | | | |
| 2 | Paramètres : | – 0,7794118 | 118,25 | | |
| 3 | | | | | |
| 4 | | Observation | Tendance | Is | |
| 5 | 1 | 79 | 117 | 0,675 | |
| 6 | 2 | 118 | 117 | 1,009 | |
| 7 | 3 | 160 | 116 | 1,379 | |
| 8 | 4 | 143 | 115 | 1,243 | |
| 9 | 5 | 84 | 114 | 0,737 | |
| 10 | 6 | 81 | 114 | 0,711 | |
| 11 | 7 | 165 | 113 | 1,460 | |
| 12 | 8 | 132 | 112 | 1,179 | |
| 13 | 9 | 62 | 111 | 0,559 | |
| 14 | 10 | 94 | 110 | 0,855 | |
| 15 | 11 | 152 | 110 | 1,382 | |
| 16 | 12 | 121 | 109 | 1,110 | |
| 17 | 13 | 66 | 108 | 0,611 | |
| 18 | 14 | 88 | 107 | 0,822 | |
| 19 | 15 | 136 | 107 | 1,271 | |
| 20 | 16 | 105 | 106 | 0,991 | |
| 21 | | | | | |
| 22 | | Trimestre 1 | Trimestre 2 | Trimestre 3 | Trimestre 4 |
| 23 | N – 3 | 0,675 | 1,009 | 1,379 | 1,243 |
| 24 | N – 2 | 0,737 | 0,711 | 1,460 | 1,179 |
| 25 | N – 1 | 0,559 | 0,855 | 1,382 | 1,110 |
| 26 | N | 0,611 | 0,822 | 1,271 | 0,991 |
| 27 | Coefficients saisonniers | 0,646 | 0,849 | 1,373 | 1,131 |

**3 ▶** et **4 ▶** Prévisions de ventes et budget des approvisionnements

Cellules B30 à E30 (formule matricielle) :

{=ARRONDI.SUP(TENDANCE(B5 :B20 ;A5 :A20 ;B29 :E29) ;0)}

Cellule B33 : = ARRONDI.SUP(B30*1,1 ;0) recopié à droite jusqu'en E33

Cellule B34 : = B33 * 240 recopié à droite jusqu'en E34

Cellule B35 : = B34 * 0,196 recopié à droite jusqu'en E35

Cellule B36 : = B34+B35 recopié à droite jusqu'en E36

| | A | B | C | D | E |
|---|---|---|---|---|---|
| 29 | Année N + 1 | 17 | 18 | 19 | 20 |
| 30 | Ventes | 105 | 105 | 104 | 103 |
| 31 | | | | | |
| 32 | Année N + 1 | Trimestre 1 | Trimestre 2 | Trimestre 3 | Trimestre 4 |
| 33 | Quantités | 116 | 116 | 115 | 114 |
| 34 | H.T. | 27 840,00 | 27 840,00 | 27 600,00 | 27 360,00 |
| 35 | T.V.A. | 5 456,64 | 5 456,64 | 5 409,60 | 5 362,56 |
| 36 | T.T.C. | 33 296,64 | 33 296,64 | 33 009,60 | 32 722,56 |

## 19.2 **1 ▶**, **2 ▶** et **3 ▶**

| Rang du trimestre | Observations | Moyennes mobiles centrées (M.M.C.) | Indices saisonniers (Is) | Série C.V.S. |
|---|---|---|---|---|
| 1 | 98 | | | 125 |
| 2 | 163 | | | 136 |
| 3 | 185 | 137 | 1,350 | 135 |
| 4 | 95 | 140 | 0,679 | 147 |
| 5 | 112 | 142 | 0,789 | 143 |
| 6 | 173 | 143 | 1,210 | 145 |
| 7 | 191 | 144 | 1,326 | 140 |
| 8 | 97 | 145 | 0,669 | 150 |
| 9 | 118 | 148 | 0,797 | 151 |
| 10 | 175 | 150 | 1,167 | 146 |
| 11 | 213 | 150 | 1,420 | 156 |
| 12 | 91 | 153 | 0,595 | 141 |
| 13 | 124 | 156 | 0,795 | 158 |
| 14 | 193 | 159 | 1,214 | 162 |
| 15 | 219 | 161 | 1,360 | 160 |
| 16 | 109 | 161 | 0,677 | 168 |
| 17 | 122 | 162 | 0,753 | 156 |
| 18 | 195 | 164 | 1,189 | 163 |
| 19 | 225 | | | 164 |
| 20 | 119 | | | 184 |

$$\text{M.M.C.}_3 = \frac{\frac{98}{2} + 163 + 185 + 95 + \frac{112}{2}}{4} = 137.$$

$$\text{Is}_3 = \frac{185}{137} = 1{,}350.$$

| | Trimestre 1 | Trimestre 2 | Trimestre 3 | Trimestre 4 |
|---|---|---|---|---|
| **N – 4** | | | 1,350 | 0,679 |
| **N – 3** | 0,789 | 1,210 | 1,326 | 0,669 |
| **N – 2** | 0,797 | 1,167 | 1,420 | 0,595 |
| **N – 1** | 0,795 | 1,214 | 1,360 | 0,677 |
| **N** | 0,753 | 1,189 | | |
| **Coefficients saisonniers (C.S.)** | 0,784 | 1,195 | 1,369 | 0,647 |
| **Coefficients saisonniers rectifiés (C.S.R.)** | 0,785 | 1,196 | 1,371 | 0,648 |

$$\text{C.S.}_1 = \frac{0{,}789 + 0{,}797 + 0{,}795 + 0{,}753}{4} = 0{,}784.$$

Le total des coefficients saisonniers est égal à 3,995 ; pour que la somme des coefficients soit égale à la périodicité des ventes, il faut multiplier chacun d'entre eux par $\frac{4}{3{,}995}$.

$$\text{C.S.R.}_1 = 0{,}784 \times \frac{4}{3{,}995} = 0{,}785.$$

Série C.V.S. : $\text{C.V.S.}_1 = \frac{98}{0{,}785} = 125.$

**4 ▸** Représentation graphique et commentaire

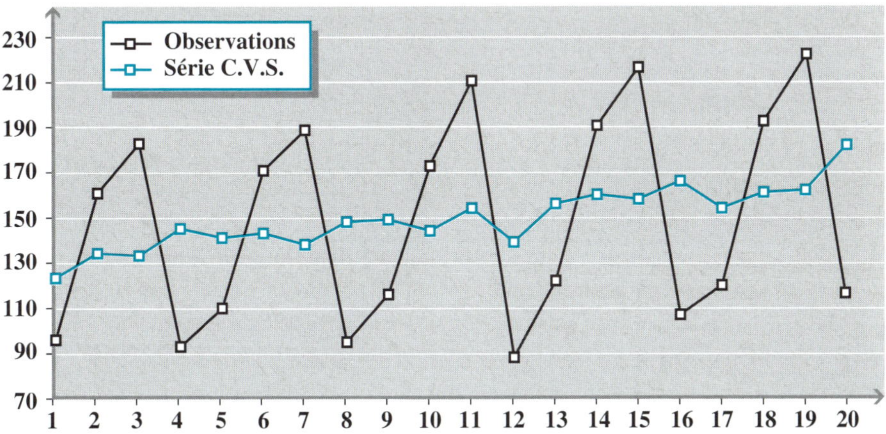

La série corrigée des variations saisonnières nous permet de comparer les ventes trimestrielles après avoir éliminé l'incidence sur celles-ci de la saisonnalité du phénomène. Il apparaît notamment que les ventes du dernier trimestre sont significativement supérieures à ce qu'on en aurait pu attendre.

**5 ▶** Prévisions pour N + 1

Ventes trimestrielles moyennes : $\frac{672}{4} = 168$.

| | | |
|---|---|---|
| Trimestre 1 : | $168 \times 0{,}785 =$ | 132 |
| Trimestre 2 : | $168 \times 1{,}196 =$ | 201 |
| Trimestre 3 : | $168 \times 1{,}371 =$ | 230 |
| Trimestre 4 : | $168 \times 0{,}648 =$ | 109 |
| Total des ventes : | | 672. |

# 20
# Les coûts préétablis

*Remarque :* Suite à sa refonte en 1999, le Plan Comptable Général ne comporte actuellement pas de recommandations relatives à la comptabilité de gestion ; de ce fait, nous nous appuierons le plus souvent sur les définitions et commentaires du P.C.G. 1982.

## 1. Notion de coût préétabli

Un coût préétabli est un coût évalué *a priori* pour permettre le contrôle de gestion par l'analyse des écarts (P.C.G. 1982). Bien que peu explicite, cette définition permet de dégager certaines caractéristiques propres à cette notion :

- « coût évalué *a priori* » : les calculs en coûts préétablis permettent d'obtenir des résultats rapides, sans attendre le résultat du dépouillement des informations comptables ; ils permettent d'élaborer des budgets, d'effectuer des prévisions ou d'établir des devis ;
- « pour permettre le contrôle de gestion par l'analyse des écarts » : la notion de coût préétabli permet à l'entreprise de se fixer des normes, des objectifs et, par la suite, d'analyser les causes de divergence entre les données réelles (ou constatées) et les données préétablies. Cet aspect sera développé dans le cadre de l'analyse des performances de l'entreprise.

Selon la méthode qui a permis de les élaborer, différents types de coûts préétablis peuvent être retenus ; parmi ceux-ci, nous retiendrons principalement :

- le coût standard : il s'agit ici d'une norme obtenue après une analyse technique (quantités nécessaires, temps de travail…) et économique (coût des matières, de la main-d'œuvre…) du produit considéré ;

• le coût moyen prévisionnel : obtenu à partir d'une analyse historique et statistique des coûts constatés, ces coûts pouvant être modulés en fonction des objectifs que se fixe l'entreprise.

## 2. La fiche de coût préétabli

La fiche de coût préétabli est l'instrument quasi indispensable pour mener à bien les calculs prévisionnels ou pour quantifier les objectifs que s'est fixée l'entreprise en matière de coûts.

***Exemple :*** L'entreprise ALLARD produit des pièces de jeux d'échecs en bois. Pour son modèle taille 5, elle prévoit une production semestrielle de 5 000 jeux nécessitant :

- 6 000 kg de bois à 1,80 € le kg ;

- 5 500 heures de M.O.D. à 15,80 € de l'heure ;

- le passage dans l'atelier de façonnage dans lequel sont répartis 7 150 € de charges indirectes ; l'activité de cet atelier est mesurée par le nombre d'heures de M.O.D.

La fiche de coût préétabli permet, pour un niveau de production donné, de mettre en lumière les composantes du coût de production **unitaire** d'un produit donné.

| | Q | C.U. (Cp) | Montant (Mp) |
|---|---|---|---|
| Bois | 1,20 | 1,80 | 2,16 |
| M.O.D. | 1,10 | 15,80 | 17,38 |
| Façonnage | 1,10 | 1,30 | 1,43 |
| Coût de production unitaire | | | 20,97 |

*Explications :* il faut $\frac{6\,000}{5\,000} = 1{,}20$ kg de bois à 1,80 € le kg pour réaliser un jeu de pièces d'échecs, soit un montant préétabli de $1{,}20 \times 1{,}80 = 2{,}16$ € de bois par jeu de pièces.

*Remarque :* il est indispensable de bien différencier :

- le **coût préétabli (Cp) du facteur de production** (1,80 € le kg de bois) et :

- l**e montant préétabli (Mp) de ce facteur de production dans le produit fini** (2,16 € de bois dans le produit fini).

En effet, les calculs effectués avec Cp se combinent toujours avec une quantité de facteur de production (nombre de kg de bois) alors que ceux effectués avec Mp font toujours intervenir une production (nombre de jeux de pièces fabriqués).

En ce qui concerne les charges indirectes de l'atelier de façonnage, deux démarches sont possibles :

• soit calculer dans un premier temps Cp, puis Mp :

$$Cp = \frac{7\ 150}{5\ 500} = 1{,}30 \text{ et } Mp = 1{,}10 \times 1{,}30 = 1{,}43 ;$$

• soit calculer dans un premier temps Mp, puis Cp :

$$Mp = \frac{7\ 150}{5\ 000} = 1{,}43 \text{ et } Cp = \frac{1{,}43}{1{,}10} = 1{,}30.$$

## 3. Le budget flexible et le budget standard

Du fait de l'existence de charges fixes, le coût d'un centre d'analyse n'est pas proportionnel à son activité ; le coût de l'unité d'œuvre dépend du niveau d'activité pour lequel il a été calculé. Il est donc nécessaire, pour procéder à l'analyse des écarts sur charges indirectes, de définir un niveau d'activité – dit activité normale (An) – permettant de fixer le coût préétabli de l'unité d'œuvre (Cp). À partir de là, il est possible d'élaborer deux types de budgets :

• Le budget flexible (ou coût budgété) établi pour différents niveaux d'activité, en distinguant les charges variables et les charges fixes :

$$y_f = \text{CVu}\, x + \text{CF budgétées}$$

avec :

$$\text{CVu} = \text{Coût variable de l'unité d'œuvre} = \frac{\text{Coût variable du centre}}{\text{Activité}}$$

$x$ = activité (mesurée en unités d'œuvre)

CF budgétées = Charges fixes totales du centre prévues au budget.

• Le budget standard (ou coût préétabli du centre) : budget établi en valorisant l'activité du centre au coût préétabli calculé pour l'activité normale :

$$y_s = \text{Cp}\, x$$

avec :

$$\text{Cp} = \text{Coût préétabli de l'unité d'œuvre} = \frac{\text{Coût du centre pour l'activité normale}}{\text{Activité normale}}$$

$$= \text{CTu(An)}.$$

*Remarque :* CTu(An) représente le coût unitaire total de l'unité d'œuvre, calculé pour l'activité normale ; ce coût total unitaire est composé du coût variable unitaire (CVu) et du coût fixe unitaire calculé pour l'activité normale (CFu(An)).

$$\text{Cp} = \text{CTu(An)} = \text{CVu} + \text{CFu(An)}$$

***Exemple :*** Pour une activité jugée normale de 5 500 U.O., les charges indirectes de l'atelier de façonnage de l'entreprise ALLARD s'élèvent à 7 150 € et comprennent 2 750 € de charges fixes.

Le budget flexible des charges indirectes de l'atelier de façonnage pour les niveaux d'activité suivants : 4 800 U.O. ; 5 500 U.O. ; 6 000 U.O. se présentera comme suit :

| **Activités** | **4 800 U.O.** | **5 500 U.O.** | **6 000 U.O.** |
|---|---|---|---|
| Charges variables | 3 840 | 4 400 | 4 800 |
| Charges fixes | 2 750 | 2 750 | 2 750 |
| Coût total du centre | 6 590 | 7 150 | 7 750 |
| Charges variables unitaires | 0,80 | 0,80 | 0,80 |
| Charges fixes unitaires | 0,57 | 0,50 | 0,46 |
| Coût total unitaire | 1,37 | 1,30 | 1,26 |

*Explications :*

• les charges variables pour 5 500 U.O. sont égales à 7 150 – 2 750 = 4 400 € ;

• les charges fixes sont indépendantes du niveau d'activité ;

• les charges variables sont proportionnelles à l'activité du centre soit, pour une activité de 4 800 U.O. :

$$\frac{4\ 400}{5\ 500} \times 4\ 800 = 3\ 840\ €.$$

L'équation du budget flexible de ce centre sera : $y_f = 0{,}80x + 2\ 750$.

Vérification : pour une activité de 6 000 U.O., le coût du centre s'établit bien à $0{,}80 \times 6\ 000 + 2\ 750 = 7\ 750$ €.

# Énoncés des exercices

**20.1** La société HEXATRIM fabrique des chemises « fantaisie ». Sa production étant fortement automatisée, les charges de main-d'œuvre sont incorporées dans les charges indirectes des ateliers de production. Mécontente de certains résultats, elle s'intéresse de plus près à deux produits de sa gamme fabriqués à partir des mêmes fournitures :
• les chemises « Hawaï » ;
• les chemises « Bahia ».
Ses prévisions de production et de coûts sont les suivantes :
• Production de 350 unités d'« Hawaï » et de 400 unités de « Bahia », chaque modèle nécessitant les mêmes quantités de fournitures.
• Consommation globale de tissu de 6 225 €, (2 mètres de tissu par chemise).
• Coûts des boutons : 1 200 € à 0,16 € l'unité.
• Charges indirectes de l'atelier Découpe : 1 748 €, dont 644 € pour « Hawaï » ; une chemise « Bahia » nécessite 0,30 unité d'œuvre.
• Charges indirectes de l'atelier Assemblage : le coût préétabli de l'unité d'œuvre de cet atelier s'élève à 10 € et les charges indirectes imputées aux chemises « Hawaï » et « Bahia » s'élèvent respectivement à 1 750 € et 3 000 €.
Au cours du mois de juin, elle a produit 200 chemises « Hawaï » et 400 chemises « Bahia » pour des coûts totaux respectifs de 3 416 € et 8 532 €.

**1 ►** Présenter les fiches de coûts préétablis de chacun des modèles.

**2 ►** Élaborer, pour chacun des modèles, le budget de production relatif à la production prévue.

**20.2** L'entreprise ALLARD fabrique des trophées de toutes sortes remis aux vainqueurs de compétitions sportives (coupes, médailles…) ; M. Valem, son contrôleur de gestion, a été chargé d'élaborer la fiche de coût standard de la coupe « Alpine ». Celle-ci a été établie sur la base d'une production mensuelle moyenne de 1 600 coupes et se présente comme suit :

| | Q | C.U. (Cp) | Montant (Mp) |
|---|---|---|---|
| ***Charges directes*** | | | |
| Métal | 0,05 | 6,40 | 0,32 |
| Plastique | 0,20 | 1,60 | 0,32 |
| Socle | 1,30 | 0,80 | 1,04 |
| M.O.D. assemblage | 0,40 | 19,20 | 7,68 |
| ***Charges indirectes*** | | | |
| *Atelier Découpe (variable)* | *1,20* | *12,90* | *15,48* |
| *Atelier Découpe (fixe)* | *1,20* | *4,30* | *5,16* |
| Total atelier Découpe | 1,20 | 17,20 | 20,64 |
| Coût de production unitaire | | | 30,00 |

Une baisse du prix de vente – actuellement de 36 € – comprise entre 5 % et 8 % devrait permettre d'augmenter la production mensuelle moyenne de 25 %.
M. Valem s'intéresse plus particulièrement au centre Découpe qui représente l'essentiel du coût de production de la coupe « Alpine ». Les charges fixes annuelles prévues (amortissements des machines, loyer du local…) s'élèvent à 99 072 € et les autres charges du centre sont strictement proportionnelles aux quantités produites.
Les charges directes (matières, M.O.D.) sont, elles aussi, strictement proportionnelles aux quantités produites.

**1 ▶** Calculer les charges indirectes prévisionnelles du centre Découpe :
• pour une production mensuelle moyenne de 1 600 coupes ;
• pour le nouveau niveau de production envisagé.

**2 ▶** Présenter la fiche de coût standard pour le nouveau niveau de production en séparant la partie fixe et la partie variable du centre Découpe. Comparer avec la fiche de coût standard initiale et commenter.

**3 ▶** Quel doit être le nouveau prix de vente permettant de laisser inchangée la marge totale prévisionnelle sur coût de production ?

# Corrigés des exercices

**20.1** **1 ▸ Tissu** :

Quantité de tissu consommée : $2 \times (350 + 400) = 1\,500$ mètres.

Coût du mètre de tissu (Cp) : $\frac{6\,225}{1\,500} = 4,15$ €

ou Montant préétabli de tissu par chemise (Mp) : $\frac{6\,225}{350 + 400} = 8,30$ € (chaque chemise nécessitant la même quantité de tissu) et $Cp = \frac{8,30}{2} = 4,15$ €.

**Boutons** :

Cp = 0,16 €

$Mp = \frac{1\,200}{350 + 400} = 1,60$ €

et nombre de boutons par chemise : $\frac{1,60}{0,16} = 10$.

**Découpe** :

« Bahia » : $Mp = \frac{1\,748 - 644}{400} = 2,76$ € et $Cp = \frac{2,76}{0,3} = 9,20$ €.

« Hawaï » : $Mp = \frac{644}{350} = 1,84$ € et nombre d'U.O. par chemise $= \frac{1,84}{9,20} = 0,20$.

**Assemblage** :

« Hawaï » : $Mp = \frac{1\,750}{350} = 5$ € et nombre d'U.O. par chemise $= \frac{5}{10} = 0,50$.

« Bahia » : $Mp = \frac{3\,000}{400} = 7,50$ € et nombre d'U.O. par chemise $= \frac{7,50}{10} = 0,75$.

**Fiches de coûts préétablis** :

| | Hawaï | | | Bahia | | |
|---|---|---|---|---|---|---|
| | **Q** | **C.U. (Cp)** | **Montant (Mp)** | **Q** | **C.U. (Cp)** | **Montant (Mp)** |
| Tissu | 2,00 | 4,15 | 8,30 | 2,00 | 4,15 | 8,30 |
| Boutons | 10,00 | 0,16 | 1,60 | 10,00 | 0,16 | 1,60 |
| Découpe | 0,20 | 9,20 | 1,84 | 0,30 | 9,20 | 2,76 |
| Assemblage | 0,50 | 10,00 | 5,00 | 0,75 | 10,00 | 7,50 |
| Coûts de production unitaires | | | 16,74 | | | 20,16 |

**2 ▶ Budgets de production** :

*Remarque :* Qpp représente la quantité préétablie de chaque facteur de production nécessaire à la réalisation de la production prévue.

*Exemple :* il faut 2 mètres de tissu par chemise, soit respectivement 2 × 350 = 700 mètres et 2 × 400 = 800 mètres pour les modèles « Hawaï » et « Bahia ».

| | Hawaï | | | Bahia | | |
|---|---|---|---|---|---|---|
| | **Qpp** | **C.U. (Cp)** | **Montant** | **Qpp** | **C.U. (Cp)** | **Montant** |
| Tissu | 700 | 4,15 | 2 905 | 800 | 4,15 | 3 320 |
| Boutons | 3 500 | 0,16 | 560 | 4 000 | 0,16 | 640 |
| Découpe | 70 | 9,20 | 644 | 120 | 9,20 | 1 104 |
| Assemblage | 175 | 10,00 | 1 750 | 300 | 10,00 | 3 000 |
| Coûts de production | 350 | 16,74 | 5 859 | 400 | 20,16 | 8 064 |

**20.2** **1 ▶ Charges indirectes prévisionnelles du centre Découpe** :

• Production prévue (Pp) = 1 600 coupes

Mp × Pp = 20,64 × 1 600 = 33 024 €

ou nombre d'U.O. nécessaires à la production prévue : 1,20 × 1 600 = 1 920 U.O.

et 17,20 × 1 920 = 33 024 € (Cp = 17,20).

• Nouvelle production prévue : 1 600 × 1,25 = 2 000 coupes.

Pour un niveau de production différent, seule la partie variable des charges indirectes va être modifiée proportionnellement à la production, la partie fixe restant constante. Les charges fixes mensuelles peuvent ici être calculées selon trois modalités :

C.F. mensuelles : $\frac{\text{C.F. annuelles}}{12} = \frac{99\ 072}{12} = 8\ 256$ €

ou C.F. mensuelles = Mp × Pp = 5,16 × 1 600 = 8 256 €

ou C.F. mensuelles = Cp × Ap (Activité prévue) = 4,30 × 1 920 = 8 256 €.

Les C.V. pour une production de 1 600 coupes se sont donc élevées à :

33 024 – 8 256 = 24 768 €.

Les C.V. se monteront, pour une production de 2 000 coupes, à :

$$\frac{24\ 768}{1\ 600} \times 2\ 000 = 30\ 960 \text{ €.}$$

Au total, les charges indirectes du centre Découpe seront de :

8 256 + 30 960 = 39 216 €.

**2 ▶ Fiche de coût standard pour une production de 2 000 coupes** :

Centre Découpe :

Partie variable : $\text{Mp} = \frac{30\ 960}{2\ 000} = 15{,}48$ et $\text{Cp} = \frac{15{,}48}{1{,}20} = 12{,}90$.

Partie fixe : $\text{Mp} = \frac{8\,256}{2\,000} = 4{,}128$ et $\text{Cp} = \frac{4{,}128}{1{,}20} = 3{,}44.$

D'où la nouvelle fiche de coût standard :

| | Q | C.U. (Cp) | Montant (Mp) |
|---|---|---|---|
| ***Charges directes*** | | | |
| Métal | 0,05 | 6,40 | 0,32 |
| Plastique | 0,20 | 1,60 | 0,32 |
| Socle | 1,30 | 0,80 | 1,04 |
| M.O.D. assemblage | 0,40 | 19,20 | 7,68 |
| ***Charges indirectes*** | | | |
| *Atelier Découpe (variable)* | *1,20* | *12,90* | *15,48* |
| *Atelier Découpe (fixe)* | *1,20* | *3,44* | *4,128* |
| Total atelier Découpe | 1,20 | 16,34 | 19,608 |
| Coût de production unitaire | | | 28,968 |

À la lumière de cet exemple, il apparaît clairement que :

- les charges variables **unitaires**, directes et indirectes, de la fiche de coût standard ne sont pas modifiées avec le niveau de production retenu ;
- les charges fixes **unitaires** diminuent lorsque le niveau de production augmente (elles passent de 4,30 € par U.O. à 3,44 € par U.O.).

Il est donc indispensable de préciser le niveau de production retenu lors de l'élaboration de la fiche de coût préétabli.

**3 ▶ Calcul du nouveau prix de vente** :

Marge sur coût de production = Chiffre d'affaires – Coût de production.

Marge prévisionnelle initiale : (1 600 × 36) – (1 600 × 30) = 9 600 €

Prix de vente ($p$) laissant cette marge inchangée : $2\,000p - (2\,000 \times 28{,}968) = 9\,600$

d'où $p = 33{,}768$ €, soit une baisse de $\frac{33{,}768 - 36}{36} = -6{,}20\ \%$ due à la conjonction de deux effets :

- l'augmentation du volume des ventes permet de compenser une partie de la baisse du prix de vente ;
- l'augmentation du volume produit permet, du fait de l'existence de charges fixes, de diminuer le coût de production unitaire.

# 21

# Le budget de production

Toute entreprise se voit limitée dans son activité de production ou de distribution du fait de l'existence de contraintes diverses :

– commerciales : les débouchés offerts par le marché ne sont pas infinis ;

– d'approvisionnement : certaines matières ou certains composants ne sont disponibles qu'en quantités limitées ;

– de production : les capacités de production sont fonction du nombre de machines et de la main-d'œuvre disponibles.

Compte tenu de ces contraintes, l'entreprise tâchera, en fonction de ses objectifs, d'utiliser au mieux ses ressources disponibles.

## 1. La programmation linéaire

Construire un programme linéaire consiste :

– à décrire l'objectif de l'entreprise sous forme d'une fonction linéaire ; dans le domaine de la gestion, l'objectif sera le plus souvent la minimisation d'un coût ou la maximisation d'un résultat ou d'une marge ;

– à représenter les contraintes auxquelles l'entreprise est soumise sous forme linéaire également.

***Exemple :*** L'entreprise SURF'OVER réalise deux modèles de planches à voile : Glissador et Ventador. Une étude de marché indique que les ventes maximales envisageables sont évaluées respectivement à 1 800 et 2 400 unités pour l'année.

L'entreprise qui fournit les voiles (communes aux deux modèles) peut livrer 3 000 voiles par an à SURF'OVER.

L'atelier de production comporte deux machines qui fonctionnent chacune en moyenne 14 heures par jour pour une activité annuelle de 300 jours.

La production d'une planche à voile Glissador nécessite 4 heures-machine, celle d'une planche à voile Ventador 2 heures-machine.

Les marges sur coûts variables unitaires s'élèvent à 210 € (Glissador) et 150 € (Ventador), et les charges fixes annuelles à 240 000 €.

Déterminer le programme annuel de fabrication permettant de maximiser le résultat de l'entreprise SURF'OVER.

**a. La fonction-objectif (ou fonction économique)**

Soit $x$ et $y$ représentant respectivement le nombre de planches à voile Glissador et Ventador à produire, l'objectif de l'entreprise (maximisation de son résultat) s'exprime comme suit :

Max R = Marge sur coût variable – Charges fixes = $210x + 150y - 240\ 000$.

Les charges fixes étant constantes, les quantités à produire maximisant le résultat sont identiques à celles maximisant la marge sur coût variable ; nous allons donc rechercher les quantités x et y permettant de maximiser la marge sur coût variable :

Max Z = $210x + 150y$.

**b. Les contraintes**

Elles s'expriment sous forme d'inéquations en fonction des variables utilisées dans la fonction-objectif :

- contraintes commerciales : $x \leqslant 1\ 800$ (1)

  $y \leqslant 2\ 400$ (2)
- contraintes d'approvisionnement : $x + y \leqslant 3\ 000$ (3)
- contraintes de production :

temps de fonctionnement annuel des machines :

$2 \times 14 \times 300 = 8\ 400$ heures-machines ;

$4x + 2y \leqslant 8\ 400$

soit, en simplifiant : $2x + y \leqslant 4\ 200$ (4)

- contraintes de positivité : $x$ et $y$ représentant des quantités sont nécessairement positifs ou nuls : $x \geqslant 0$ et $y \geqslant 0$.

## 2. Recherche de l'optimum

*Remarque :* Le tableur Excel™ permet d'effectuer la recherche de l'optimum en utilisant un module appelé solveur.

### A. Résolution graphique

Tracer les droites représentatives des contraintes qui permettent de délimiter la zone d'acceptabilité, c'est-à-dire le domaine des programmes de production respectant toutes les contraintes.

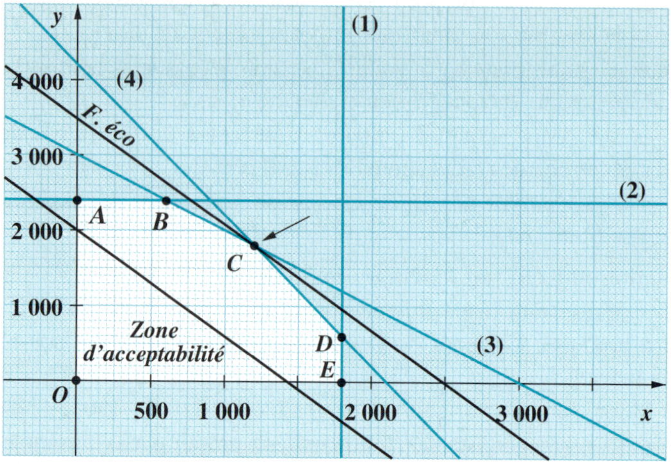


Chaque droite divise le plan en deux parties :

– la partie supérieure (ou à droite de la droite) représentant les programmes de production supérieurs au membre de droite de la contrainte (et donc inacceptables ici puisque les contraintes sont de type « inférieur ou égal ») ;

– la partie inférieure (ou à gauche de la droite) représentant les programmes de production inférieurs au membre de droite de la contrainte (et donc acceptables ici).

La partie colorée du graphique réunit tous les demi-plans du graphique contenant les combinaisons de $x$ et $y$ ne respectant pas les contraintes. La zone d'acceptabilité (non colorée) correspond à l'ensemble des programmes de production respectant simultanément l'ensemble des contraintes.

La recherche graphique de l'optimum s'effectue en traçant une droite représentative de la pente de la fonction économique et en la déplaçant parallèlement à elle-même :

– en s'éloignant le plus possible de l'origine, tout en restant dans la zone d'acceptabilité, dans le cas d'une maximisation ;

– en s'approchant le plus possible de l'origine, tout en restant dans la zone d'acceptabilité, dans le cas d'une minimisation.

Ici, l'optimum se situe au point $C$ intersection des contraintes (3) et (4) (point le plus éloigné de l'origine appartenant à la zone d'acceptabilité).

L'optimum se situant sur les droites représentatives des contraintes est solution du système d'équations suivant :

$$\begin{cases} x + y = 3\,000 & (3) \\ 2x + y = 4\,200 & (4). \end{cases}$$

En résolvant le système formé par ces deux équations, on trouve :

$x = 1\,200$ unités et $y = 1\,800$ unités, donnant une marge sur coût variable maximale de $(210 \times 1\,200) + (150 \times 1\,800) = 522\,000$ €

et un résultat de $522\,000 - 240\,000 = 282\,000$ €

Les contraintes (3) et (4) sont saturées, c'est-à-dire que toutes les capacités liées à l'approvisionnement et à la production ont été utilisées. Si l'entreprise souhaite améliorer son résultat, elle sera amenée à augmenter ses capacités d'approvisionnement et à investir dans de nouvelles machines.
Concernant les autres contraintes (non saturées), l'entreprise dispose d'une certaine marge de manœuvre qu'il est possible d'estimer :
– contraintes commerciales : le marché peut actuellement encore absorber 600 planches à voile Glissador (1 800 – 1 200 = 600) et 600 planches à voile Ventador (2 400 – 1 800 = 600).

## B. Exploration des sommets

Une des caractéristiques des programmes linéaires est que l'optimum se situe nécessairement en l'un des sommets de la zone d'acceptabilité.
Dès lors que le nombre de sommets de la zone d'acceptabilité est relativement faible, il est possible de calculer la valeur de la fonction économique en chacun de ceux-ci afin de déterminer l'optimum :

Point $A$ : $x = 0$, $y = 2\,400$ et $Z = (0 \times 210) + (2\,400 \times 150) = 360\,000$ €.

Point $B$ : $\begin{cases} x + y = 3\,000 & (3) \\ y = 2\,400 & (2) \end{cases}$

$x = 600$ et $Z = (600 \times 210) + (2\,400 \times 150) = 486\,000$ €.

Point $C$ : $\begin{cases} x + y = 3\,000 & (3) \\ 2x + y = 4\,200 & (4) \end{cases}$

$x = 1\,200$, $y = 1\,800$ et $Z = (1\,200 \times 210) + (1\,800 \times 150) = \mathbf{522\,000}$ **€**.

Point $D$ : $\begin{cases} x = 1\,800 & (1) \\ 2x + y = 4\,200 & (4) \end{cases}$

$x = 1\,800$, $y = 600$ et $Z = (1\,800 \times 210) + (600 \times 150) = 468\,000$ €.

Point $E$ : $x = 1\,800$, $y = 0$ et $Z = (1\,800 \times 210) + (0 \times 150) = 378\,000$ €.

Le programme de production dégageant la plus forte marge sur coût variable (et donc le plus fort résultat) correspond au point $C$ (1 200 Glissador et 1 800 Ventador).

# Énoncés des exercices

**21.1** La société BUROTIC a passé un marché avec la municipalité de Rioupeyron pour équiper les élèves de collèges en fournitures scolaires. Elle s'est engagée à fournir 2 000 classeurs, 1 280 trousses et 800 cartables pour un montant total de 75 000 €.
La société BUROTIC s'approvisionne auprès de deux fournisseurs qui vendent des lots de fournitures composés comme suit :
• fournisseur Marocco : lots constitués de 15 classeurs, 20 trousses et 8 cartables vendus 800 € le lot ;
• fournisseur Lamberti : lots constitués de 40 classeurs, 10 trousses et 10 cartables vendus 600 € le lot.
De plus, la société BUROTIC s'engage à céder gratuitement à une organisation caritative les fournitures excédentaires par rapport à la commande de la municipalité.
La société BUROTIC cherche à maximiser le résultat réalisé sur la commande de la municipalité.

**1 ▶** Présenter le programme linéaire correspondant.

**2 ▶** Résoudre graphiquement le programme linéaire.

**3 ▶** Indiquer le nombre et les catégories de fournitures administratives dont bénéficiera l'organisation caritative.

**21.2** La société ALUMIN utilise dans son atelier d'emboutissage une machine permettant de réaliser deux types de profilés : PF1 et PF2.
Les marges sur coûts variables unitaires s'élèvent à 5 € (PF1) et 12 € (PF2).
Cette machine fonctionne en moyenne 500 heures par mois et permet la production de 20 PF1 ou de 50 PF2 par heure.
Des accords passés avec diverses entreprises de la région imposent à la société ALUMIN de livrer mensuellement un minimum de 3 000 PF1 et de 5 000 PF2.
Le marché local ne peut absorber plus de 5 000 PF1 et 20 000 PF2.

**1 ▶** Présenter et résoudre graphiquement le programme linéaire permettant de maximiser la marge sur coût variable de l'entreprise ALUMIN.

**2 ▶** La société ALUMIN souhaite rompre les accords passés avec les entreprises de la région ; cette décision lui est-elle profitable ?

# Corrigés des exercices

21.1 **1 ▶ Programme linéaire**

Pour maximiser son résultat, le prix de vente global étant fixé, la société BUROTIC doit chercher à minimiser le coût de son approvisionnement.

Fonction-objectif : Min C = $800x + 600y$.

$x$ et $y$ représentent le nombre de lots en provenance respectivement de Marocco et Lamberti.

Les contraintes s'expriment nécessairement à l'aide de ces deux variables, d'où les contraintes suivantes :

- classeurs : $15x + 40y \geqslant 2\,000$ (1)

(15$x$ représente le nombre de classeurs acquis chez Marocco, 40$y$ le nombre de classeurs acquis chez Lamberti)

- trousses : $20x + 10y \geqslant 1\,280$ (2)
- cartables : $8x + 10y \geqslant 800$ (3)
- positivité des variables : $x \geqslant 0$ et $y \geqslant 0$.

**2 ▶ Résolution graphique**

Les contraintes étant de type « supérieur ou égal », la zone d'acceptabilité se situe au-dessus des droites représentatives des contraintes. La recherche du minimum s'effectue en déplaçant la droite représentative de la fonction économique parallèlement à elle-même en cherchant à s'approcher le plus possible de l'origine tout en restant dans la zone d'acceptabilité.

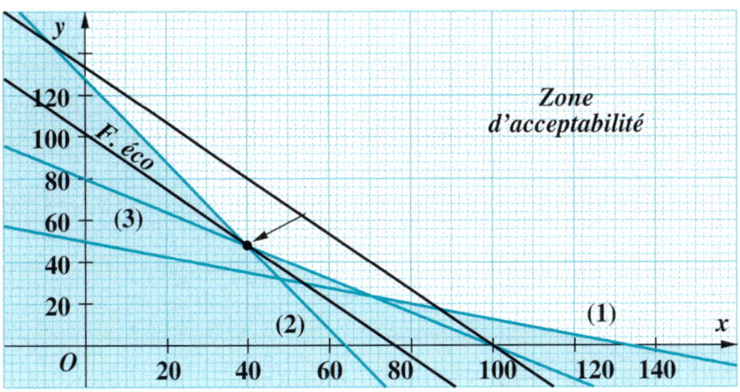


L'optimum se situe à l'intersection des contraintes (2) et (3) :

$$\begin{cases} 20x + 10y = 1\,280 & (2) \\ 8x + 10y = 800 & (3) \end{cases}$$

d'où $x = 40$ lots Marocco et $y = 48$ lots Lamberti.

Le coût minimal s'élève à $(800 \times 40) + (600 \times 48) = 60\,800$ € et le résultat réalisé par la société BUROTIC sur cette commande est de : $75\,000 - 60\,800 = 14\,200$ €.

### 3 ▶ Excédent de fournitures administratives

Les contraintes (2) et (3) étant saturées, les trousses et les cartables ont été acquis en nombre juste suffisant pour respecter le marché passé.

*Vérification :* La société BUROTIC a acheté $20 \times 40 = 800$ trousses chez Marocco et $10 \times 48 = 480$ trousses chez Lamberti, soit au total 1 280 trousses ; elle a acheté $8 \times 40 = 320$ cartables chez Marocco et $10 \times 48 = 480$ trousses chez Lamberti, soit au total 800 cartables.

La contrainte (1) n'est pas saturée ; la société BUROTIC a acheté :

$(15 \times 40) + (40 \times 48) = 2\,520$ classeurs pour une commande de 2 000 classeurs.

L'organisation caritative récupérera gracieusement $2\,520 - 2\,000 = 520$ classeurs.

## 21.2

### 1 ▶ Programme linéaire et résolution graphique

Soit $x$ et $y$ les quantités de PF1 et de PF2

• Fonction-objectif : $\text{Max}\, Z = 5x + 12y$.

• Contraintes :

– machine : la machine pouvant produire 20 PF1 à l'heure ou 50 PF2 à l'heure, le temps par pièce s'élève à 1/20 d'heure pour un PF1 et à 1/50 d'heure pour un PF2

$$\frac{x}{20} + \frac{y}{50} \leqslant 500 \text{ soit } 5x + 2y \leqslant 50\,000 \ (1)$$

– livraisons minimales : $x \geqslant 3\,000$ (2) et $y \geqslant 5\,000$ (3)

– capacités du marché : $x \leqslant 5\,000$ (4) et $y \leqslant 20\,000$ (5)

– positivité des variables : $x \geqslant 0$ et $y \geqslant 0$

La zone d'acceptabilité se situe à l'intérieur du quadrilatère *ABCD*.

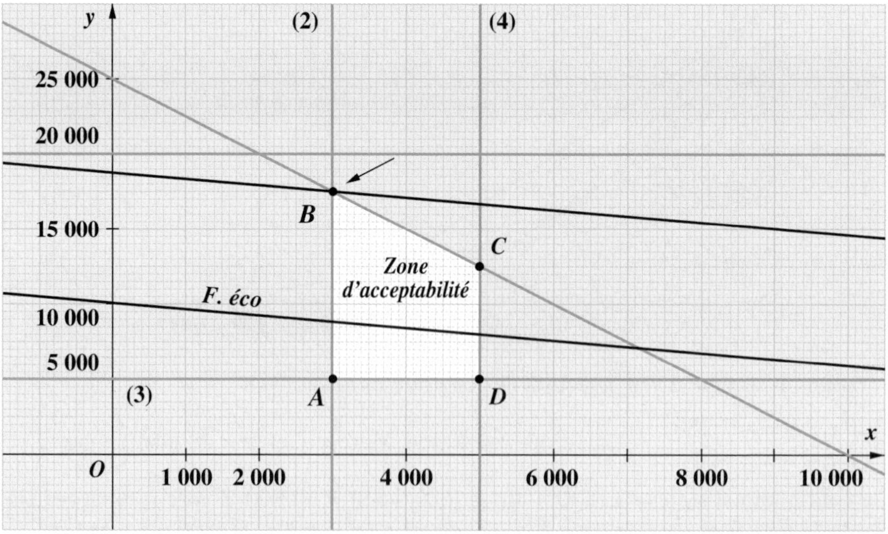

L'optimum se situe à l'intersection des contraintes (1) et (2) :

$$\begin{cases} 5x + 2y = 50\,000 & (1) \\ x \phantom{+ 2y} = 3\,000 & (2) \end{cases} \quad \text{d'où } x = 3\,000 \text{ PF1 et } y = 17\,500 \text{ PF2}$$

La marge sur coût variable totale s'élève à (3 000 × 5) + (17 500 × 12) = 225 000 €.

2 ▶ Rupture des accords

Dès lors que la société ALUMIN n'est plus tenue d'effectuer des livraisons minimales, les contraintes (2) et (3) disparaissent ; le nouvel optimum se situe à l'intersection des contraintes (1) et (5) :

$$\begin{cases} 5x + 2y = 50\,000 & (1) \\ y = 20\,000 & (5) \end{cases} \quad \text{d'où } y = 20\,000 \text{ PF2 et } x = 2\,000 \text{ PF1.}$$

La nouvelle marge sur coût variable s'élève à :
(2 000 × 5) + (20 000 × 12) = 250 000 €, soit une augmentation de 25 000 € ;
de ce point de vue, la décision de la société ALUMIN est justifiée.

# 22

# Le budget des approvisionnements

L'existence de stocks au sein de l'entreprise amène le gestionnaire à se poser la question du niveau optimal de ces derniers, en évitant deux écueils principaux :
• le « sur-stockage », source de coût pour l'entreprise (coût du stockage physique, notamment des locaux utilisés, et coût des capitaux immobilisés dans le stock et non productifs) ;
• le « sous-stockage » qui risque d'aboutir à des ruptures de stocks préjudiciables à l'activité de production ou à l'activité commerciale de l'entreprise (arrêt de la production, perte de clientèle…).
Les modèles de gestion des stocks ont pour objectif premier de minimiser leur coût de gestion. Le modèle le plus élémentaire est le modèle dit de Wilson.

## 1. Le modèle de Wilson

### A. Les hypothèses du modèle

*Remarque :* pour ne pas alourdir la démarche, nous supposerons que la gestion du stock s'effectue sur une période annuelle :
• la demande annuelle est connue et certaine ;
• la consommation est régulière, c'est-à-dire linéaire ;
• les quantités commandées sont constantes ;
• la pénurie, c'est-à-dire les ruptures de stock, est refusée.

### B. Les composantes du coût de gestion du stock

• Le coût de lancement ou coût de passation des commandes : il représente tous les frais liés au fait de passer une commande, et est supposé être proportionnel au nombre de commandes passées dans l'année.

• Le coût de possession du stock : il est constitué des charges liées au stockage physique, mais également de la non-rémunération des capitaux immobilisés dans le stock (voire du coût des capitaux empruntés pour financer le stock). Pour cette dernière raison, ce coût est considéré comme étant proportionnel à la valeur du stock moyen et à la durée de détention de ce stock.

## C. Recherche de l'optimum

Soit : • $D$ = Demande annuelle ;
• Cl = coût de lancement d'une commande ;
• Cp = Coût de possession (ou taux de possession) par euro par an ;
• $a$ = Coût d'achat unitaire de l'article ;

et les inconnues du modèle :
• $n$ = nombre de commandes passées dans l'année ;
• $q$ = les quantités commandées.

*Remarque :* une relation évidente lie ces deux inconnues :

$$D = nq \qquad \text{Relation (1)}$$

(la demande annuelle est nécessairement satisfaite par les $n$ commandes de $q$ unités car la pénurie n'est pas admise).

• Détermination du stock moyen en fonction de $n$ :

$n = 1$ commande (de $D$ unités)

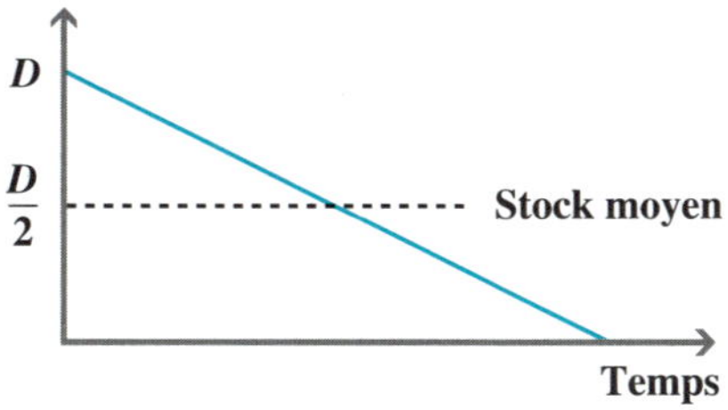


$n = 2$ commandes (de $\frac{D}{2}$ unités)

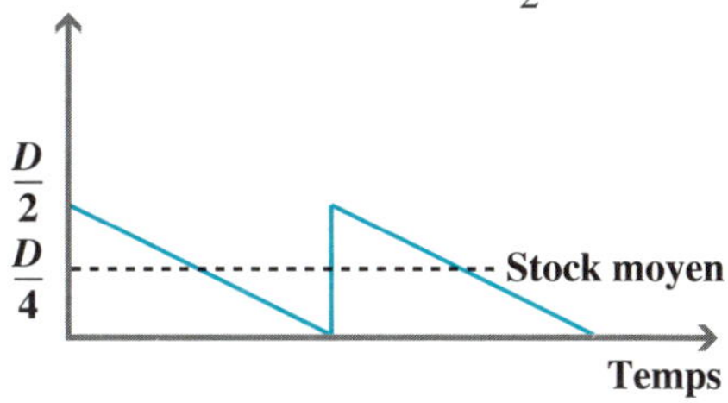


D'où, en généralisant à $n$ commandes passées, il vient : stock moyen $= \frac{D}{2n}$.

• Coût de gestion du stock en fonction de $n$ : $\Gamma(n)$

$$\Gamma(n) = \mathrm{Cl}\,n + \mathrm{Cp}\,a\,\frac{D}{2n} \qquad \text{Relation (2)}$$

L'optimum s'obtient pour la valeur de $n$ (notée $n^*$ et appelée cadence optimale) qui annule la dérivée de $\Gamma$.

$$\Gamma'(n) = \mathrm{Cl} - \mathrm{Cp}\,a\,\frac{D}{2n^2}$$

$$\Gamma'(n^*) = 0 \Leftrightarrow \mathrm{Cl} - \mathrm{Cp}\,a\,\frac{D}{2n^{*2}} = 0 \qquad \text{Relation (3)}$$

$\Rightarrow n^* = \sqrt{\frac{\mathrm{Cp}aD}{2\mathrm{Cl}}}$ et $q^* = \frac{D}{n^*}$, appelé lot économique (quantité commandée qui minimise le coût de gestion du stock).

*Remarque :* En multipliant par $n^*$ les deux membres de la relation (3), on trouve :

$$\text{Cl}\,n^* - \text{Cp}\,a\,\frac{D}{2n^*} = 0$$

ou $\text{Cl}\,n^* = \text{Cp}\,a\,\frac{D}{2n^*}$ qui s'énonce comme suit : à l'optimum, le coût de lancement est égal au coût de possession, résultat très souvent utilisé pour la recherche de la cadence optimale ou du lot économique.

• Coût de gestion du stock en fonction de $q$ : $\Gamma(q)$

La démarche précédente aurait pu être menée à partir de l'expression du coût de gestion du stock en fonction de $q$.

En remplaçant $n$ par $\frac{D}{q}$ [relation (1)] dans la relation (2), on trouve :

$$\Gamma(q) = \text{Cl}\,\frac{D}{q} + \text{Cp}\,a\,\frac{q}{2}.$$

L'optimum s'obtient pour la valeur de $q$ — notée $q^*$ et appelée lot économique — qui annule la dérivée de $\Gamma$.

$$\Gamma'(q) = -\,\text{Cl}\,\frac{D}{q^2} + \frac{\text{Cp}\,a}{2}$$

$$\Gamma'(q^*) = 0 \iff -\,\text{Cl}\,\frac{D}{q^{*2}} + \frac{\text{Cp}\,a}{2} = 0 \Rightarrow q^* = \sqrt{\frac{2\text{Cl}D}{\text{Cp}a}} \quad \text{et} \quad n^* = \frac{D}{q^*}$$

*Remarque :* À l'optimum, le coût de lancement étant égal au coût de possession, on trouve :

$$\text{Cl}\,\frac{D}{q^*} = \text{Cp}\,a\,\frac{q^*}{2}.$$

## 2. Consommation irrégulière

L'hypothèse peu souvent vérifiée de régularité de la consommation tout au long de l'année pose le problème de la budgétisation des approvisionnements. Deux politiques sont, dans cette optique, envisageables :

– passer des commandes constantes à des intervalles de temps variables (modèle à lot économique fixe) ;

– passer à intervalles de temps fixes des commandes en quantités variables (modèle à intervalles de temps constants).

### A. Niveaux de stocks et risque de rupture

Le délai de livraison, c'est-à-dire l'intervalle de temps qui sépare la commande de sa livraison, impose à toute entreprise de passer ses commandes avant que son stock ne soit nul, de façon à éviter les ruptures de stock.

### 1. Stock critique minimal

Le stock critique minimal représente le niveau de stock permettant de faire face à la demande pendant le délai de livraison ; il est égal à la consommation pendant le délai de livraison (ou, si le délai de livraison est supérieur à la périodicité de réapprovisionnement, à la consommation pendant le délai de livraison, diminuée des commandes en attente de livraison).

### 2. Stock de sécurité et marge de sécurité

À partir du moment où une commande est passée, deux aléas peuvent aboutir à une rupture de stock :
– un allongement du délai de livraison ;
– une accélération de la consommation pendant le délai de livraison.
Pour minimiser ces risques de rupture, il est possible de prévoir d'être livré au moment où il reste encore en stock un certain nombre d'unités ; ce stock est appelé stock de sécurité.
La marge de sécurité représente l'expression du stock de sécurité en nombre de jours de consommation, c'est-à-dire le retard admissible sur une livraison n'entraînant pas de rupture de stock. Dans la mesure où la consommation est irrégulière, la définition d'une marge de sécurité correspond à des niveaux variables du stock de sécurité.

### 3. Stock critique

Le stock critique (appelé également stock d'alerte ou point de commande) est le niveau de stock qui nécessite de passer une commande de façon à être livré au moment où le stock atteint le niveau du stock de sécurité.
Il correspond au stock critique minimal augmenté du stock de sécurité.

## B. Modèle à lot économique fixe

***Exemple :*** L'entreprise WALOO commercialise du matériel de sport, notamment des articles de plein air. Elle s'intéresse à la gestion de son stock de raquettes de Badminton pour lequel elle vous fournit les renseignements suivants :
• La demande annuelle est de 1 800 raquettes achetées 51,20 €.
• Le coût de passation d'une commande s'élève à 86,40 € et le taux de possession est estimé à 12 %.
Les ventes de raquettes étant très saisonnières, le contrôleur de gestion de l'entreprise WALOO suggère une gestion de ce stock tenant compte de cette particularité. Les cœfficients saisonniers sont les suivants :

| | |
|---|---|
| Janvier à mars : | 0,80 |
| Avril à juin : | 1,10 |
| Juillet à septembre : | 1,30 |
| Octobre à décembre : | 0,80. |

L'entreprise WALOO se fixe un stock de sécurité représentant un mois de consommation moyenne. Le délai de livraison est d'un mois. Le stock au 31/12/N – 1 était de 200 raquettes.

Les sorties de stock sont régulières à l'intérieur de chacun des mois.

Déterminer le calendrier des livraisons et des commandes dans le cadre d'une gestion de ce stock à lot économique fixe.

Conventions de calcul retenues : mois de 30 jours.

Avant de déterminer le calendrier des livraisons et des commandes, il nous faut calculer le lot économique dans le cadre du modèle de Wilson de base :

$$\Gamma(q) = \text{Cl}\,\frac{D}{q} + \text{Cp}a\,\frac{q}{2} = \left(86{,}40 \times \frac{1\,800}{q}\right) + \left(0{,}12 \times 51{,}20 \times \frac{q}{2}\right)$$

$$\Gamma(q) = \frac{155\,520}{q} + 3{,}072q \Rightarrow q^* = \sqrt{\frac{155\,520}{3{,}072}} = 225 \text{ raquettes.}$$

Ventes mensuelles = ventes mensuelles moyennes × cœfficient saisonnier

$$= \frac{1\,800}{12} \times \text{cœfficient saisonnier.}$$

*Exemple :* Ventes de janvier, février et mars : 150 × 0,80 = 120 raquettes.

| Mois | Consommation | Stock final en l'absence de livraison | Livraison | Stock final réel | Date livraison | Date commande |
|---|---|---|---|---|---|---|
| D | … | … | … | 200 | | 12/12 |
| J | 120 | 80 | 225 | 305 | 12/01 | |
| F | 120 | 185 | … | 185 | | 08/02 |
| M | 120 | 65 | 225 | 290 | 08/03 | 25/03 |
| A | 165 | 125 | 225 | 350 | 25/04 | |
| M | 165 | 185 | … | 185 | | 06/05 |
| J | 165 | 20 | 225 | 245 | 06/06 | 14/06 |
| J | 195 | 50 | 225 | 275 | 14/07 | 19/07 |
| A | 195 | 80 | 225 | 305 | 19/08 | 23/08 |
| S | 195 | 110 | 225 | 335 | 23/09 | |
| O | 120 | 215 | … | 215 | | 16/10 |
| N | 120 | 95 | 225 | 320 | 16/11 | |
| D | 120 | 200 | … | 200 | | |

- **Calcul des dates de livraison** :

Fin janvier, en l'absence de livraison, le stock serait inférieur au stock de sécurité (150 raquettes) ; une livraison doit donc avoir lieu courant janvier.

Le stock début janvier étant de 200 raquettes, nous pouvons en sortir 200 – 150 = 50 raquettes avant d'atteindre le stock de sécurité et donc de recevoir une livraison.

Date à laquelle le stock de sécurité sera atteint : les sorties de stock étant régulières au sein d'un mois, il nous faudra : $\frac{50}{120} \times 30 = 12{,}5$ ;

soit 12 jours en janvier pour que le stock de sécurité soit atteint.
La livraison de janvier devra avoir lieu le 12 janvier ce qui suppose de passer la commande un mois avant (délai de livraison), c'est-à-dire le 12 décembre N – 1.

*Remarque :* Nous arrondissons à l'entier inférieur le nombre de jours trouvé de manière à être livré juste avant que le stock de sécurité ne soit atteint.
D'une manière générale, la date de livraison se calcule comme suit :

$$\text{Date de livraison} = \frac{\text{Stock début de mois – stock de sécurité}}{\text{Consommation du mois}} \times 30$$

Livraison en mars : $\frac{185 - 150}{120} \times 30 = 8{,}75$, soit le 8 mars.

Calcul identique pour les autres mois où une livraison doit avoir lieu.

## C. Modèle à intervalles de temps constants

L'entreprise WALOO décide d'effectuer une gestion calendaire de son stock de raquettes, c'est-à-dire de commander des quantités variables à intervalles de temps réguliers.
Déterminer les quantités à commander.

Calcul de la périodicité des commandes (et des livraisons) :

$n^* = \frac{D}{q^*} = \frac{1\,800}{225} = 8$ commandes par an,

soit une périodicité de $\frac{360}{n^*} = \frac{360}{8} = 45$ jours.

Comme calculé précédemment, la première livraison doit avoir lieu le 12 janvier, date à laquelle le stock de sécurité est atteint. Les livraisons suivantes auront lieu tous les 45 jours ce qui donne les dates de livraisons suivantes :

12/01 ; 27/02 ; 12/04 ; 27/05 ; 12/07 ; 27/08 ; 12/10 ; 27/11.

**Livraison du 12 janvier** : À cette date, il reste 150 raquettes en stock (stock de sécurité) ; au moment de la livraison du 27 février, il devra également rester 150 raquettes en stock. La livraison de janvier doit donc permettre de satisfaire la consommation entre les deux dates de livraison, soit :

• Consommation du 12 janvier à la fin du mois :

La consommation jusqu'au 12 janvier a été de 50 raquettes puisque, compte tenu du stock initial de 200 raquettes, il nous reste à cette date le stock de sécurité, soit 150 raquettes. Il reste donc 120 – 50 = 70 raquettes à sortir du stock pour la fin du mois de janvier.

• Consommation jusqu'au 27 février : $120 \times \frac{27}{30} = 108$ raquettes.

La première livraison sera de 70 + 108 = 178 raquettes.

**Livraison du 27 février** : Elle doit permettre de couvrir la consommation de fin février, de mars et de début avril (jusqu'au 12 avril).

- Consommation de fin février : 120 – 108 = 12 raquettes
- Consommation de mars : 120 raquettes
- Consommation jusqu'au 12 avril : $165 \times \frac{12}{30}$ = 66 raquettes

La livraison du 27 février sera de 12 + 120 + 66 = 198 raquettes.
Les calculs sont similaires pour les livraisons suivantes (*cf.* tableau ci-dessous)

| Date livraison | Consommation fin du mois (1) | Consommation de la fin du mois jusqu'à la prochaine livraison (2) | Livraison (1) + (2) |
|---|---|---|---|
| 27/02 | 120 – 108 = 12 | 120 + (165 × 12/30) = 186 | 198 |
| 12/04 | 165 – 66 = 99 | 165 × 27/30 = 149 | 248 |
| 27/05 | 165 – 149 = 16 | 165 + (195 × 12/30) = 243 | 259 |
| 12/07 | 195 – 78 = 117 | 195 × 27/30 = 176 | 293 |
| 27/08 | 195 – 176 = 19 | 195 + (120 × 12/30) = 243 | 262 |
| 12/10 | 120 – 48 = 72 | 120 × 27/30 = 108 | 180 |

| Mois | Consommation | Stock final en l'absence de livraison | Livraison | Stock final réel | Date livraison | Date commande |
|---|---|---|---|---|---|---|
| D | … | … | … | 200 | | 12/12 |
| J | 120 | 80 | 178 | 258 | 12/01 | 27/01 |
| F | 120 | 138 | 198 | 336 | 27/02 | |
| M | 120 | 216 | | 216 | | 12/03 |
| A | 165 | 51 | 248 | 299 | 12/04 | 27/04 |
| M | 165 | 134 | 259 | 393 | 27/05 | |
| J | 165 | 228 | | 228 | | 12/06 |
| J | 195 | 33 | 293 | 326 | 12/07 | 27/07 |
| A | 195 | 131 | 262 | 393 | 27/08 | |
| S | 195 | 198 | | 198 | | 12/09 |
| O | 120 | 78 | 180 | 258 | 12/10 | 27/10 |
| N | 120 | 138 | ? | ? | 27/11 | |
| D | 120 | ? | | ? | | |

**Livraison du 27 novembre** : Ne connaissant pas la consommation de janvier N + 1, il nous est impossible de calculer les quantités livrées en novembre.

# Énoncés des exercices

**22.1** L'entreprise RAJA fabrique différents types de containers à partir de tôles d'acier. Sa production est régulière et nécessite annuellement 2 000 kg de tôle à 5,60 € le kg. Le coût de passation d'une commande s'élève à 11,20 € et le taux de possession du stock est évalué à 5 %.

**1 ▶** Donner l'expression du coût de gestion de ce stock en fonction du nombre de commandes passées dans l'année.

**2 ▶** Calculer la cadence optimale, le lot économique et le coût de gestion correspondant.

**3 ▶** Présenter un tableau faisant apparaître les coûts annuels de lancement, de possession et de gestion en fonction du nombre de commandes (en faisant varier $n$ de 1 à 7).

**4 ▶** Représenter dans un même repère ces trois courbes représentatives des coûts.

**22.2** L'entreprise COMPO'ZIP commercialise des composants pour matériel informatique spécialisé. Elle s'intéresse à la gestion de son stock de composants CX-32 pour lequel les renseignements ci-dessous vous sont communiqués :
Demande annuelle : 32 400 composants à 80 € l'unité.
Le coût de passation d'une commande auprès de son fournisseur s'élève à 150 € et le coût de possession d'un composant est de 12 € par an.
Le coût de gestion annuel de ce stock s'établit actuellement à 25 500 €.

**1 ▶** Sachant que moins d'une commande par mois est passée, calculer la cadence actuelle d'approvisionnement.

**2 ▶** Combien faudrait-il passer de commandes pour minimiser le coût de gestion du stock de ce composant ? Quelle serait l'économie réalisée ?

**3 ▶** La baisse des taux d'intérêt a conduit l'entreprise COMPO'ZIP à estimer le nouveau taux de possession de ses stocks à 5,60 % par an. Calculer la cadence optimale correspondante et l'économie réalisée par rapport à l'optimum trouvé au **2 ▶**.

**4 ▶** Donner l'expression du taux de possession annuel par euro précédemment retenu.

**22.3** L'entreprise DÉCORUM stocke un composant pour lequel la demande annuelle est de 31 200 unités. Compte tenu de l'estimation de son coût de gestion, elle a évalué la quantité à commander minimisant son coût de gestion à 3 900 unités.

**1 ▶** Calculer la périodicité de réapprovisionnement de ce composant.

**2 ▶** Calculer son stock critique minimal :

**a.** si le délai de livraison de son fournisseur est d'un mois ;

**b.** si le délai de livraison de son fournisseur est de deux mois.

**3 ▶** Calculer, sous les mêmes hypothèses de délai de livraison, le point de commande de ce composant sachant que l'entreprise DÉCORUM prévoit un stock de sécurité de 1 800 unités.

**4 ▶** Le coût de possession d'un composant étant de 8,40 € par an, quel impact aura le stock de sécurité sur le coût de possession annuel ?

**22.4** L'entreprise BALUX gère un article dont la demande annuelle, pour l'année N, est estimée à 95 000 €.
Le taux de possession est de 8 % et la passation d'une commande revient à 237,50 €.
Le stock au 31/12/N – 1 était de 2 500 unités.
Les prévisions de consommation de l'année N sont les suivantes :
janvier : 1 400 ; février : 1 400 ; mars : 1 000 ; avril : 800 ; mai : 800 ; juin : 1 500 ; juillet : 1 500 ; août : 0 ; septembre : 2 000 ; octobre : 1 600 ; novembre : 1 700 ; décembre : 1 500.
Sachant que l'entreprise BALUX se fixe une marge de sécurité égale à un mois de consommation et que le délai de livraison est de 15 jours, déterminer les dates de livraisons et de commandes dans le cadre d'une politique d'approvisionnement à lot économique fixe.

**22.5** Reprendre les données de l'exercice **22.4** en effectuant une gestion à intervalles de temps constants du stock de l'entreprise BALUX.

# Corrigés des exercices

**22.1** **1 ▶ Expression du coût de gestion du stock** : $\Gamma(n) = \text{Cl}\,n + \text{Cp}\,a\,\dfrac{D}{2n}$

$$\Gamma(n) = 11{,}20\,n + \left(0{,}05 \times 5{,}60 \times \frac{2\,000}{2n}\right) = 11{,}20\,n + \frac{280}{n}.$$

**2 ▶ Cadence optimale, lot économique et coût de gestion** :

À l'optimum, le coût de lancement est égal au coût de possession, d'où :

$$11{,}20\,n^* = \frac{280}{n^*} \Rightarrow n^* = \sqrt{\frac{280}{11{,}20}} = 5 \text{ commandes et } q^* = \frac{D}{n^*} = \frac{2\,000}{5} = 400 \text{ kg.}$$

Le coût de gestion annuel correspondant s'élèvera à :

$$\Gamma(5) = (11{,}20 \times 5) + \frac{280}{5} = 112 \text{ €}.$$

**3 ▶ Tableau des coûts** :

| | Coûts annuels | | |
|---|---|---|---|
| | **Lancement** | **Possession** | **Gestion** |
| $n$ | $11{,}20\,n$ | $\dfrac{280}{n}$ | $11{,}20\,n + \dfrac{280}{n}$ |
| 1 | 11,20 | 280,00 | 291,20 |
| 2 | 22,40 | 1 40,00 | 162,40 |
| 3 | 33,60 | 93,33 | 126,93 |
| 4 | 44,80 | 70,00 | 114,80 |
| 5 | 56,00 | 56,00 | 112,00 |
| 6 | 67,20 | 46,67 | 113,87 |
| 7 | 78,40 | 40,00 | 118,40 |

**4 ▶ Représentation graphique** :

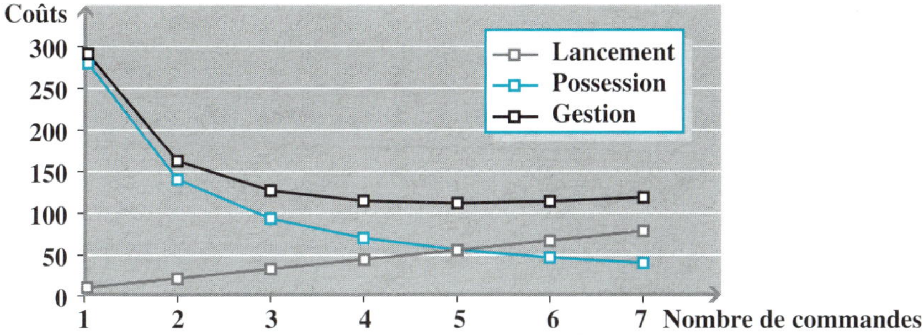

**22.2** **1 ▶ Nombre de commandes annuel** :

Expression du coût de gestion :

$\Gamma(n) = \text{Cl}\,n + \text{Cp}\,\dfrac{D}{2n}$ (le coût de possession étant exprimé **par unité** et non par euro, s'applique dès lors au stock moyen exprimé en unités et non plus en euros).

$$\Gamma(n) = 150n + \left(12 \times \frac{32\,400}{2n}\right) = 150n + \frac{194\,400}{n}$$

$$150n + \frac{194\,400}{n} = 25\,500 \Rightarrow 150n^2 - 25\,500n + 194\,400 = 0$$

$$\Delta = b^2 - 4ac = 25\,500^2 - (4 \times 150 \times 194\,400) = 533\,610\,000$$

$$n = \frac{-b \pm \sqrt{\Delta}}{2a} = \frac{25\,500 \pm \sqrt{533\,610\,000}}{2 \times 150}$$

$n = 162$ ou 8 commandes par an. Puisqu'il y a moins d'une commande par mois, l'entreprise Compo'Zip passe actuellement 8 commandes de $\dfrac{32\,400}{8} = 4\,050$ composants.

**2 ▶ Coût de gestion minimal** :

À l'optimum, le coût de lancement est égal au coût de possession :

$$150n^* = \frac{194\,400}{n^*}$$

$$\Rightarrow n^* = \sqrt{\frac{194\,400}{150}} = 36 \text{ commandes de } \frac{32\,400}{36} = 900 \text{ composants.}$$

Coût de gestion correspondant : $\Gamma(36) = (150 \times 36) + \dfrac{194\,400}{36} = 10\,800$ €.

Économie réalisée : 25 500 – 10 800 = 14 700 € (soit environ 57,65 %).

**3 ▶ Nouvelle cadence optimale** :

Expression du nouveau coût de gestion :

$$\Gamma(n) = \text{Cl}\,n + \text{Cp}\,a\,\frac{D}{2n}$$

$$\Gamma(n) = 150n + \left(0{,}056 \times 80 \times \frac{32\,400}{2n}\right) = 150n + \frac{72\,576}{n}.$$

À l'optimum, le coût de lancement est égal au coût de possession :

$$150n^* = \frac{72\,576}{n^*} \Rightarrow n^* = \sqrt{\frac{72\,576}{150}} = 22 \text{ commandes.}$$

Coût de gestion correspondant : $\Gamma(22) = (150 \times 22) + \dfrac{72\,576}{22} \approx 6\,600$ €.

Économie réalisée : 10 800 – 6 600 = 4 200 € (soit environ 39 %).

**4 ▶ Taux de possession annuel** :

Le coût de possession annuel s'élevait à 12 € par article ; soit un taux de possession annuel par euro :

$$Cp = \frac{12}{80} = 0{,}15 = 15\ \%\ \text{par an.}$$

**22.3** **1 ▶ Périodicité de réapprovisionnement** :

$$n^* = \frac{D}{q^*} = \frac{31\ 200}{3\ 900} = 8\ \text{commandes par an,}$$

soit une périodicité de $\frac{360}{8} = 45$ jours.

**2 ▶ a. Délai de livraison = 1 mois** :

Stock critique minimal = consommation pendant le délai de livraison

$$= \frac{31\ 200}{12}$$

$= 2\ 600$ composants.

**b. Délai de livraison = 2 mois** :

Le délai de livraison étant supérieur à la périodicité de réapprovisionnement, l'entreprise disposera pendant ces deux mois de son stock critique minimal auquel s'ajoutera une livraison correspondant à la commande précédente. Cette quantité disponible doit permettre de satisfaire sa consommation pendant le délai de livraison, soit 5 200 composants (2 × 2 600).

Stock critique minimal + livraison en attente = consommation pendant le délai de livraison.

Stock critique minimal = consommation pendant le délai de livraison – livraison en attente.

Stock critique minimal = 5 200 – 3 900 = 1 300 composants.

**3 ▶ La livraison** doit avoir lieu lorsque le stock atteint 1 800 unités. Les nouveaux points de commande se trouvent augmentés de ce stock de sécurité, soit, pour des délais de livraison de un et deux mois respectivement 4 400 et 3 100 unités.

**4 ▶ L'existence d'un stock de sécurité** ne modifie pas les paramètres de gestion optimale du stock (lot économique, cadence optimale…).

Le stock moyen augmente du stock de sécurité et s'établit à $\left(\frac{q}{2} + 1\ 800\right)$ et donne un coût de possession égal à $Cp\left(\frac{q}{2} + 1\ 800\right)$, soit, en développant :

$Cp\,\frac{q}{2} + (Cp \times 1\ 800)$ ; le coût de gestion annuel va donc augmenter du coût de possession annuel du stock de sécurité, c'est-à-dire de (8,4 × 1 800) = + 15 120 €.

**22.4 Calcul du lot économique** :

$D$ = Total des consommations mensuelles = 15 200 unités. Le prix d'achat ($a$) s'élève à $\frac{95\ 000}{15\ 200} = 6{,}25$ €.

À l'optimum, le coût de lancement est égal au coût de possession :

$$\text{Cl}\frac{D}{q^*} = \text{Cp}a\,\frac{q^*}{2} \Rightarrow \left(237{,}5 \times \frac{15\ 200}{q^*}\right) + \left(0{,}08 \times 6{,}25 \times \frac{q^*}{2}\right)$$

$$\frac{3\ 610\ 000}{q^*} = 0{,}25q^* \Rightarrow q^* = \sqrt{\frac{3\ 610\ 000}{0{,}25}} = 3\ 800 \text{ unités.}$$

| Mois | Consommation | Stock final en l'absence de livraison | Livraison | Stock final réel | Date livraison | Date commande |
|---|---|---|---|---|---|---|
| D | | | | 2 500 | | |
| J | 1 400 | 1 100 | 3 800 | 4 900 | 23/01 | 08/01 |
| F | 1 400 | – 300 | | 3 500 | | |
| M | 1 000 | 2 500 | | 2 500 | | |
| A | 800 | 1 700 | | 1 700 | | |
| M | 800 | 900 | 3 800 | 4 700 | 18/05 | 03/05 |
| J | 1 500 | – 600 | | 3 200 | | |
| J | 1 500 | 1 700 | | 1 700 | | |
| A | 0 | 1 700 | 3 800 | 5 500 | 25/08 | 10/08 |
| S | 2 000 | – 300 | | 3 500 | | |
| O | 1 600 | 1 900 | | 1 900 | | 19/10 |
| N | 1 700 | 200 | 3 800 | 4 000 | 04/11 | |
| D | 1 500 | – 1300 | | 2 500 | | |

**Livraison de janvier** : En l'absence de livraison, l'entreprise BALUX serait en rupture de stock courant février. La date de rupture théorique correspond au moment où le stock fin janvier avant livraison (1 100 unités) est consommé en février.

$$\text{Date de rupture théorique : } \frac{1\ 100}{1\ 400} \times 30 = 23 \text{ février.}$$

La marge de sécurité étant d'un mois, la livraison doit avoir lieu un mois avant cette date de rupture, soit le 23 janvier et la commande doit être effectuée 15 jours avant la date de livraison, le 8 janvier. Le raisonnement est identique pour les trois autres livraisons.

**Livraison de mai** :

$$\text{Date de rupture théorique : } \frac{900}{1\ 500} \times 30 = 18 \text{ juin.}$$

Soit une livraison le 18 mai suite à une commande passée le 3 mai.

**Livraison d'août** :

Date de rupture théorique : $\frac{1\,700}{2\,000} \times 30 = 25$ septembre.

Soit une livraison le 25 août suite à une commande passée le 10 août.

**Livraison de novembre** :

Date de rupture théorique : $\frac{200}{1\,500} \times 30 = 4$ décembre.

Soit une livraison le 4 novembre suite à une commande passée le 19 octobre.

**22.5** Périodicité des commandes : $n^* = \frac{D}{q^*} = \frac{15\,200}{3\,800} = 4$ commandes par an, soit une commande tous les trois mois.

Les quantités livrées doivent permettre de satisfaire la consommation pendant l'intervalle de temps séparant deux dates de rupture théorique. Les livraisons ont lieu un mois avant ces dates de rupture et les commandes 15 jours avant les livraisons.

La première rupture théorique a lieu le 23 février (*cf.* exercice **22.2**) ; la première livraison doit donc couvrir la consommation qui a lieu entre le 23 février et le 23 mai :

Consommation du 23 février à la fin du mois : $1\,400 \times \frac{7}{30} = 327$

Consommation de mars : 1 000

Consommation d'avril : 800

Consommation jusqu'au 23 mai : $800 \times \frac{23}{30} = 613$

Livraison du 23 janvier : 2 740

Les résultats sont résumés dans le tableau ci-dessous :

| Ruptures théoriques | Dates de livraison | Dates de commande | Quantités commandées |
|---|---|---|---|
| 23/02 | 23/01 | 08/01 | 327 + 1 000 + 800 + 613 = 2 740 |
| 23/05 | 23/04 | 08/04 | (800 – 613) + 1 500 + 1 500 + 0 = 3 187 |
| 23/08 | 23/07 | 08/07 | 0 + 2 000 + 1 600 + (1 700 × 23/30) = 4 903 |
| 23/11 | 23/10 | 08/10 | ? (la consommation jusqu'au 23/02 ne nous est pas fournie) |

# 23

# Le budget de trésorerie et le budget général

## 1. Le budget de trésorerie

Élaboré mensuellement à partir des autres budgets (approvisionnement, production, investissements...), le budget de trésorerie doit permettre de connaître, mois par mois, la situation de trésorerie de l'entreprise.

### A. Principes

La logique retenue est celle du « tiroir-caisse », entendant par là que les prévisions retenues sont relatives aux seuls encaissements et décaissements.

Une des difficultés est de bien faire la distinction entre une charge et un décaissement (ou entre un produit et un encaissement) ; en effet, plusieurs éléments expliquent la non-concordance entre ces deux notions :

- il existe des charges ne donnant jamais lieu à un décaissement ; parmi celles-ci figurent notamment les dotations aux amortissements ;

- de nombreux décaissements ne résultent pas d'une charge : T.V.A. payée, acquisition d'immobilisations, amortissements d'emprunts... ;

- des décalages dans le temps rendent non simultanées l'apparition de la charge du décaissement correspondant : c'est le cas notamment de toutes les opérations enregistrées en charges effectuées à crédit.

Ces décalages dans le temps expliquent également que les décaissements soient pris en compte pour leurs montants toutes taxes comprises dans la mesure où les taxes déductibles (la T.V.A.) ne sont remboursées qu'ultérieurement par l'État.

## B. Les sous-budgets

La détermination des soldes de trésorerie mensuels nécessitent le plus souvent d'élaborer certains budgets intermédiaires, notamment :

• **Le budget de T.V.A.** :

La T.V.A. à payer au titre d'un mois donné se calcule comme suit :

T.V.A. à payer au titre du mois *m*

= T.V.A. collectée du mois *m*
– T.V.A. déductible sur biens et services du mois *m*
– T.V.A. déductible sur immobilisations du mois *m*
– report du crédit de T.V.A. du mois ($m$ – 1).

Si ce montant est négatif, l'entreprise dispose d'un crédit de T.V.A. qu'elle peut soit reporter sur le mois suivant, soit, sous certaines conditions, s'en faire rembourser le montant par l'État.

Pour les entreprises relevant du régime du réel normal, la T.V.A. à payer est décaissée entre le 15 et le 24 du mois suivant.

• **Le budget des encaissements** :

Il recense les divers encaissements mensuels, notamment (liste non exhaustive) :
- les ventes (T.T.C.), en fonction des conditions de règlement accordées aux clients ;
- les créances antérieures à la période de budgétisation encaissées au cours de cette période.

• **Le budget des décaissements** :

Il recense les divers décaissements mensuels, principalement (liste non exhaustive) :
- la T.V.A. payée ;
- les achats (T.T.C.), en fonction des conditions de règlement des fournisseurs ;
- les dettes antérieures à la période de budgétisation décaissées au cours de cette période ;
- les salaires nets versés aux salariés ;
- les cotisations sociales (salariales et patronales) ;
- les sommes versées au titre de l'I.S. (acomptes, solde, I.F.A.) ;
- les acquisitions d'immobilisations (T.T.C.) ;
- les autres charges décaissées ;
- les annuités des emprunts.

• **Le budget de trésorerie** :

Il reprend, à partir des disponibilités existant au début de la période de budgétisation, le total des encaissements et des décaissements, afin de faire ressortir mensuellement la situation de trésorerie de l'entreprise. L'examen des soldes mensuels permet au gestionnaire de gérer au mieux sa trésorerie :
- par des placements judicieux en cas d'excédents ;
- par la recherche de financements adaptés en cas de déficits (recours au découverts bancaires, à l'escompte, à la mobilisation des créances, négociation des délais de règlement aux fournisseurs…).

## 2. Le budget général

À l'issue de la procédure budgétaire, l'exploitation des différents budgets élaborés permet de construire le budget général. Ce dernier est constitué de documents de synthèse prévisionnels, notamment d'un compte de résultat et d'un bilan prévisionnels. Le tableau ci-dessous résume les différences fondamentales existant entre ces deux documents :

| Compte de résultat | Bilan |
|---|---|
| Comptes de gestion : Classes 6 et 7. | Comptes de bilan : classes 1 à 5. |
| Ces comptes sont soldés à la clôture de chaque exercice. | Les soldes de ces comptes sont reportés à nouveau, c'est-à-dire repris à l'ouverture de l'exercice suivant. |
| Le compte de résultat concerne une **période** donnée. | Le bilan est établi à une **date** donnée. |
| Le compte de résultat enregistre les **flux** relatifs à cette période. | Le bilan recense les « **stocks** [1] » existant à cette date. |

(1) « Stock » s'entend ici au sens large : par exemple, le bilan nous informe sur le « stock » de créances existant à une date donnée, c'est-à-dire sur le montant des créances à cette date.

# Énoncés des exercices

**23.1** Donner des exemples concrets de non-concordance entre un produit et un encaissement.

**23.2** L'entreprise ALLARD fabrique et commercialise des pièces pour jeux d'échecs. Elle vous demande d'élaborer le budget de trésorerie relatif au premier semestre de l'année N à partir des renseignements fournis ci-dessous :

• **Achats** :
Achats de 1 200 kg de bois par mois à 3,60 € H.T. le kg.

• **Ventes** :
Les jeux de pièces sont vendus 59,80 € T.T.C. Les prévisions de ventes sont de 6 000 jeux réparties comme suit :

| | | |
|---|---|---|
| Janvier : 1 200 | Février : 800 | Mars : 800 |
| Avril : 1 100 | Mai : 1 100 | Juin : 1 000 |

Les ventes sont réparties régulièrement à l'intérieur de chacun des mois.

• **Salaires et charges sociales** :
Les charges de personnel annuelles (360 000 €) sont réparties régulièrement sur l'année. Les salaires bruts s'élèvent à 264 000 € et les charges salariales à 25 % du brut. Les salaires nets sont réglés le mois même, les cotisations le 20 du mois suivant.

• **Autres charges** :
Elles se montent à 6 400 € H.T. par mois et sont réglées au comptant.

• **Investissement** :
Une machine-outil doit être acquise le 01/01/N. V.O. = 64 000 € H.T., amortissable en linéaire sur 5 ans. Règlement : 50 % au comptant, le reste en juillet N.

• **Amortissements** :
Les immobilisations figurant au bilan au 31/12/N – 1 sont amorties annuellement de 17 600 €.

• **Emprunts** (arrondir les sommes trouvées à l'euro le plus proche) :
- L'emprunt figurant au bilan a été contracté le 01/04/N – 2 pour un montant de 120 000 €. Il est remboursable en cinq ans par annuités constantes au taux de 7 %.
- Un nouvel emprunt de 50 000 € doit être contracté le 01/04/N sur une durée de cinq ans à 8,60 %, remboursable tous les ans par amortissements constants à compter du 01/04/N + 1.

• **Impôt sur les sociétés** :
Les deux premiers acomptes de l'exercice N s'élèvent respectivement à 5 000 € et 2 640 €. Les acomptes et le solde de l'impôt sont réglés aux dates limites de paiement.

• **Conditions de règlements** :
- 40 % des clients règlent au comptant, 60 % à 45 jours.
- Les fournisseurs sont réglés pour moitié à 30 jours fin de mois, pour moitié à 60 jours fin de mois.

• **Divers** :
- Les opérations soumises à T.V.A. relèvent du taux normal (19,60 %).
- Les créances au 31/12/N – 1 sont réglées pour 25 % en janvier, le reste en février.
- Les dettes fournisseurs au 31/12/N – 1 sont réglées comme suit :
5 600 € en janvier, 6 400 € en février, le reste en mars.

• **Bilan au 31/12/N – 1** (après répartition) :

| Actif | | Passif | |
|---|---|---|---|
| Immobilisations nettes (1) | 134 540 | Capital social | 100 000 |
| Stock de bois (2) | 3 520 | Réserves | 16 063 |
| Stock de pièces (3) | 63 300 | Emprunt | 104 337 |
| Clients | 48 000 | Fournisseurs | 14 600 |
| Disponibilités | 18 600 | Dettes fiscales et sociales (4) | 17 400 |
| | | Dettes sur immobilisations | 12 000 |
| | | Dettes diverses (5) | 3 560 |
| Total actif | 267 960 | Total passif | 267 960 |

(1) Immobilisations brutes : 167 560 €. Amortissements : 33 020 €.
(2) Stock de bois : 800 kg.
(3) Stock de pièces : 1 500 jeux de pièces.
(4) T.V.A. à payer : 4 800 €. Charges sociales : 12 600 €.
(5) Solde de l'I.S. de N – 1.

Pour le premier semestre N :

**1 ▸** Présenter le budget de T.V.A.

**2 ▸** Présenter le budget des encaissements.

**3 ▸** Présenter le budget des décaissements.

**4 ▸** Présenter le budget de trésorerie mensuel.

**23.3** L'entreprise Allard souhaite poursuivre son étude prévisionnelle en établissant le compte de résultat prévisionnel pour le premier semestre N, ainsi que le bilan au 30 juin N.

À partir des données de l'exercice **23.2** et des renseignements fournis en annexe :

**1 ▸** Établir les fiches de stock relatives au bois et aux jeux de pièces.

**2 ▸** Présenter les trois premières lignes du tableau d'amortissement de l'emprunt figurant au bilan, ainsi que la première ligne du tableau d'amortissement de l'emprunt contracté en N (arrondir les sommes trouvées au franc le plus proche).

**3 ▸** Présenter le compte de résultat prévisionnel du premier semestre N, ainsi que le bilan prévisionnel au 30 juin N.

*Annexe :*

• La production semestrielle est de 5 000 jeux de pièces au coût de production unitaire de 41,94 € et nécessite 6 000 kg de bois.

• Les sorties de stock sont valorisées au C.U.M.P. de fin de semestre.

# Corrigés des exercices

**23.1** • Reprises sur provisions : produits ne donnant jamais lieu à encaissement.
• Réception des fonds lors de l'émission d'un emprunt : l'encaissement d'un emprunt n'est pas un produit.
• Déblocage d'une subvention d'investissement : ce type de subvention s'enregistre en classe 1 (compte 131) ; le fait de rapporter ultérieurement cette subvention au résultat de l'entreprise (par le biais du compte 777 - Quote-part des subventions d'investissement virée au résultat de l'exercice) ne donne lieu à aucun encaissement.
• Encaissement d'une vente à crédit (opération soumise à T.V.A.) : non-concordance entre le produit et l'encaissement :
- au niveau des montants : l'encaissement représente le montant T.T.C. de la vente ; le produit son montant H.T. ;
- dans le temps : le produit a été enregistré antérieurement à l'encaissement correspondant.
De nombreux autres exemples sont bien évidemment envisageables.

**23.2** *Remarque :* dans certains budgets, nous avons fait figurer une colonne « Bilan » à titre de préparation à la résolution de l'exercice **23.3**.

**1 ▶ Budget de T.V.A.** :
Le calcul de la T.V.A. collectée est facilité par la présentation du budget des ventes ci-dessous :
Budget des ventes :

| | J | F | M | A | M | J |
|---|---|---|---|---|---|---|
| Quantités | 1 200 | 800 | 800 | 1 100 | 1 100 | 1 000 |
| Ventes T.T.C. | 71 760 | 47 840 | 47 840 | 65 780 | 65 780 | 59 800 |
| Ventes H.T. | 60 000 | 40 000 | 40 000 | 55 000 | 55 000 | 50 000 |
| T.V.A. | 11 760 | 7 840 | 7 840 | 10 780 | 10 780 | 9 800 |

Budget de T.V.A. :

| | J | F | M | A | M | J | Bilan |
|---|---|---|---|---|---|---|---|
| T.V.A. collectée | 11 760 | 7 840 | 7 840 | 10 780 | 10 780 | 9 800 | |
| T.V.A. déd. sur B. et S.(1) | 2 101,12 | 2 101,12 | 2 101,12 | 2 101,12 | 2 101,12 | 2 101,12 | |
| T.V.A. déd. sur immos | 12 544 | | | | | | |
| Report crédit de T.V.A. | | 2 885,12 | | | | | |
| T.V.A. à payer | – 2 885,12 | 2 853,76 | 5 738,88 | 8 678,88 | 8 678,88 | 7 698,88 | |
| T.V.A. payée | 4 800 (2) | 0 | 2 853,76 | 5 738,88 | 8 678,88 | 8 678,88 | 7 698,88 |

(1) Sur achats de bois : 1 200 × 3,60 × 19,60 % = 846,72 €.
Sur autres charges : 6 400 × 19,60 % = 1 254,40 €.
(2) *cf.* Bilan au 31/12/N – 1.

## 2 ▶ **Budget des encaissements** :

Les ventes étant régulièrement réparties dans le mois, les clients qui règlent à 45 jours seront encaissés de la façon suivante :

• les ventes de la première quinzaine d'un mois (50 % des ventes du mois) seront encaissées la deuxième quinzaine du mois suivant ;

• les ventes de la deuxième quinzaine d'un mois (50 % des ventes du mois) seront encaissées la première quinzaine du deuxième mois suivant la vente.

La répartition des encaissements des ventes est donc la suivante : 40 % au comptant, 30 % le mois suivant et 30 % le deuxième mois suivant la vente.

Budget des encaissements :

| | J | F | M | A | M | J | Bilan |
|---|---|---|---|---|---|---|---|
| Ventes comptant (40 %) | 28 704 | 19 136 | 19 136 | 26 312 | 26 312 | 23 920 | |
| Mois suivant (30 %) | | 21 528 | 14 352 | 14 352 | 19 734 | 19 734 | |
| Deuxième mois (30 %) | | | 21 528 | 14 352 | 14 352 | 19 734 | 55 614 (1) |
| Créances Bilan | 12 000 | 36 000 | | | | | |
| Emprunt | | | | 50 000 | | | |
| Total Encaissements | 40 704 | 76 664 | 55 016 | 105 016 | 60 398 | 63 388 | |

(1) Créances clients au bilan au 30/06/N : 30 % des ventes de mai et 60 % des ventes de juin.

## 3 ▶ **Budget des décaissements** :

Calculs justificatifs :

• Salaires nets et charges sociales : les charges de personnel annuelles se partagent comme suit : 264 000 € de salaires bruts et 360 000 – 264 000 = 96 000 € de cotisations patronales.

Les salaires bruts sont constitués de 264 000 × 25 % = 66 000 € de cotisations salariales et de 264 000 × 75 % = 198 000 € de salaires nets.

Les montants mensuels réglés sont donc les suivants :

- Salaires nets : $\frac{198\ 000}{12} = 16\ 500$ €, réglés le mois même.

- Charges sociales (salariales et patronales) :

$$\frac{66\ 000 + 96\ 000}{12} = 13\ 500 \text{ € réglés le mois suivant.}$$

• Annuité de l'emprunt :

$$a = \frac{V_0 i}{1-(1+i)^{-n}} = \frac{120\ 000 \times 0{,}07}{1-1{,}07^{-5}} = 29\ 266{,}88 \text{ € arrondie à } 29\ 267 \text{ €.}$$

Budget des décaissements :

| | J | F | M | A | M | J | Bilan |
|---|---|---|---|---|---|---|---|
| T.V.A. payée | 4 800 | | 2 853,76 | 5 738,88 | 8 678,88 | 8 678,88 | 7 698,88 (1) |
| Achats à 30 jours | | 2 583,36 | 2 583,36 | 2 583,36 | 2 583,36 | 2 583,36 | |
| Achats à 60 jours | | | 2 583,36 | 2 583,36 | 2 583,36 | 2 583,36 | 7 750,08 (2) |
| Salaires nets | 16 500 | 16 500 | 16 500 | 16 500 | 16 500 | 16 500 | |
| Charges sociales | 12 600 (3) | 13 500 | 13 500 | 13 500 | 13 500 | 13 500 | 13 500 (4) |
| Autres charges | 7 654,40 | 7 654,40 | 7 654,40 | 7 654,40 | 7 654,40 | 7 654,40 | |
| Investissement | 38 272 | | | | | | 38 272 (5) |
| Annuité emprunt | | | | 29 267 | | | |
| I.S. | | | 5 000 | 3 560 (6) | | 2 640 | |
| Fournisseurs | 5 600 | 6 400 | 2 600 | | | | |
| Total Décaissements | 85 426,40 | 46 637,76 | 53 74,88 | 81 387 | 51 500 | 54 140 | |

(1) T.V.A. à payer au bilan au 30/06/N.

(2) Dettes fournisseurs au bilan au 30/06/N : 50 % de mai et 100 % de juin.

(3) *cf.* Bilan au 31/12/N – 1.

(4) Charges sociales à payer au bilan au 30/06/N.

(5) Dettes sur immobilisations au bilan au 30/06/N s'ajoutant aux 12 000 € y figurant au 31/12/N – 1 et non remboursés au 30/06/N.

(6) *cf.* Dettes diverses au bilan au 31/12/N – 1.

## 4 ► Budget de trésorerie :

| | J | F | M | A | M | J |
|---|---|---|---|---|---|---|
| Trésorerie initiale | 18 600,00 | – 26 122,40 | 3 903,84 | 5 644,96 | 29 273,96 | 38 171,96 |
| Encaissements | 40 704,00 | 76 664,00 | 55 016,00 | 105 016,00 | 60 398,00 | 63 388,00 |
| Décaissements | 85 426,40 | 46 637,76 | 53 274,88 | 81 387,00 | 51 500,00 | 54 140,00 |
| Trésorerie finale | – 26 122,40 | 3 903,84 | 5 644,96 | 29 273,96 | 38 171,96 | 47 419,96 |

## 23.3 1 ► Fiches de stocks :

• Stock de bois :

| Entrées | Q | C.U. | Montant | Sorties | Q | C.U. | Montant |
|---|---|---|---|---|---|---|---|
| Stock initial (1) | 800 | 4,40 | 3 520 | Consommation | 6 000 | 3,68 | 22 080 |
| Achats | 7 200 | 3,60 | 25 920 | Stock final | 2 000 | 3,68 | 7 360 |
| | 8 000 | 3,68 | 29 440 | | 8 000 | 3,68 | 29 440 |

(1) *cf.* Bilan au 31/12/N – 1.

• Stock de pièces :

| Entrées | Q | C.U. | Montant | Sorties | Q | C.U. | Montant |
|---|---|---|---|---|---|---|---|
| Stock initial [1]<br>Production | 1 500<br>5 000 | 42,20<br>41,94 | 63 300<br>209 700 | Ventes<br>Stock final | 6 000<br>500 | 42<br>42 | 252 000<br>21 000 |
| | 6 500 | 42,00 | 273 000 | | 6 500 | 42 | 273 000 |

(1) *cf.* Bilan au 31/12/N – 1.

## 2 ▶ **Emprunts** :

• Emprunt contracté le 01/04/N – 2 (annuités constantes) :

| Années | Capital restant dû | Intérêts | Amortissements | Annuités |
|---|---|---|---|---|
| N – 2/N – 1 | 120 000 | 8 400 | 20 867 | 29 267 |
| N – 1/N | 99 133 | 6 939 | 22 328 | 29 267 |
| N/N + 1 | 76 805 | 5 376 | 23 891 | 29 267 |

• Emprunt contracté le 01/04/N (amortissements constants) :

| Années | Capital restant dû | Intérêts | Amortissements | Annuités |
|---|---|---|---|---|
| N/N + 1 | 50 000 | 4 300 | 10 000 | 14 300 |

## 3 ▶ **Budget général** :

Calculs relatifs aux emprunts :

• Calcul des intérêts du 01/01/N au 30/06/N :

- Emprunt contracté le 01/04/N – 2 :

Intérêts du 01/01/N au 01/04/N : $6\,939 \times \frac{3}{12} = 1\,735$

Intérêts du 01/04/N au 30/06/N : $5\,376 \times \frac{3}{12} = 1\,344$

- Emprunt contracté le 01/04/N :

Intérêts du 01/04/N au 30/06/N : $4\,300 \times \frac{3}{12} = 1\,075$

Intérêts du premier semestre N : 4 154

• Rubrique « Emprunt » du bilan au 30/06/N : cette rubrique se compose du capital restant dû à la date du bilan et des intérêts courus non échus (intérêts relatifs à la période qui sépare la date de la dernière échéance réglée de la date du bilan).

- Emprunt contracté le 01/04/N – 2 :

| | |
|---|---|
| Capital restant dû au 30/06/N = Capital restant dû après paiement de l'annuité du 01/04/N : | 76 805 |
| Intérêts courus non échus du 01/04/N au 30/06/N : | 1 344 |

- Emprunt contracté le 01/04/N :

| | |
|---|---|
| Capital restant dû au 30/06/N = Montant emprunté : | 50 000 |
| Intérêts courus non échus du 01/04/N au 30/06/N : | 1 075 |
| Montant de la rubrique « Emprunt » au 30/06/N : | 129 224 |

• Compte de résultat du 01/01/N au 30/06/N :

| Débit | | Crédit | |
|---|---|---|---|
| Achats | 25 920 | Production vendue (1) | 300 000 |
| Variations de stock (2) | – 3 840 | Production stockée (3) | – 42 300 |
| Salaires (4) | 132 000 | | |
| Charges sociales (5) | 48 000 | | |
| Autres charges (6) | 38 400 | | |
| Dotations aux amortissements (7) | 15 200 | | |
| Intérêts | 4 154 | | |
| Total charges | 259 834 | Total produits | 257 700 |
| Solde créditeur (bénéfice) | | Solde débiteur (perte) | 2 134 |
| Total général | 259 834 | Total général | 259 834 |

(1) Production vendue = Montant des ventes H.T. : $6\,000 \times 50 = 300\,000$ €.

(2) Stock initial – stock final : $3\,520 - 7\,360 = -3\,840$ €.

(3) Stock final – stock initial : $21\,000 - 63\,300 = -42\,300$ €.

(4) Salaires bruts : $264\,000 \times \frac{6}{12} = 132\,000$ €.

(5) Charges sociales : $(360\,000 - 264\,000) \times \frac{6}{12} = 48\,000$ €.

(6) Autres charges : $6\,400 \times 6 = 38\,400$ €.

(7) Immobilisations au bilan au 31/12/N – 1 : $17\,600 \times \frac{6}{12} = 8\,800$ €.

Machine-outil acquise le 01/01/N : $64\,000 \times 0{,}20 \times \frac{6}{12} = 6\,400$ €.

• Bilan au 30/06/N :

| Actif | | Passif | |
|---|---|---|---|
| Immobilisations nettes (1) | 183 340 | Capital social | 100 000 |
| Stock de bois (2) | 7 360 | Réserves | 16 063 |
| Stock de pièces (3) | 21 000 | Résultat (4) | – 2 134 |
| Clients (5) | 55 614 | Emprunt (6) | 129 224 |
| Créances diverses (7) | 7 640 | Fournisseurs (8) | 7 750,08 |
| Disponibilités (9) | 47 419,96 | Dettes fiscales et sociales (10) | 21 198,88 |
| | | Dettes sur immobilisations (11) | 50 272 |
| Total actif | 322 373,96 | Total passif | 322 373,96 |

(1) Immobilisations brutes : 167 560 + 64 000 = 231 560 €
Amortissements : 33 020 + 15 200 = 48 220 €

(2) Stock de bois : *cf.* fiche de stock.

(3) Stock de pièces : *cf.* fiche de stock.

(4) *cf.* Compte de résultat.

(5) *cf.* Budget des encaissements (exercice **23.2**).

(6) *cf.* Calculs relatifs aux emprunts.

(7) Deux premiers acomptes d'I.S. : 5 000 + 2 640 = 7 640 €.

(8) *cf.* Budget des décaissements (exercice **23.2**).

(9) *cf.* Budget de trésorerie fin juin N (exercice **23.2**).

(10) T.V.A. à payer de juin N : 7 698,88 € (*cf.* budget des décaissements, exercice **23.2**).
Charges sociales : 13 500 € (*cf.* budget des décaissements, exercice **23.2**).

(11) *cf.* budget des décaissements (exercice **23.2**).

# 24

# Les écarts sur charges directes variables

Un écart résulte de la différence qui existe entre un coût réel, constaté, et un coût préétabli.

**Écart** = **Coût constaté (CC)** – **Coût préétabli (CP)**

Par convention de calcul, un écart est donc défavorable s'il est positif, favorable dans le cas contraire.

L'écart sur coût de production s'analyse en examinant les différents facteurs de production constitutifs du coût de production.

Les écarts sur charges directes variables concernent essentiellement les matières ou fournitures consommées et la M.O.D. Par coût constaté (CC), il faut entendre coût constaté du facteur de production utilisé et par coût préétabli de la production (CPP), le coût préétabli du facteur de production considéré pour réaliser cette production.

***Exemple :*** Pour une production mensuelle prévue de 5 000 tables de chevet, l'entreprise MEUBLOR, fabricante de meubles en bois, prévoit de consommer 12 000 kg de bois à 1,80 € le kg.

Extrait correspondant de la fiche de coût préétabli :

| | Q | C.U. (Cp) | Montant (Mp) |
|---|---|---|---|
| Bois | $\frac{12\,000}{5\,000} = 2{,}40$ | 1,80 | 4,32 |

Fin novembre, le contrôleur de gestion reçoit les informations réelles relatives aux données du mois d'octobre. La production s'est élevée à 4 800 tables et a nécessité 11 500 kg de bois à 2 € le kg.

## 1. L'écart relatif à la production constatée (écart global)

### A. Définition

L'écart global est la différence entre le coût constaté (CC) et le coût préétabli de la production constatée (CPPc). Cet écart permet de comparer le coût réel et le coût préétabli du facteur de production consommé au niveau de la production constatée.

**Écart global** = **CC** – **CPPc**

### B. Le coût préétabli de la production constatée (CPPc)

Le coût préétabli de la production constatée représente le coût qu'aurait dû supporter l'entreprise pour réaliser la production constatée.

Ce coût dépend :

– de la quantité de facteur de production qu'aurait dû consommer l'entreprise pour réaliser la production constatée (Qpc) ;

– du coût préétabli du facteur de production (Cp).

• **Coût constaté** (CC) : 11 500 × 2 = 23 000 €

11 500 kg = Qr = Quantité du facteur de production réellement consommée.

2 € = Cr = Coût unitaire réel du facteur de production.

• **Coût préétabli de la production constatée** (CPPc) :

Il était prévu 2,40 kg de bois par table, soit, pour réaliser 4 800 tables (Pc) :

Qpc = 2,40 × 4 800 = 11 520 kg de bois.

Ces 11 520 kg étant valorisés au coût unitaire préétabli (Cp) de 1,80 € le kg, il vient :

CPPc = Cp × Qpc = 1,80 × 11 520 = 20 736 €.

*Remarque :* Le CPPc peut se calculer plus simplement comme le produit du montant préétabli du facteur de production par la production constatée :

CPPc = Mp × Pc = 4,32 x 4 800 = 20 736 €.

Ce mode de calcul a néanmoins pour inconvénient de ne pas faire apparaître la quantité préétablie du facteur de production pour la production constatée (Qpc), élément indispensable à l'interprétation de l'écart global.

En définitive, l'écart global se monte à 23 000 (CC) – 20 736 (CPPc) = + 2 264 € (défavorable).

• **Interprétation** : Le coût réel du bois consommé pour réaliser 4 800 tables est supérieur au coût que l'entreprise s'était fixé *a priori* (coût préétabli) pour ce même niveau de production. L'écart global peut donc ici être qualifié de défavorable à l'entreprise. Dès lors, il s'agit d'affiner l'analyse pour déterminer les sources de cet écart.

## 2. L'analyse de l'écart global

Deux différences sont susceptibles d'expliquer l'écart global sur charges directes variables :
– au niveau des quantités consommées (réelles et préétablies) relatives à la production constatée ;
– au niveau des coûts unitaires (réels et préétablis) du facteur de production.
D'où les deux composantes de l'écart global sur charges directes variables :

• **L'écart sur quantité de facteur de production consommé** :
(Qr – Qpc) × Cp = (11 500 – 11 520) × 1,80 = –36 € (favorable),
écart favorable (bien que négligeable) : pour produire 4 800 tables, l'entreprise a consommé 11 500 kg de bois au lieu des 11 520 kg envisagés *a priori*, soit une économie de 20 kg valorisés à 1,80 € le kg.

• **L'écart sur coût unitaire du facteur de production** :
(Cr – Cp) × Qr = (2 – 1,8) × 11 500 = +2 300 € (défavorable)
écart défavorable : le kg de bois est revenu 0,2 € de plus que prévu, soit, compte tenu des quantités effectivement consommées, un surcoût de 2 300 €.
*Remarques :*
• La convention généralement retenue pour le calcul des écarts est la suivante :
– les différences de quantités sont valorisées à des valeurs préétablies ;
– les différences de valeurs sont pondérées par des quantités constatées.
• Concernant la M.O.D., l'écart sur quantité est dénommé « écart sur temps », l'écart sur coût « écart sur taux » ou « écart sur salaire horaire ».

## 3. Schéma récapitulatif

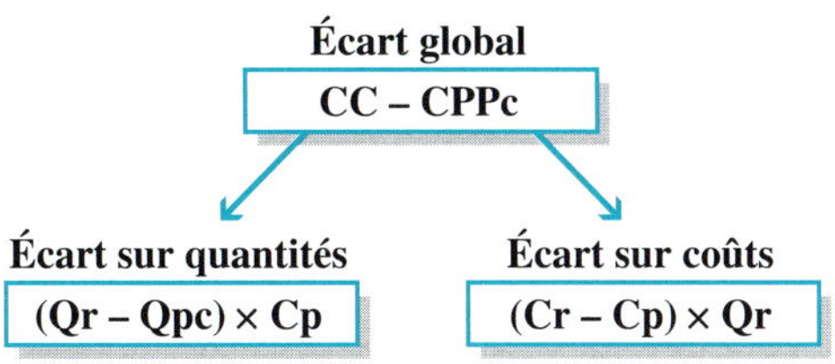

# Énoncés des exercices

**24.1** La société LA VACHETTE produit des articles de maroquinerie. On vous communique ci-dessous divers renseignements relatifs au produit haut de gamme de sa ligne de sacs à main :

• Extrait de la fiche de coût préétabli :

| | Q | C.U. (Cp) | Montant (Mp) |
|---|---|---|---|
| … | … | … | … |
| Cuir | 1,2 $m^2$ | 80,00 | 96,00 |
| M.O.D. | 3,50 heures | 14,40 | 50,40 |
| … | … | … | … |

Données réelles (mois de novembre) :

• Production de 980 sacs à main.

• Rendement du travail : 0,3125 sac/heure de M.O.D.

• Salaire horaire : 15 €.

• Consommation de 1 530 $m^2$ de cuir à 73,60 € le $m^2$.

**1 ▸** Calculer l'écart global sur chaque facteur de production.

**2 ▸** Décomposer ces écarts globaux.

**3 ▸** Commenter les résultats obtenus.

**24.2** La pizzeria ROMANO propose à ses clients diverses spécialités italiennes ; parmi celles-ci figurent notamment les lasagnes et les pizzas. Ces deux produits sont composés à 10 % de pâte et à 90 % de garniture (sauce tomate, viande, gruyère…). Du fait de l'évaporation, le poids des produits après cuisson représente 80 % du poids des ingrédients utilisés.

Vous disposez ci-dessous des extraits de fiches de coûts préétablis relatifs aux ingrédients utilisés :

| | Lasagne | | | Pizza | | |
|---|---|---|---|---|---|---|
| | Q | C.U. (Cp) | Montant (Mp) | Q | C.U. (Cp) | Montant (Mp) |
| … | … | … | … | … | … | … |
| Pâte | ? | 1,60 | ? | ? | 1,60 | ? |
| Garniture | ? | 5,60 | ? | ? | 5,60 | ? |
| … | … | … | … | … | … | … |

Au cours de la période considérée, la production a été de 380 lasagnes et 820 pizzas. Cette production a nécessité 138 kg de pâte à 1,56 € le kg et 1 240 kg de garniture à 6,40 € le kg.

1 ▶ Compléter les fiches de coûts préétablis sachant que les lasagnes et les pizzas vendues pèsent à l'unité respectivement 1 kg et 800 grammes.

2 ▶ Calculer, pour les deux facteurs de production, l'écart relatif à la production constatée.

3 ▶ Procéder, pour la garniture, à l'analyse de l'écart relatif à la production constatée.

# Corrigés des exercices

**24.1** **1 ▶ Calcul de l'écart global** :

Cuir : Qpc = 1,2 × 980 = 1 176 m²

M.O.D. : Qpc = 3,5 × 980 = 3 430 heures

• Écart global

M.O.D. : $Qr = \dfrac{980}{0,3125} = 3\ 136$ heures

| | Coût constaté CC = Cr × Qr | | | Coût préétabli de la production constatée CPPc = Cp × Qpc | | | Écart global CC – CPPc |
|---|---|---|---|---|---|---|---|
| | Qr | Cr | Cr × Qr | Qpc | Cp | Cp × Qpc | |
| Cuir | 1 530 | 73,60 | 112 608 | 1 176 | 80,00 | 94 080 | + 18 528 (déf.) |
| M.O.D. | 3 136 | 15,00 | 47 040 | 3 430 | 14,40 | 49 392 | – 2 352 (fav.) |

**2 ▶ Décomposition des écarts globaux** :

| | Formulation | Calculs | Écarts |
|---|---|---|---|
| Cuir :<br>• sur quantité :<br>• sur coût : | <br>(Qr – Qpc) × Cp<br>(Cr – Cp) × Qr | <br>= (1 530 – 1 176) × 80<br>= (73,60 – 80) × 1 530<br>Écart global sur cuir : | <br>+ 28 320 (déf.)<br>– 9 792 (fav.)<br>+ 18 528 (déf.) |
| M.O.D. :<br>• sur temps :<br>• sur taux horaire : | <br>(Qr – Qpc) × Cp<br>(Cr – Cp) × Qr | <br>= (3 136 – 3 430) × 14,40<br>= (15 – 14,40) × 3 136<br>Écart global sur M.O.D. : | <br>– 4 233,60 (fav.)<br>+ 1 881,60 (déf.)<br>– 2 352,00 (fav.) |

**3 ▶** L'écart global sur cuir s'élève à 18 528 € et est défavorable. Cet écart est dû principalement à la quantité de cuir consommée qui a dépassé de plus de 30 % les prévisions (1 530 m² au lieu de 1 176 m²) ; l'écart sur coût, favorable du fait d'un coût unitaire réel du m² inférieur au coût unitaire préétabli ne compense que très partiellement l'écart sur quantité. L'écart global sur M.O.D., quant à lui, est favorable du fait d'un rendement réel du travail plus élevé que prévu (rendement réel : 0,3125 sac à l'heure, soit $\dfrac{1}{0,3125} = 3,20$ heures par sac au lieu des 3,50 heures prévues) ; le salaire horaire réel a été supérieur de 0,60 € aux prévisions, aboutissant à un écart sur taux défavorable.

24.2 1 ▶ **Fiches de coûts préétablis** (extraits) :

Soit $P$, le poids des ingrédients utilisés :

Poids des lasagnes : 1 kg = 0,80 $P$ $\Rightarrow$ $P = \dfrac{1}{0{,}80} = 1{,}25$ kg

Pâte : 1,25 × 10 % = 0,125 kg

Garniture : 1,25 × 90 % = 1,125 kg

Poids des pizzas : 0,80 kg = 0,80 $P$ $\Rightarrow$ $P = \dfrac{0{,}80}{0{,}80} = 1{,}00$ kg

Pâte : 1,00 × 10 % = 0,100 kg

Garniture : 1,00 × 90 % = 0,900 kg.

| | Lasagne | | | Pizza | | |
|---|---|---|---|---|---|---|
| | Q | C.U. (Cp) | Montant (Mp) | Q | C.U. (Cp) | Montant (Mp) |
| … | … | … | … | … | … | … |
| Pâte | 0,125 | 1,60 | 0,20 | 0,100 | 1,60 | 0,16 |
| Garniture | 1,125 | 5,60 | 6,30 | 0,900 | 5,60 | 5,04 |
| … | … | … | … | … | … | … |

2 ▶ **Calcul des écarts globaux** :

La production constatée est constituée de deux produits : Pc = 380 lasagnes et 820 pizzas.

Pâte : Qpc = (380 × 0,125) + (820 × 0,10) = 129,50 kg.

Garniture : Qpc = (380 × 1,125) + (820 × 0,90) = 1 165,50 kg.

Tableau des écarts globaux :

| | Coût constaté CC = Cr × Qr | | | Coût préétabli de la production constatée CPPc = Cp × Qpc | | | Écart global CC – CPPc |
|---|---|---|---|---|---|---|---|
| | Qr | Cr | Cr × Qr | Qpc | Cp | Cp × Qpc | |
| Pâte | 138 | 1,56 | 215,28 | 129,50 | 1,60 | 207,20 | + 8,08 (déf.) |
| Garniture | 1 240 | 6,40 | 7 936,00 | 1 165,50 | 5,60 | 6 526,80 | + 1 409,20 (déf.) |

3 ▶ **Analyse de l'écart global sur garniture** :

Écart global sur garniture : + 1 409,20 €

| | Formulation | Calculs | Écarts |
|---|---|---|---|
| • sur quantité : | (Qr – Qpc) × Cp | = (1 240 – 1 165,5) × 5,60 | + 417,20 (déf.) |
| • sur coût : | (Cr – Cp) × Qr | = (6,40 – 5,60) × 1 240 | + 992,00 (déf.) |
| | | Écart global sur garniture : | + 1 409,20 (déf.) |

# 25

# Les écarts sur charges indirectes

*Remarque :* la compréhension de ce chapitre nécessite d'avoir assimilé les notions de budget flexible et standard (*cf.* chapitre 20 « les coûts préétablis »).

*Exemple :* Pour sa production mensuelle prévue (et jugée normale) de 5 000 tables de chevet, l'entreprise MEUBLOR prévoit un montant de 19 500 € de charges indirectes dans son atelier de Découpe, dont 3 750 € de charges fixes. L'activité de cet atelier, mesurée en heures de M.O.D., est évaluée à 7 500 heures.

Les charges réelles de l'atelier se sont élevées à 19 000 € pour 7 000 heures de M.O.D. et la production de novembre a été de 4 800 tables.

Extrait correspondant de la fiche de coût préétabli :

| | Q | C.U. (Cp) | Montant (Mp) |
|---|---|---|---|
| Centre Découpe | $\frac{7\,500}{5\,000} = 1{,}5$ | $\frac{19\,500}{7\,500} = 2{,}60$ | 3,90 |

## 1. L'écart relatif à la production constatée (écart global)

### A. Définition

L'écart global est la différence entre le coût constaté (CC) du centre d'analyse – c'est-à-dire le montant réel des charges indirectes – et le coût préétabli de la production constatée (CPPc).

Cet écart permet de comparer le coût réel des charges indirectes et le coût préétabli du centre d'analyse relatif à la production constatée.

**Écart global = CC – CPPc**

### B. Le coût préétabli de la production constatée (CPPc)

Relativement aux charges indirectes, le coût préétabli de la production constatée représente le montant de charges indirectes qu'aurait dû supporter l'entreprise pour réaliser la production constatée.

Ce coût dépend :
- de l'activité – c'est-à-dire du nombre d'unités d'œuvre – qu'aurait dû utiliser l'entreprise pour réaliser la production constatée (Apc) ;
- du coût préétabli de l'unité d'œuvre (Cp).

**Coût constaté** (CC) : 19 000 €.

**Coût préétabli de la production constatée** (CPPc) :

Il était prévu 1,5 unité d'œuvre par table, soit, pour réaliser 4 800 tables (Pc) :

Apc = 1,5 × 4 800 = 7 200 U.O.

Ces 7 200 U.O. étant valorisées au coût unitaire préétabli (Cp) de 2,60 €, il vient :

CPPc = Cp × Apc = 2,60 × 7 200 = 18 720 €.

*Remarque :* le CPPc peut se calculer plus simplement comme le produit du montant préétabli de l'unité d'œuvre par la production constatée :

CPPc = Mp × Pc = 3,90 × 4 800 = 18 720 €.

Ce mode de calcul a néanmoins pour inconvénient de ne pas faire apparaître l'activité préétablie pour la production constatée (Apc), élément indispensable à l'interprétation de l'écart global.

En définitive, l'écart global se monte à 19 000 (CC) – 18 720 (CPPc) = + 280 €.

*Remarque :* le calcul du CPPc revient à calculer le coût **préétabli** de l'activité préétablie adaptée à la production constatée, c'est-à-dire à calculer le budget standard pour ce niveau d'activité : CPPc = $y_s$(Apc) ; l'écart global peut donc s'écrire comme suit :

**Écart global = CC – $y_s$(Apc)**

## 2. L'analyse de l'écart global

### A. Les droites de budget ($y_s$ et $y_f$)

Du fait de l'existence de charges fixes au sein des charges indirectes, l'analyse de l'écart global nécessite d'avoir déterminé les équations des droites de budget standard et flexible :

Budget standard (ou coût préétabli) :

$y_s = \text{Cp}\,x$ ; $y_s = 2{,}60x$.

Budget flexible (ou coût budgété) :

$$y_f = \text{CVu}\,x + \text{CF budgétées} \;;\; y_f = \frac{19\,500 - 3\,750}{7\,500}x + 18\,750 \;;\; y_f = 2{,}10x + 18\,750.$$

## B. Composantes de l'écart global

Trois facteurs permettent d'expliquer l'écart global sur charges indirectes :

• le coût réel du centre a été différent du budget élaboré pour l'activité constatée ;

• les charges fixes ont été réparties sur une activité constatée qui a été différente de l'activité normale, entraînant une différence au niveau des coûts fixes unitaires (comme vu précédemment, le coût de l'unité d'œuvre dépend du niveau d'activité pour lequel il a été calculé) ;

• le rendement réel a pu être différent du rendement prévu (le rendement étant le rapport entre la production et l'activité ayant permis de l'obtenir).

D'où les trois composantes de l'écart global sur charges indirectes:

• **L'écart sur coût** : appelé également écart sur coût de budget ou écart sur coût variable :

**Écart sur coût** = **CC – $y_f$(Ar)**

$\text{CC} - y_f(\text{Ar}) = 19\,000 - [(2{,}10 \times 7\,000) + 3\,750] = 19\,000 - 18\,450 = +550$ € (défavorable).

Cet écart a été calculé en comparant le montant réel de charges indirectes du centre et le budget calculé pour le même niveau d'activité, l'activité réelle (Ar) ; son explication réside dans l'analyse des différentes composantes du budget du centre.

• **L'écart sur activité** : appelé également écart sur imputation du coût fixe :

**Écart sur activité** = **$y_f$(Ar) – $y_s$(Ar)**

$y_f(\text{Ar}) - y_s(\text{Ar}) = 18\,450 - (2{,}60 \times 7\,000) = 18\,450 - 18\,200 = +250$ € (défavorable).

L'activité réelle étant inférieure à l'activité normale, les charges fixes totales ont été réparties sur une base plus faible que la normale, entraînant de ce fait une augmentation des charges fixes unitaires réelles par rapport aux charges fixes unitaires normales. On retrouve ici les conséquences de l'imputation rationnelle des charges de structure et cet écart sur activité peut également se calculer comme différence d'imputation :

Écart sur activité = Charges fixes – Charges fixes imputées avec

$$\text{Charges fixes imputées} = \text{Charges fixes} \times \frac{\text{Activité réelle}}{\text{Activité normale}}$$

$$= 3\,750 \times \frac{7\,000}{7\,500} = 3\,500\text{ €.}$$

Écart sur activité : 3 750 – 3 500 = 250 €.

• **L'écart sur rendement** :

**Écart sur rendement** = $y_s(\text{Ar}) - y_s(\text{Apc})$

$y_s(\text{Ar}) - y_s(\text{Apc}) = 18\,200 - (2{,}60 \times 7\,200) = 18\,200 - 18\,720 = -\,520$ € (favorable).
Cet écart est strictement de même nature que l'écart sur quantité relatif aux charges directes variables. L'activité réelle a été inférieure à l'activité préétablie adaptée à la production constatée, le rendement réel a donc été supérieur au rendement prévu (la production constatée a nécessité moins d'unités d'œuvre que prévu).

## 3. Schéma récapitulatif

**Écart global**
**CC – CPPc**

↙ ↓ ↘

| Écart sur coût | Écart sur activité | Écart sur rendement |
| --- | --- | --- |
| $CC - y_f(\text{Ar})$ | $y_f(\text{Ar}) - y_s(\text{Ar})$ | $y_s(\text{Ar}) - y_s(\text{Apc})$ |

# Énoncés des exercices

**25.1** Un produit P passe dans un atelier de production. La production normale et prévue s'élève à 8 000 unités du produit P pour une activité de 24 000 U.O. Le coût de production préétabli d'une unité de P s'élève à 408 € et comprend 144 € de charges indirectes. Les charges fixes du centre s'élèvent à 144 000 €.

La production du mois a été de 7 200 unités de P ayant nécessité 23 040 U.O. et les charges indirectes se sont élevées à 982 800 €.

**1 ▶** Établir l'extrait de fiche de coût standard du produit P relatif à l'atelier.

**2 ▶** Donner les équations des budgets standard et flexible.

**3 ▶** Analyser et décomposer l'écart sur charges indirectes du centre.

**25.2** L'entreprise FIXOR fabrique et commercialise divers articles de bureau ; parmi ceux-ci figure l'agrafeuse Chinex vendue à des grossistes par lots de 100 unités.

Cette agrafeuse est produite dans un atelier au sein duquel le corps en métal et la carrosserie en plastique sont assemblés.

### Première partie

*Données réelles pour novembre N :*

- Stocks au 01/11/N :

  Plastique : 150 kg à 1,34 €.

  Métal : 140 kg pour un coût total de 311 €.

  Agrafeuses : 200 lots à 98 €.

  En-cours de production : néant.

Les sorties de stock sont valorisées au C.U.M.P.

- Charges directes de la période :

  La consommation de matière a été de 1 480 kg de plastique et de 2 850 kg de métal.

  M.O.D. Assemblage : 3 152 heures à 15,60 €.

- Charges indirectes de la période (après répartition secondaire) :

  Approvisionnement : 528 € (assiette de frais : montant des achats de la période).

  Assemblage : 47 517,30 € (U.O. : heure machine).

  Distribution : 5 280 € (assiette de frais : la centaine d'euros de coût de production des produits vendus).

• Autres renseignements :

Achats : 1 500 kg de plastique à 1,20 € et 3 000 kg de métal à 1,60 €.

La production du mois s'est élevée à 1 200 lots d'agrafeuses Chinex et a nécessité 2 000 heures machine à l'assemblage.

Les ventes du mois ont été de 1 250 lots d'agrafeuses à 108 € le lot.

**1 ▶** Calculer le coût de revient des agrafeuses Chinex.

### Deuxième partie

La fiche de coût standard d'un lot de 100 agrafeuses vous est fournie ci-dessous ; elle a été établie sur la base d'une production normale et prévue de 1 000 lots :

| | Q | C.U. | Montant |
|---|---|---|---|
| Plastique | 1,20 kg | 1,20 | 1,44 |
| Métal | 2,60 kg | 1,80 | 4,68 |
| M.O.D. Assemblage | 3 heures | 15,00 | 45,00 |
| Assemblage | 1,50 heure | 22,10 | 33,15 |
| Coût de production d'un lot | | | 84,27 |

Les charges fixes mensuelles de l'atelier d'assemblage sont évaluées à 19 800 €.

**2 ▶** Présenter le tableau des écarts relatifs à la production constatée.

**3 ▶** Décomposer les écarts globaux sur M.O.D. et sur charges indirectes de l'atelier.

# Corrigés des exercices

**25.1** **1 ▶ Extrait de fiche de coût standard du produit P relatif à l'atelier** :

| | Q | C.U. | Montant |
|---|---|---|---|
| Atelier | $\frac{24\,000}{8\,000} = 3$ | 48,00 | 144,00 |
| Coût de production unitaire | | | 408,00 |

**2 ▶ Équations des budgets standard et flexible** :

- Budget standard (coût préétabli) : $y_s = \text{Cp}x = 48x$
- Budget flexible (coût budgété) : $y_f = \text{CVu}x + \text{CF totales}$

$\text{Cp} = \text{CTu(An)} = \text{CVu} + \text{CFu(An)} \Rightarrow 48 = \text{CVu} + \frac{144\,000}{24\,000} = \text{CVu} + 6$

$\Rightarrow$ CVu = 48 - 6 = 42 € ; $y_f = 42x + 144\,000$.

**3 ▶ Analyse et décomposition de l'écart global sur charges indirectes du centre** :

- Calcul de l'écart global :

Pc = 7 200 unités $\Rightarrow$ Apc = 3 × 7 200 = 21 600 U.O.

CPPc = Cp × Apc = (48 × 21 600)

ou CPPc = Mp × Pc = (144 × 7 200) = 1 036 800 €

Écart global = CC – CPPc = 982 800 – 1 036 800 = – 54 000 € (favorable).

- Analyse de l'écart global (– 54 000 €) :

Écart sur coût de budget :

$\text{CC} - y_f(\text{Ar})$ = 982 800 – [(42 × 23 040) + 144 000] ...... = – 128 880 € (fav.)

Écart sur activité :

$y_f(\text{Ar}) - y_s(\text{Ar})$ = 1 111 680 – (48 × 23 040) ............ = + 5 760 € (déf.)

Écart sur rendement :

$y_s(\text{Ar}) - y_s(\text{Apc})$ = 1 105 920 – (48 × 21 600) ........... = + 69 120 € (déf.)

*Vérification :* Écart global : – 54 000 € (fav.)

**25.2** **1 ▶ Calcul des coûts d'achat et des C.U.M.P.** :

Montant des achats : (1 500 × 1,20) + (3 000 × 1,60) = 6 600 €.

Taux de frais de l'approvisionnement : $\frac{528}{6\,600}$ = 0,08 € par € d'achat.

| | Plastique | | | Métal | | |
|---|---|---|---|---|---|---|
| | Q | C.U. | Montant | Q | C.U. | Montant |
| Achats | 1 500 | 1,20 | 1 800 | 3 000 | 1,60 | 4 800 |
| Approvisionnement | 1 800 | 0,08 | 144 | 4 800 | 0,08 | 384 |
| Coûts d'achats | 1 500 | 1,296 | 1 944 | 3 000 | 1,728 | 5 184 |
| Stock initial | 150 | 1,34 | 201 | 140 | 2,22 | 311 |
| Calcul des C.U.M.P. | 1 650 | **1,30** | 2 145 | 3 140 | **1,75** | 5 495 |

• Calcul du coût de production des agrafeuses fabriquées et du C.U.M.P. :

| | Q | C.U. | Montant |
|---|---|---|---|
| Plastique | 1 480 | 1,30 | 1 924,00 |
| Métal | 2 850 | 1,75 | 4 987,50 |
| M.O.D. | 3 152 | 15,60 | 49 171,20 |
| Assemblage | 2 000 | 23,76 | 47 517,30 |
| Coût de production des produits fabriqués | 1 200 | 86,33 | 103 600,00 |
| Stock initial | 200 | 98,00 | 19 600,00 |
| C.U.M.P. | 1 400 | **88,00** | 123 200,00 |

• Calcul du coût de revient :

| | Q | C.U. | Montant |
|---|---|---|---|
| Coût de production des produits vendus | 1 250 | 88,00 | 110 000 |
| Distribution | 1 100 | 4,80 | 5 280 |
| Coût de revient | 1 250 | 92,22 | 115 280 |

**2 ▶ Tableau des écarts relatifs à la production constatée** :

Qpc = Quantité unitaire de la fiche de coût standard × Production constatée (Pc)

Plastique : Qpc = 1,20 × 1 200 = 1 440 kg

| | Coût constaté (CC) | | | Coût préétabli de la production constatée (CPPc) | | | Écarts globaux |
|---|---|---|---|---|---|---|---|
| | Qr | Cr | Cr × Qr | Qpc | Cp | Cp × Qpc | |
| Plastique | 1 480 | 1,30 | 1 924,00 | 1 440 | 1,20 | 1 728 | + 196 (déf.) |
| Métal | 2 850 | 1,75 | 4 987,50 | 3 120 | 1,80 | 5 616 | – 628,50 (fav.) |
| M.O.D. Assemblage | 3 152 | 15,60 | 49 171,20 | 3 600 | 15,00 | 54 000 | – 4 828,80 (fav.) |
| Assemblage | 2 000 | 23,76 | 47 517,30 | 1 800 | 22,10 | 39 780 | + 7 737,30 (déf.) |
| Coût de production | 1 200 | 86,33 | 103 600,00 | 1 200 | 84,27 | 101 124 | + 2 476 (déf.) |

### 3 ▶ **Décomposition des écarts globaux sur M.O.D. et sur charges indirectes de l'atelier** :

Équations des budgets standard et flexible :

- Budget standard (coût préétabli) : $y_s = \text{Cp}\,x = 22{,}10\,x$
- Budget flexible (coût budgété) : $y_f = \text{CVu}\,x + \text{CF totales}$

Cp = CTu(An) = CVu + CFu(An)

$$\Rightarrow \; 22{,}10 = \text{CVu} + \frac{19\,800}{1\,500} = \text{CVu} + 13{,}20$$

$\Rightarrow$ CVu = 22,10 – 13,20 = 8,90 €

$y_f = 8{,}90x + 19\,800$.

| | Formulation | Calculs | Écarts |
|---|---|---|---|
| M.O.D. : | | | |
| • sur temps : | (Qr – Qpc) × Cp | = (3 152 – 3 600) × 15 | – 6 720,00 (fav.) |
| • sur taux horaire : | (Cr – Cp) × Qr | = (15,60 – 15) × 3 152 | + 1 891,20 (déf.) |
| | | Écart global sur M.O.D. : | – 4 828,80 (fav.) |
| Assemblage : | | | |
| • sur coût : | CC – $y_f$(Ar) | = 47 517,30 – [(8,90 × 2 000) + 19 800] | + 9 917,30 (déf.) |
| • sur activité : | $y_f$(Ar) – $y_s$(Ar) | = 37 600 – (22,10 × 2 000) | – 6 600,00 (fav.) |
| • sur rendement : | $y_s$(Ar) – $y_s$(Apc) | = 44 200 – (22,10 × 1 800) | + 4 420,00 (déf.) |
| | | Écart global sur Assemblage : | + 7 737,30 (déf.) |

# 26

# Les écarts sur marge

La performance de l'entreprise en matière de résultat relève de la responsabilité :

– du personnel de production, pour ce qui concerne les coûts de production (*cf.* chapitres 24 et 25 relatifs aux écarts sur charges) ;

– des commerciaux, pour ce qui concerne la contribution de la vente des produits au résultat de l'entreprise. Cette contribution se mesure non pas par le chiffre d'affaires généré par le produit mais par sa marge, c'est-à-dire l'excédent du chiffre d'affaires sur le coût de production ; en effet, les produits les plus rentables pour l'entreprise ne sont pas nécessairement ceux qui dégagent les chiffres d'affaires les plus élevés, mais ceux dont la marge sur coût de production est la plus importante.

## 1. Les marges sur coût de production préétabli

***Exemple :*** Vous disposez ci-dessous des renseignements relatifs au produit P :

| | **Réel** | **Prévu** |
|---|---|---|
| Quantités vendues | 2 500 | 2 800 |
| Prix de vente | 52 € | 50 € |
| Coût de production | 46 € | 48 € |

### A. Définitions

La marge sur coût de production préétabli est la différence entre le chiffre d'affaires et le coût de production préétabli des ventes.

On distingue :

| | | | | |
|---|---|---|---|---|
| **Marge constatée (ou marge réelle)** | = | **Chiffre d'affaires constaté** | – | **Coût de production préétabli des ventes constatées** |
| **Marge prévue** | = | **Chiffre d'affaires prévu** | – | **Coût de production préétabli des ventes prévues** |

*Remarque :* un des objectifs du contrôle de gestion est de bien séparer les différents niveaux de responsabilité afin de pouvoir mettre en œuvre d'éventuelles mesures correctrices ; pour cette raison, la marge constatée fait référence au coût de production **préétabli** afin que les performances attribuées aux commerciaux ne soient pas dépendantes des plus ou moins bonnes performances du personnel de production.

### B. L'écart sur marge

L'écart sur marge est égal à la différence entre la marge constatée et la marge prévue :
**Marge constatée** = (2 500 × 52) – (2 500 × 48) = + 10 000 €.
**Marge prévue** = (2 800 × 50) – (2 800 × 48) = + 5 600 €.
**Écart sur marge** = Marge constatée – Marge prévue
= 10 000 – 5 600 = + 4 400 (favorable)
Cet écart est favorable car la marge constatée a été supérieure à la marge prévue.

## 2. L'analyse de l'écart sur marge

Deux différences sont susceptibles d'expliquer l'écart sur marge :
– au niveau des quantités vendues (réelles et prévues) ;
– au niveau des prix de vente (réels et prévus).
D'où les deux composantes de l'écart sur marge :

• **L'écart sur quantité** :
En notant V, les ventes (en quantité) ; PV, les prix de vente et MG, les marges unitaires :

**Écart sur quantité** = **(Vr – Vp) × MGp**

Écart sur quantité = (2 500 – 2 800) × 2[1] = – 600 € (défavorable), écart défavorable car les quantités effectivement vendues ont été inférieures aux prévisions.

(1) MGp : Marge unitaire prévue = Prix de vente prévu – Coût de production préétabli
Marge unitaire prévue = 50 – 48 = 2 €.

• **L'écart sur prix** :

**Écart sur prix** = **(PVr – PVp) × Vr**

Écart sur prix = (52 – 50) × 2 500 = + 5 000 (favorable), écart favorable car le prix de vente réel a été supérieur au prix prévu.

*Remarque :* Les marges unitaires étant calculées par rapport à des coûts de production préétablis, l'écart sur prix est identique à l'écart sur marge unitaire :
Écart sur marge unitaire = (MGr – MGp) × Vr
= [(52 – 48) – (50 – 48)] × 2 500 = + 5 000.

*Vérification :* Écart sur marge = Écart sur quantité + Écart sur prix
4 400 = – 600 + 5 000

# Énoncés des exercices

**26.1** L'entreprise CALDOR fabrique et commercialise des appareils de repassage (fers à vapeur, centrales…). Elle s'intéresse plus particulièrement au nouveau modèle de fer à vapeur Glissa'mod, récemment commercialisé :

Au cours du mois de septembre, 8 000 unités ont été produites et vendues (coût de production : 100 €, prix de vente : 122 €).

Pour le même mois, les prévisions étaient les suivantes :

Production et vente de 10 000 unités pour un coût de production global de 600 000 €. Le chiffre d'affaires prévisionnel était évalué à 1 000 000 €.

**1 ▶** Calculer l'écart existant entre le chiffre d'affaires réel et le chiffre d'affaires prévu.

**2 ▶** Calculer l'écart sur marge.

**3 ▶** Commenter les résultats obtenus aux questions **1 ▶** et **2 ▶**.

**4 ▶** Procéder à l'analyse de l'écart sur marge.

**26.2** La société INNOCLEAR fabrique des bâches de 10 $m^2$ à partir de polyuréthane. Sa production est organisée en juste à temps, c'est-à-dire que ce sont les commandes des clients qui déclenchent sa production ; de ce fait, elle vend immédiatement sa production et ne dispose pas de stocks.

Elle a élaboré son compte de résultat simplifié pour le mois de mai et souhaite le comparer au compte de résultat prévisionnel initial. Ces deux comptes de résultat vous sont présentés ci-dessous :

• Compte de résultat (mois de mai) :

| Débit | | Crédit | |
|---|---|---|---|
| Polyuréthane (5 800 kg à 4,80 €) | 27 840 | Production vendue<br>(2 800 bâches à 23,80 €) | 66 640 |
| M.O.D. (480 heures à 62 €) | 29 760 | | |
| Atelier (88 U.O. à 148 €) | 13 024 | | |
| Total charges | 70 624 | Total produits | 66 640 |
| Solde créditeur (bénéfice) | | Solde débiteur (perte) | 3 984 |
| Total général | 70 624 | Total général | 70 624 |

• Compte de résultat mensuel prévisionnel (établi sur la base d'une production normale de 3 000 bâches) :

| Débit | | Crédit | |
|---|---|---|---|
| Polyuréthane (6 000 kg à 4,00 €) | 24 000 | Production vendue<br>(3 000 bâches à 26 €) | 78 000 |
| M.O.D. (500 heures à 54 €) | 27 000 | | |
| Atelier (100 U.O. à 150 €) | 15 000 | | |
| Total charges | 66 000 | Total produits | 78 000 |
| Solde créditeur (bénéfice) | 12 000 | Solde débiteur (perte) | |
| Total général | 78 000 | Total général | 78 000 |

1 ▶ Calculer l'écart existant entre le résultat réel et le résultat prévu.

2 ▶ Présenter la fiche de coût préétabli d'une bâche.

3 ▶ Calculer l'écart global sur coût de production et l'écart sur marge. Proposer une vérification.

4 ▶ Analyser l'écart sur marge.

5 ▶ Analyser l'écart sur consommation de polyuréthane.

# Corrigés des exercices

**26.1** **1 ►** Écart sur chiffre d'affaires

• Chiffre d'affaires réel = 8 000 × 122 = 976 000 €.
• Chiffre d'affaires prévu : 1 000 000 €.
• Écart sur chiffre d'affaires = 976 000 – 1 000 000 = – 24 000 € (défavorable)

**2 ►** Écart sur marge

Marge réelle = Chiffre d'affaires réel – Coût de production préétabli des ventes réelles

Coût de production préétabli = $\frac{600\ 000}{10\ 000}$ = 60 €.

• Marge réelle = 976 000 – (8 000 × 60) = 496 000 €.

Marge prévue = Chiffre d'affaires prévu – Coût de production préétabli des ventes prévues

• Marge prévue = 1 000 000 – (10 000 × 60) = 400 000 €.
• Écart sur marge = 496 000 – 400 000 = + 96 000 € (favorable)

**3 ►** Commentaires

L'écart sur chiffre d'affaires est défavorable alors que l'écart sur marge est favorable. Cette contradiction apparente s'explique par le fait que, pour l'entreprise, c'est la marge sur coût de production qui contribue aux bénéfices réalisés ; l'écart sur chiffre d'affaires permet quant à lui de porter un jugement sur d'autres objectifs de l'entreprise, par exemple en termes de parts de marché.

**4 ►** Analyse de l'écart sur marge (+ 96 000 €)

• Écart sur quantité = (Vr – Vp) × MGp
= (8 000 – 10 000) × (100 – 60) = – 80 000 € (défavorable).

Dû au fait que les ventes réelles ont été inférieures en volume aux ventes prévues.

• Écart sur prix = (PVr – PVp) × Vr
= (122 – 100) × 8 000 = + 176 000 € (favorable).

Le prix de vente réel a été supérieur au prix de vente prévu.

*Vérification :* Écart sur marge = Écart sur quantité + Écart sur prix
96 000 = – 80 000 + 176 000.

**26.2** **1 ►** Écart de résultat

Écart de résultat = Résultat réel – Résultat prévu
= – 3 984 – 12 000 = – 15 984 € (défavorable).

**2 ►** Fiche de coût préétabli d'une bâche

Les quantités de facteurs de production s'obtiennent en divisant les quantités prévues par la production.

*Exemple :* Pour une bâche, il était prévu $\frac{6\,000}{3\,000}$ = 2 kg de polyuréthane.

| | Q | C.U. (Cp) | Montant (Mp) |
|---|---|---|---|
| Polyuréthane | 2 | 4 | 8 |
| M.O.D. | 10/60 | 54 | 9 |
| Atelier | 2/60 | 150 | 5 |
| Coût de production préétabli | 1 | 22 | 22 |

3 ▶ Écart global sur coût de production et écart sur marge

• Écart global

Écart global = Coût de production constaté (CC) – Coût de production préétabli de la production constatée (CPPc)

**CC** : Il est égal aux charges de production de la période, soit 70 624 €.

**CPPc** : Ce coût représente ce qu'**aurait dû** coûter la production constatée.

Les 3 000 bâches prévues auraient dû coûter 66 000 €, soit, pour 2 800 bâches (production constatée) : $\frac{66\,000 \times 2\,800}{3\,000}$ = 61 600 €.

Écart global : 70 624 – 61 600 = + 9 024 (défavorable).

• Écart sur marge

Marge réelle = Chiffre d'affaires réel – Coût de production préétabli des ventes réelles

Marge réelle = 66 640 – 61 600 = 5 040 €.

Marge prévue = Chiffre d'affaires prévu – Coût de production préétabli des ventes prévues

Marge prévue = 78 000 – 66 000 = 12 000 €.

Écart sur marge = 5 040 – 12 000 = – 6 960 € (défavorable).

• *Vérification :*

Écart sur résultat = Écart sur marge – Écart global sur coût
= – 6 960 – 9 024 = – 15 984 € (défavorable).

4 ▶ Analyse de l'écart sur marge (– 6 960 €)

• Écart sur quantité = (Vr – Vp) × MGp
= (2 800 – 3 000) × (26 – 22) = – 800 € (défavorable).

Dû au fait que les ventes réelles ont été inférieures en volume aux ventes prévues.

• Écart sur prix = (PVr – PVp) × Vr
= (23,80 – 26) × 2 800 = – 6 160 € (défavorable).

Le prix de vente réel a été inférieur au prix de vente prévu.

*Vérification :* Écart sur marge = Écart sur quantité + Écart sur prix
– 6 960 = – 800 – 6 160

**5 ▶** Écart sur consommation de polyuréthane.

**CC** : 5 800 × 4,80 = 27 840 €.

**CPPc** : Ce coût représente ce qu'**aurait dû** coûter la consommation de polyuréthane pour réaliser la production constatée. La fiche de coût préétabli nous indique la consommation prévue pour une bâche, soit, pour 2 800 bâches :

2 800 × 2 = 5 600 kg à 4 € = 22 400 €.

Écart global : 27 840 – 22 400 = + 5 440 € (défavorable)

| | Formulation | Calculs | Écarts |
|---|---|---|---|
| • sur quantité : | (Qr – Qpc) × Cp | = (5 800 – 5 600) × 4 | + 800 (déf.) |
| • sur coût : | (Cr – Cp) × Qr | = (4,80 – 4) × 5 800 | + 4 640 (déf.) |
| | | Écart global sur polyuréthane : | + 5 440 (déf.) |

## ÉGALEMENT PARUS :

| | | | |
|---|---|---|---|
| 35 | TOP'Exam | Français | |
| 36 | TOP'Exam | Anglais | |
| 43 | TOP'Exos | Mathématiques | Secteur tertiaire |
| 44 | TOP'Exos | Outils de gestion | Secteur tertiaire |
| 61 | TOP'Exos | Mathématiques 1. Analyse et nombres complexes | Secteur industriel |
| 62 | TOP'Exos | Mathématiques 2. Probabilités et statistiques - Éléments de spécialités (analyse, algèbre) | Secteur industriel |
| 10 | TOP'Fiches | Économie générale - Économie d'entreprise - Droit | *Nouvelle édition* |
| 37 | TOP'Exam | Économie générale | |
| 38 | TOP'Exam | Économie d'entreprise | |
| 39 | TOP'Exam | Droit | |
| 64 | TOP'Fiches | Comptabilité et gestion des organisations | BTS CGO |
| 72 | TOP'Exos | Comptabilité et gestion des organisations | BTS CGO 1re année |
| 14 | TOP'Exos | Comptabilité générale et analytique | BTS Comptabilité et gestion 1re année |
| 42 | TOP'Exos | Contrôle de gestion - Analyse financière - Comptabilité des sociétés | BTS Comptabilité et gestion 2e année |
| 5 | TOP'Exam | Gestion | BTS Comptabilité et gestion |
| 6 | TOP'Exam | Comptabilité - Fiscalité | BTS Comptabilité et gestion |
| 47 | TOP'Fiches | Mercatique | BTS Action commerciale |
| 40 | TOP'Exam | Conduite et présentation d'activités professionnelles | BTS Action commerciale |
| 41 | TOP'Exam | Étude de cas | BTS Action commerciale |
| 46 | TOP'Fiches | Communication et négociation | BTS Force de vente |
| 4 | TOP'Exam | L'oral de force de vente (E.P.S. et A.P.A.V.) | BTS Force de vente |
| 50 | TOP'Exam | Épreuves professionnelles orale et pratique (E.P.S./P.T.P.) | BTS Assistant de direction |
| 51 | TOP'Exam | Étude de cas | BTS Assistant de gestion P.M.E.-P.M.I. |
| 65 | TOP'Fiches | Mercatique et techniques du commerce international | BTS Commerce international |
| 73 | TOP'Exam | L'écrit et l'oral de commerce international | BTS Commerce international |
| 45 | TOP'Exos | Techniques du commerce international | BTS Commerce international<br>Assistant de secrétariat trilingue |

### TOP'DICO

69 Bilingue Anglais industrie et techniques

67 Biologie

66 Économie, droit, gestion commerciale, gestion comptable, gestion administrative

68 Mercatique et techniques commerciales

Imprimé en France par I.M.E. - 25110 Baume-les-Dames
Dépôt légal n° 18601-07/2002
Collection n° 57 - Édition n° 01
**16/8630/2**